普通高等学校"十五五"规划会展类专业新形态教材

国家在线精品开放课程配套教材

Events Services and Operations Management

会展服务与运营管理

主　编◎林丽青　王鸣柳　梁颖妍

副主编◎李　薇　张丹凤　吴　峰

许能雄　於　天

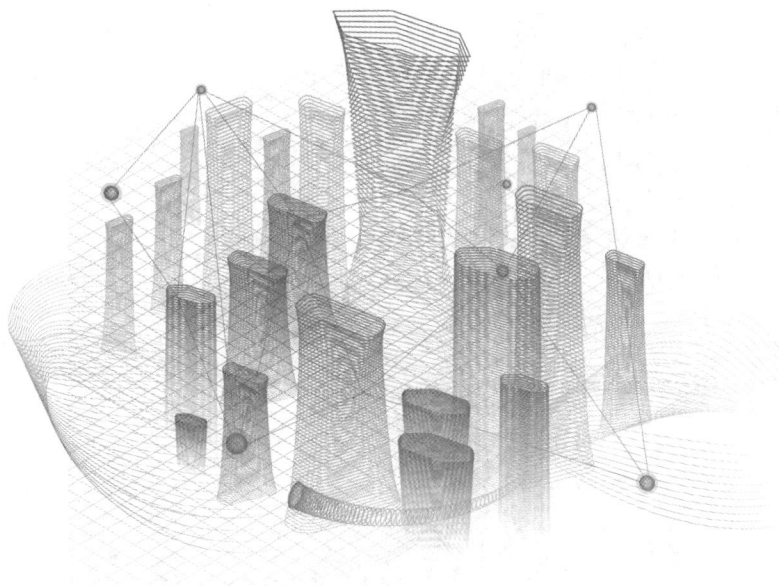

华中科技大学出版社

http://press.hust.edu.cn

中国·武汉

内 容 简 介

本教材按照会展职业认知、会展职业定位、会展职业目标三个篇章组织教材内容,具体包括会展活动策划与运营、参展策划与运营、数字参展策划与运营、会议策划与运营、节事活动策划与运营、奖励旅游策划与运营、演艺赛事活动策划与运营、会展项目品牌管理8个项目。本教材落实立德树人根本任务,根据教学任务设计思政主题,形成"爱职业、爱国家、爱科技、爱城市、爱人民、爱集体、爱生活、爱民族"的课程思政主线,引导学生利用会展大舞台讲好中国故事,传播好中国声音,以服务会展行业的高质量发展为导向培养合格的社会主义建设者和接班人,为党育人,为国育才。

图书在版编目(CIP)数据

会展服务与运营管理 / 林丽青,王鸣柳,梁颖妍主编. -- 武汉 : 华中科技大学出版社,2025.6.
ISBN 978-7-5772-1493-1

Ⅰ. G245

中国国家版本馆 CIP 数据核字第 2025F7W324 号

会展服务与运营管理
Huizhan Fuwu yu Yunying Guanli

林丽青　　王鸣柳　　梁颖妍　主编

项目总策划:李　欢
策划编辑:胡弘扬　项　薇
责任编辑:项　薇　胡弘扬
封面设计:原色设计
责任校对:李　琴
责任监印:曾　婷
出版发行:华中科技大学出版社(中国·武汉)　　　　电话:(027)81321913
　　　　　武汉市东湖新技术开发区华工科技园　　　　邮编:430223
录　　排:孙雅丽
印　　刷:武汉市籍缘印刷厂
开　　本:787mm×1092mm　1/16
印　　张:17.25
字　　数:385千字
版　　次:2025年6月第1版第1次印刷
定　　价:49.80元

总序

ZONGXU

组织编写这套丛书的愿望由来已久。此前,我担任过其他会展类丛书的总策划,自己也主编过一些教材,但我一直希望能有机会同时遵循三个原则来打造一套会展类专业教材:一是秉承活动管理思维,二是由院校学者和企业人士共同编写,三是体现数字化教材的特点。所以,当华中科技大学出版社旅游分社的李欢社长和胡弘扬编辑与我谈及出版计划并邀请我担任总主编时,我不假思索地欣然答应了。我希望借此机会,和会展教育界同行、业界同仁及读者朋友们就编写这套教材的基本想法做一次比较全面的沟通。

一、活动管理知识体系

活动管理知识体系(EMBOK)是我近几年一直关注的话题。这究竟有什么用?国际活动管理知识体系委员会认为,提出和发展 EMBOK 旨在"为活动管理中所运用的知识和过程提供一个基本框架",以作为满足不同文化、政府部门、教育项目和企业组织定制化需求的基础。具体应用主要体现在三个方面:一是学历教育;二是职业认证培训;三是企业招募、员工评价与晋升。同样,编写会展类专业的系列教材,也可以从活动管理知识体系的逻辑与内容中寻找支撑。

然而,EMBOK 侧重于项目管理,不能涵盖"会展经济与管理"甚至"会展策划与管理"的全部内涵(注:以上分别为我国本科、专科会展类专业的名称)。根据相关学科的知识关联及会展经营管理的内在逻辑,"会展经济与管理"主要包括经济学和管理学基础知识、会展产业发展与管理基础知识、会展和活动项目管理知识以及支撑性会展专业知识。因此,需要按照会展项目管理不同阶段所涉及的主要理论和知识点对EMBOK 进行适当修正。

华中科技大学出版社这套会展类专业新形态教材,从书目和内容两个层面都呼应了活动管理知识体系建设的要求。经出版社编辑团队深入研讨,广泛征求全国众多会展专业教师的意见与建议,最终确定了这套包含 25 本教材的丛书,其中首批推出 15本,包括《会展学概论》《会展策划与管理》《会展数字化》《活动管理原理与实务》《公司活动管理》《参展管理》等。

二、会展和活动产业发展最新态势

2024 年,国际会展和活动产业受多种因素影响,包括国际地缘政治和全球市场格局的变动、人工智能(AI)和新技术的应用、数字化和混合活动(Hybrid Events)的流行、个性化体验需求的提升、活动预算限制的挑战、会展业的社会价值更加凸显、ESG(环境、社会和公司治理)日益受到重视等,这些影响因素有的推动了行业创新,提升了服务质量和参与体验,增加了为展商和观众创造更多价值的可能,有的对产业提出了严峻的挑战。

本套教材的编写团队力争把握全球市场格局的变动、新兴技术的应用以及活动形式的变化等趋势,并将最新行业动态融入教材内容,以保证教材内容与产业发展紧密结合,避免教材知识滞后于行业实践。同时采用多样化的教学资源呈现方式,以提高教材的吸引力和教学效果。

此外,使用这套教材的广大专业教师也可以根据混合活动流行、个性化体验需求以及活动预算限制等情况,为教学过程中的实践教学内容提供现实依据,从而设计出更贴合行业实际需求的实践教学环节,培养学生应对现实工作挑战的能力。

三、要打造一套什么样的教材?

与会展产业和会展教育蓬勃发展的态势相呼应,会展和活动领域的教材编写工作在我国虽然起步较晚,但发展迅猛。然而,因为图书定位、作者结构等多种原因,总体而言,理论与实践兼具的会展类教材佳作仍然比较缺乏,而且水平参差不齐。针对此种状况,本套教材力图突出三个显著特点。

其一,遵循"核心课＋基础课＋专业课＋拓展课"的书目设计结构。这种设计充分考虑了教育行业主管部门的规范要求以及数字化背景下会展行业实际工作的多样化需求,确保学生在掌握专业核心知识的基础上,能够拓展知识面,提高综合素质,为未来的职业发展奠定坚实的基础。

其二,每本教材均由院校的专家学者与企业高管联合主编。院校专家学者具备深厚的理论功底,能够为教材提供严谨的学术支撑和系统的知识体系;企业高管则拥有丰富的实践经验,能将行业最新动态、实际案例和操作技巧融入教材内容。二者紧密合作,有助于实现理论与实践的融合,从而使教材更具实用性和指导性。

其三,积极打造新形态教材。随着高等教育教学改革的不断深化和学习革命的兴起,传统教材已难以满足现代教学的需求。本套教材积极适应新形势,借助现代信息技术,采用多样化的教学资源呈现方式,如在线案例分析、虚拟仿真实验、互动式学习平台等,力争为师生提供更加丰富、生动、便捷的教学和学习体验,激发学生的学习兴趣和主动性。

我们衷心希望这套教材能够为会展专业教学提供有力支持,为我国培养适应时代需求的高素质会展人才贡献力量。同时,我们也期待广大师生和业内人士在使用过程中提出宝贵意见和建议,甚至加入编写队伍中来,以帮助我们不断完善,持续提升教材质量。

最后,我谨代表会展类专业新形态教材编委会,衷心感谢每一位为这套教材提供指导和支持的同仁。让我们一起努力,共同推动我国会展教育事业向前发展。

王春雷

2024 年 12 月 31 日

前言
QIANYAN

　　"会展服务与运营管理"是职业教育国家在线精品课程、国家高等教育智慧教育平台课程、广东省课程思政示范课"会展服务"的配套教材,该课程是会展策划与管理专业开设的工学结合的专业课程,是酒店管理、旅游管理等旅游大类专业的拓展课程。

　　从浓缩了中国外贸发展史的广交会,到推动开放型世界经济发展的中国国际进口博览会,会展业已成为经贸文化交流互联互通的重要平台。随着会展行业数字化转型升级加速与双线会展新生态圈的不断发展,行业对会展人才的培养提出了新的要求。本教材编写紧跟会展产业转型升级和数字技术变革应用趋势,对接会展服务岗位需求,重构教学内容,旨在促进会展职业教育专业升级和数字化改造,以适应会展行业数字化高素质技术技能人才培养的需要。

　　本教材以《职业院校教材管理办法》《"十四五"职业教育规划教材建设实施方案》《高等学校课程思政建设指导纲要》等文件精神为指导,全面贯彻党的教育方针,落实立德树人的根本任务及国家事权的需要。教材总结课程教学改革实践中的问题,结合国家在线精品课程,力图使教材的内容及编写体例更加适合高职学生学习,凸显职业教育特色,促进岗课赛证融通,力争使教材体现科学性、前沿性、创新性。

　　在编写理念上,教材对标会展策划与管理专业的教学标准,依据"岗课赛证融通"人才培养理念,按照会展服务"策划—设计—营销—运营"专业能力培养目标,设计一体化项目教学内容,培养善策划、懂设计、强营销、重运营的具有国际视野的会展专业人才。教材具有以下特色与创新点:①党建引领业务,国家课程思政教育精神贯穿教材编写全过程;②编写理念先进,岗课赛证综合育人理念契合新时代职业教育人才培养要求;③编写体例与教学内容凸显产教融合特色,适合高职院校学生学习;④教材形态多样,打造线上线下结合的"立体式"富媒体教材;⑤编写团队合理,搭建了课程思政校企混编教学团队。

　　本教材主要面向会展专业学生与从事会展相关行业的一线工作人员,同时也适合对会展活动感兴趣的人士学习。教材按照会展策划与管理专业人才培养目标,结合会展行业人才及岗位能力需求,设计"宽基础,活模块"的内容,既考虑专业性,又兼顾普适性。通过教材,学习者能够熟练掌握会展服务基础知识,具备会展服务基本技能,提升会展活动服务与基层管理工作的核心能力,使学习者由入门新手成长为具有创新精神的会展能手。

编者团队

目录
MULU

01

第一篇
会展职业
认知

项目一
会展活动策划与运营

项目解读

　　随着经济全球化进程的加快与会展行业的发展,会展活动已成为重要的商业活动之一,有效推动着区域经济的长足发展。会展活动可以帮助企业扩大市场,提高企业知名度,促进企业之间以及企业与政府之间合作。同时,会展活动的发展还可以带动相关产业的发展,促进就业和经济增长。因此,政府非常重视会展活动,纷纷出台有利的政策和措施,积极推动会展产业的发展。本项目主要介绍会展活动策划与运营板块,让学生对会展活动的基本概念、活动类型、具体应用场景、会展活动策划与运营的整体工作流程有初步的认知,为后续各项目的学习与任务训练做好铺垫、打好基础。本项目对照国家技术标准、行业服务标准、会展项目管理岗位技能要求,结合会展管理职业技能等级证书(1+X证书),提出岗位所需的技能及知识要求,参考全国高校商业精英挑战赛评分细则,设置教学内容,设计一体化项目,实施任务驱动教学。教学内容结合会展的职业特点,引导学生探索和发展自己的职业兴趣,培养职业意识、职业素养和职业道德,激发学生对职业的热爱。

项目目标

- **知识目标**

  (1) 了解会展活动的基本概念。

  (2) 理解会展活动的不同形式分类与应用。

  (3) 掌握会展活动策划与运营的整体工作流程。

- **能力目标**

  (1) 能根据应用需求选择合适的会展活动形式。

  (2) 能灵活把握不同会展活动的优势和特点。

  (3) 能根据工作流程完成会展活动的策划、设计、营销、运营。

- **素养目标**

  (1) 树立系统化、规范化、标准化的工作行为规范意识。

（2）形成自主学习和自我提升的职业发展意识和追求。

（3）培养职业认同感、崇高的职业理想信念及爱岗敬业的精神。

项目案例导入

北京国际汽车展览会（Auto China）是中国重要的汽车展览会，每两年在北京举办一次。第十八届 Auto China 在中国国际展览中心举办，由中国汽车工业协会、中国机械工业联合会等联合主办，中国国际贸易促进委员会汽车行业分会、中国汽车工程学会等联合承办，吸引了超过1000家企业参展。本届北京国际汽车展览会的主要亮点包括：在新能源汽车展区，展示了最新的电动汽车、混合动力汽车和燃料电池汽车技术，吸引了国内外知名汽车制造商和技术公司的参展；在智能驾驶区域，展示了自动驾驶技术、智能交通系统和人工智能在汽车行业的应用，让参观者了解未来汽车的发展方向；在豪华车展区，展示了各个豪华汽车品牌的最新车型和豪华配置，吸引了高端消费者和汽车爱好者的关注；在汽车零部件展区，展示了汽车零部件制造商的最新产品和技术，为汽车制造商提供了供应链合作的机会。展览期间还举办了各种行业论坛、研讨会和商务洽谈会，为参展企业和专业观众提供了交流和合作的机会。

思考：北京国际汽车展览会（Auto China）除了展示多样化的展品，为什么还要举办各种会议？其主要目的是什么？

任务一　会展活动认知与应用

任务剖析

任务：根据企业的需求和举办会展活动的目标，选择或组合搭配合适的会展活动形式，以达到企业要求的效果和目的。

目标：掌握会展活动的不同形式和特点；能根据企业需求和目标，挑选合适的会展活动形式，灵活搭配应用；培养学生的职业认同感，树立职业理想和信念。

任务流程

一、会展活动概述

会展活动是会议、展览、大型活动等集体性活动的统称。其内涵是指在一定的地域空间，围绕特定主题，多人聚集在一起形成的、定期或不定期的、制度或非制度的传递和交流信息的群众性社会交流活动。其外延包括各种类型的博览会、展览会、展销会、专业会议、竞技运动、节庆活动、庙会等。

二、会展活动的功能

（一）经济功能

1.联系和交易功能

会展活动向会展组织者、参展商、观众提供彼此联系和交流的机会，其间孕育着巨大的商机。通常在短短几天的会展活动中，参展商往往可以接触整个行业或市场的大部分客户，相比登门拜访等其他常规方式，这种方式更容易接触大量客户。会展活动可以为企业提供展示与推广产品和服务的机会，吸引更多的客户和合作伙伴，促进贸易和商业合作。

2.调节供需功能

会展活动现场可以视为信息市场，可以为企业提供了解市场需求和竞争情况的机会，以此帮助企业制定更有效的市场经营策略。信息市场是经济运行循环过程的轴心，会展信息市场反映的是信息交换中供求之间的各种经济关系，它连接市场信息供应方、市场信息用户、市场信息资源应用等重要生产力要素，能够促进各类市场资源优化配置，有效地刺激需求，调节供给。

3.促进就业功能

会展活动可以吸收大量人员就业，同时带动第三产业的发展，增加就业机会。首先，会展活动需要大量人力资源来组织和运营，这包括会展策划、展览搭建、展品运输、客户服务等方面的工作。其次，会展活动可以吸引大量的游客和参观者，从而刺激当地的旅游业和服务业发展。这些行业也需要大量的人力资源，如酒店管理、餐饮服务、交通运输等，从而进一步创造就业机会。再次，会展活动可以促进企业的发展和扩张。企业通过展示产品和服务，吸引更多的客户和合作伙伴，带来更多的业务和订单，从而创造更多的就业机会。最后，会展活动还可以促进人才的交流和流动。参与活动的企业和专业人士互相学习和交流，从而提高技能和知识水平。人才的交流和流动可以促进整个行业的发展和更新，从而带来更多就业机会。

（二）非经济功能

1.展示宣传功能

作为现代化的传媒方式，会展活动可以展示企业形象、提升品牌知名度、树立城市形象、展示发展成果、弘扬艺术文化，促进社会文明和进步。

2.文化交流功能

会展活动可以促进不同国家和地区之间的文化交流，活动参与者可以通过向其他国家和地区的人们展示自己的文化和传统特色,来增进友谊与合作,促进文化多样性发展和文化融合。

3.知识普及功能

会展活动的参与者可以展示专业知识和技能,还可以组织专业论坛和研讨会,由专家和学者分享最新的研究成果,为人们提供一个了解新技术、新产品和新知识的平台。

三、会展活动的形式与应用

会展活动包括多种形式,可以灵活应用在多种行业或领域,以实现多样化的活动目标。

(一)展览会

展览会包括各种类型的博览会、展销会、交易会等,通常用于展示和推广各种产品、服务、技术、文化等内容,促进企业之间的贸易往来和业务合作,还可以促进国内外的经济发展,增进各国之间的友谊,提高国家的国际影响力和竞争力。展览会的应用场景非常广泛,可以在各种行业和领域中发挥作用,例如工业、科技、文化、艺术、旅游、教育、环保等。在工业领域,展览会通常被用于展示新产品、新技术和新工艺,以及促进不同企业之间的交流和合作。在文化领域,展览会可以展示各种文化艺术品和文化遗产,促进文化交流和文化产业的发展。在旅游领域,展览会可以展示各种旅游目的地信息和旅游产品,促进旅游业的发展和推广。在健康和医疗领域,展览会用于展示最新的医疗技术、医疗设备和医疗产品,参展者可以展示自己的医疗产品、医疗服务和健康管理方案,来促进医疗交流和合作。

(二)会议

会议形式有很多种,例如研讨会、讲座、论坛、座谈会等。研讨会通常是由专家学者组成的小型会议,旨在深入探讨某一特定主题或问题,并通过交流讨论来寻求解决方案,常应用于教育研究、学术和学科探讨、创新方法或创意讨论等领域。讲座是一种向大众传授知识技能的会议形式,广泛应用于企业人才培养、科学教育科普、健康生活方式宣传、公共政策和社会议题等领域。论坛是一个开放的讨论平台,是一种集体讨论和交流的会议形式,参与人员通常由专家、学者、从业者或感兴趣的人士组成,旨在促进不同领域的专家学者和业界人士之间的交流和合作,常见的应用领域有学术交流、行业发展或经验交流、文化艺术的交流、社区治理发展的讨论等。座谈会则是一种小型的、非正式的会议形式,旨在促进参会者之间的交流和互动,通常应用于企业内部的会议、社团组织的活动等。各种类型的会议包括规模较小的公司会议,以及由行业协会、社会团体等主办的大中型会议,其应用范围涉及政治、经济、文化等多个领域。

（三）大型节事活动

大型节事活动包括特定的仪式、演讲、表演和节庆活动，以及各种节假日、传统节日以及在新时期创新的各种事件活动。活动形式可以是多样的，比如庆祝春节、中秋节、端午节等传统节日，或是庆祝企业成立周年、项目揭牌、合同签约、产品发布、员工生日等企业内部事件。这些活动可以为参与者带来更加丰富的体验和感受。企业内部的节事活动可以用于展示企业文化，增强企业凝聚力和员工归属感，还可以用于吸引客户和潜在客户的注意力，提高品牌知名度和美誉度。大型节事活动的应用领域很广，包括文化庆典、传统节日活动、大型盛会、音乐盛事、城市庆典、市民嘉年华、科技展览、创新峰会、旅游节、民俗文化活动等。

（四）奖励旅游

奖励旅游包括商务会议旅游、海外教育培训，奖励对公司运营及业绩增长有功的人员，一般是会、奖结合。具体的应用包括：①激励员工，企业可以为员工设定销售目标或完成任务的奖励，例如完成销售额或完成项目任务后，为员工提供旅游奖励作为激励。这可以帮助员工更好地完成工作任务，并提高他们的工作动力和积极性。②奖励客户，企业可以为客户提供旅游奖励，如购买一定数量的产品或服务，或者达到一定的消费额度，即可获得奖励。这可以帮助企业留住客户，提高客户满意度，并增加客户忠诚度。③团队建设，企业可以为团队提供旅游奖励，例如完成团队任务或达到团队目标，即可获得奖励。这可以帮助团队建立更好的合作关系，提高团队凝聚力和协作能力。

随着会展业的发展，会展活动呈现形式更加丰富，例如演艺活动是通过艺术表演来吸引观众并提供娱乐。这种活动形式通常包括音乐会、舞蹈表演、戏剧演出、杂技表演、魔术表演等，不仅可以为参会者带来愉悦和放松，还可以增加会展活动的吸引力和亮点。又例如赛事活动，通常涉及各种竞技项目的比赛和表演。这种活动形式可以吸引参与者和观众的注意力，并提供参与和观赏的机会。赛事活动可以包括体育比赛、电子竞技比赛、才艺表演比赛等。通过赛事活动，参与者可以展示自己的实力和技能，观众也可以欣赏到精彩的比赛和表演。

📱／**赋能广角** - ➤

如何成为一名合格的会展职业人

会展行业对会展人才的综合能力要求相对较高，如何才能成为合格的会展职业人呢？建议你从以下几个方面努力。

（1）学习相关知识和技能。会展职业人需要掌握的专业知识种类繁多，包括会展策划、活动执行、市场推广、项目管理等基础知识，还要深入学习活动策划、场地管理、供应链管理、市场营销等相关专业知识和技能。

（2）积累实践经验。会展行业由于具有项目制、阶段性的工作特点，需要从业人员有较高的灵活应变能力。会展职业人在进入行业初期，需要通过实习、兼职或做志愿者等方式，在会展行业中积累实践经验。如参与各类会展活动，从中学习和熟悉行业的流程、操作和规范。逐渐积累项目管理、人员调配、现场执行控制等方面的实践技能。

（3）培养团队合作和沟通能力。会展项目工作需要多人协作，会展职业人需要培养良好的团队合作和沟通能力。会展职业人除了要对内合作，还需要对外合作，具备良好的人际交往能力和客户关系管理能力是建立良好合作关系的前提。

（4）注重细节和时间管理。会展活动的现场执行需要严格按照日程安排，会展职业人需要有细致入微的注意力和时间管理能力。注意细节，确保活动策划和执行的准确性和顺利性。合理安排时间，高效处理工作任务。

（5）拥有创意和解决问题的能力。会展活动对会展职业人的创新能力和解决实际问题的能力提出了较高的要求。会展职业人需要具备创意思维，能够提供独特的活动策划和设计方案，同时具备解决问题的能力，能够灵活应对各种突发状况和挑战。

📱 知识扩展

会展发展知多少

会展作为一种重要的商业和文化活动，具有悠久的历史。会展业的发展经历了几个主要阶段。

古代时期的会展主要以贸易展览为主。早在《周易》中就有记载："日中为市，致天下之民，聚天下之货，交易而退，各得其所"。11世纪之后，欧洲集市进入鼎盛时期，法国北部的香槟集市是当时最著名的国际性集市。14世纪之后，欧洲工商业兴起并迅速发展，传统集市逐渐演变为商品博览会和展览会。16世纪之后，欧洲的早期会展活动随着新航路的开辟扩展到了世界各地。

随着工业革命的到来，会展发展成为更加专业化和组织化的活动。19世纪中叶的世界博览会成为重要的展览平台，主要展示各种工业和科学技术的成果。博览会由西方传入我国，在鸦片战争之后，我国社会经济发展较为落后，但已开始扩大与外部世界的接触。

20世纪会展行业进一步发展且更加专业化，世界各国在第二次世界大战后都致力于经济建设和科技教育事业的发展，20世纪60年代，专业性展览会成为展览业的主导形式。

随着科技的进步和全球化的发展，会展行业进入了一个全新的时代。数字化技术的应用也推动了会展的创新，虚拟展览、在线展示和互动体验成为新的趋势。

📱 任务实训

通过网上检索，选择一个具体的会展活动作为分析对象，并完成任务实训表

（表1-1）、任务评价表（表1-2）内容的填写。

表1-1　任务实训表

会展活动主题/名称	
会展活动举办时间	
会展活动举办地点	
会展活动的行业/领域	
采用的活动形式	□展览会　□会议　□大型节事活动　□奖励旅游　□演艺　□赛事
会展活动的特色/亮点	
会展活动实现的目的/成效	
会展活动形式优化建议	

表1-2　任务评价表

评价内容	组间评价得分（20%）	教师评价得分（40%）	企业导师评价得分（40%）
活动基本要素分析正确(30分)			
活动形式判断准确(30分)			
优化建议具有合理性和可操作性(40分)			

任务二　会展活动工作流程

任务剖析

任务：根据不同企业以及不同会展活动的目标和应用需求，制定出合理的、可执行的工作流程。

目标：掌握会展活动策划的工作流程和基本操作；根据不同的会展活动类型制定相应的策划工作流程；培养学生系统化、规范化、标准化的工作行为规范。

任务流程

一、会展活动工作整体流程

从总体上看，不同类型的会展活动，其工作的整体流程大致分为三个阶段，即前期筹备、中期运营执行和后期总结复盘，如图1-1所示。

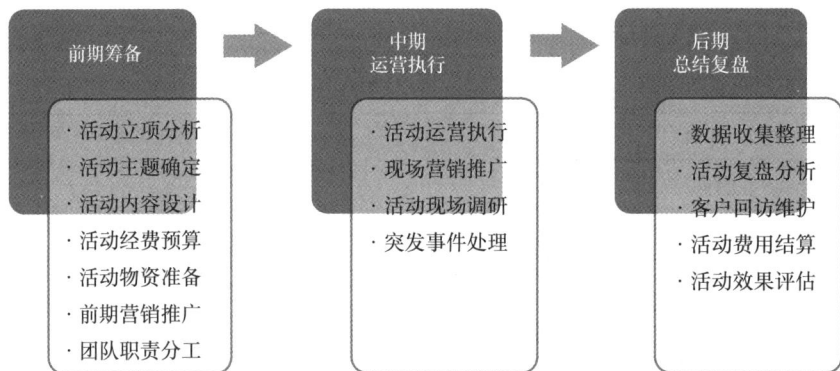

图1-1　会展活动流程图

（一）前期筹备

1.立项分析

会展活动立项分析是指通过会展活动的市场需求调查,收集有关活动的各种资料,包括文字、图片以及录像等资料,调查国家相关的政策法规、公众关注热点、过往同类活动的经验等,结合会展活动的目标定位、规模、预算、时间安排、参与人群等方面进行全面分析和研判,从而为会展活动的立项可行性提供全面的参考和决策依据。

2.主题确定

主题是会展活动的指导思想、宗旨、目的和要求等最凝练的概括与表述,是统领会展活动各个环节的"纲",是贯穿整个会展活动过程的中心思想。会展活动主题是主办者传达给参加者的一个明确信息,同时也是社会公众了解会展活动的最初"窗口"。具有吸引力的主题是使参加者快速识别和记忆会展活动的有效方法,会展活动主题要想被广大公众接受,应避免重复化、大众化。

3.内容设计

会展活动的内容应根据会展活动的主题进行设计,并遵循5W1H原则进一步细化设计方案。What指明会展活动所涉及的具体内容。Who指明会展活动涉及的相关参与者。Where指明会展活动涉及的具体地理位置或场所。When指明会展活动涉及的时间,应具体到活动日期、时间段和时间顺序。Why指明设计会展活动的动因或动机,明确活动设计的目的。How指明会展活动开展的具体过程或方式,即实现活动目标的方式和步骤。

4.经费预算

会展活动的经费预算工作内容包括确定活动的预算范围和限制,收集活动所需的各项费用信息,包括场地租赁费、设备租赁费、人员劳务费、设计费、宣传促销费、交通运输费、住宿费、活动物资费等,根据活动的规模和要求进行费用估算和分配,制定详细的经费预算表,包括各项费用的具体金额和预算依据,与相关部门和合作伙伴进行沟通和协商,确定预算的可行性和合理性,根据预算表进行费用控制和管理,协调各项支出和收入,确保经费的有效利用和合理分配。

5. 物资准备

会展活动涉及的物资一般分为以下几类:场地设施类,包括会展活动场地的搭建和布置所需的舞台、展架、展柜、展示台等设施;通信设备类,包括活动所需的音响设备、投影仪、幕布、LED屏幕、电视等用于展示和传递信息的设备;宣传物料类,包括海报、横幅、展板、宣传册、名片、彩页等宣传材料,以及活动背景板、标识牌等;办公用品类,包括桌椅、文件柜、打印机、复印机、电脑、文具等办公用品和设备;餐饮用品类,包括餐桌、椅子、餐具、饮料、食品等用于活动期间餐饮服务的物品;资料制作类,包括活动手册、签到册、签名墙、鲜花、礼品等与活动内容相关的资料和物品;安全设备类,包括消防设备、安全门、监控设备、急救箱等保障会展活动安全的设备。

6. 前期营销推广

会展活动的前期营销推广工作是根据已确定的目标受众和市场定位,制定营销策略和推广计划,包括选择合适的推广渠道和媒体;设计活动宣传物料和制定宣传方案,如海报、宣传册、电子邮件、营销推文等;组织媒体发布会和新闻稿发布;与合作伙伴和赞助商进行合作推广;利用线上线下渠道进行广告宣传,如电视广告、户外广告、网络广告等;组织预展、路演和推介会等活动,提高活动的知名度和吸引力;开展目标受众的邀请和预登记工作等。通过动态的市场反馈信息和竞争分析,不断优化推广策略,加强宣传效果,确保活动能够吸引目标受众参与。

7. 团队职责分工

会展活动的工作内容通常需要多部门协同、跨职能合作,因此明确的团队职责分工尤为重要。一般会展活动的团队职责和分工大致分为以下几类:项目负责人,主要负责整体项目的规划、组织和监督,确保项目按时、按质完成,制定项目进度计划和协调各部门的工作;策划团队,主要负责会展活动的策划和设计,确定活动的主题、目标和定位,制定活动方案和计划;财务团队,主要负责会展活动的预算编制和预算控制,协调与供应商的财务事宜,确保活动的经济效益;供应商管理团队,主要负责与各类供应商的洽谈和合作,与供应商签订合同,并跟进供应商的履约情况;宣传推广团队,主要负责会展活动的宣传和推广工作,包括宣传材料制作,与媒体合作,策划和组织相关的宣传活动;运营团队,主要负责活动的现场运营和管理,协调解决现场出现的问题,确保活动的顺利进行;人力资源管理团队,主要负责招募和培训活动工作人员,管理人员的考勤和薪酬,协调人员和调度工作;法务团队,主要负责与法律事务相关的工作,如签订活动相关合同、处理法律纠纷和进行风险预警,确保活动的合法合规。会展活动中不同的人员职责分工会有所差异,具体的分工可以根据实际情况进行调整。

(二)中期运营执行

1. 运营执行

会展活动现场的运营执行是繁忙而关键的阶段,要按照设计好的活动方案,执行活动的全流程,确保活动有序顺利进行,保证参与者有良好的体验,以达到预期的活动效果。活动运营团队需提供现场指导、服务和支持,解答活动参与者的问题;负责会展活动所需设备和设施的管理和维护,确保设备的正常运行;负责现场安全管理工作和现场秩序维护,做好安全巡查,防止发生火灾、事故等安全隐患。

2.现场营销推广

在会展活动现场,可通过一系列的营销推广工作来实现活动的营销目标。现场营销推广通常包括:对展示内容进行精心设计与布置,以视觉冲击吸引目标客户的注意;根据营销推广的需求和目标,策划组织各种营销推广活动,如产品演示、抽奖活动、签约优惠、现场促销等,吸引客户参与并提高客户对产品或服务的认知和兴趣;销售人员通过现场主动与客户接洽,了解其需求并提供相关咨询服务,帮助客户理解产品的特点和优势,并引导客户进行购买或促成合作;还可以通过拓展与政府、组织机构、行业协会、商业伙伴的合作,扩大企业的业务范围和影响力,以实现营销推广的目标。

3.活动现场调研

会展活动的工作人员在会展活动现场,通过观察、访谈、问卷调查等方法,收集与会展活动相关的数据和信息,例如通过观察活动现场的展示布局、空间设计、宣传资料等,记录活动的特色亮点以评估活动的展示效果和吸引力;通过访谈收集参观者的需求、意见、对服务质量的评价和建议等,为活动组织方提供改进和优化的方向;通过设计和发放调查问卷收集活动参与者的满意度、活动体验、活动组织效果等数据,再统计分析问卷结果得出客观的数据和结论。会展活动现场调研可以直观地呈现活动的实际情况和参与者的真实反馈,调研结果还可以用于评估活动的成效和影响力,为活动组织方制定更有效的决策提供支持。

4.突发事件处理

会展活动现场发生突发事件时,工作人员应采取一系列措施来应对和处理。突发事件可能包括火灾、地震、恶劣天气、人员伤亡、设备故障、安全隐患等。处理突发事件的目标是保障参与者的安全,尽量减少损失,并使会展活动正常进行。处理突发事件通常包括快速响应、组织疏散与安全保障,与相关部门如消防部门、医疗部门、公安部门等进行协调与沟通,以及发布信息、引导公众、维护现场秩序、防止恐慌和混乱的发生。

(三)活动后期总结复盘

1.数据收集整理

会展活动结束后,会展工作人员需要收集、整理会展活动的相关数据,包括参与者的基础数据、行为数据、反馈数据,以及活动组织者的活动效果数据、经济数据、社交媒体数据等。工作人员通过制订数据收集计划—准备数据收集工具—收集、录入数据—整理、清洗和验证数据—分析数据—撰写报告、可视化展示数据—数据存档和保密等流程完成数据收集、整理工作。

2.活动复盘分析

复盘分析是会展活动结束后对整个活动进行回顾和分析的过程,旨在总结活动的经验教训,发现问题和改进点,以提高会展活动的效果和质量,并制订下一次活动的改进计划。通常复盘分析的内容包括活动目标达成情况、活动组织和执行情况、活动参与者的参与情况、内部团队配合协作情况、合作方与供应商的合作情况等。

3.客户回访维护

客户回访维护是确保会展活动成效的重要环节,工作人员需要根据客户的重要性和需求,制订回访计划,确定回访的时间和频率。在回访前通过电话、邮件或面谈等方式与客户进行联系,确认回访时间,并提前告知回访的目的和内容。在回访过程中,了解客户对会展活动的满意度、意见和需求,针对客户提出的问题、困难和反馈意见,及时跟进并提供解决方案。客户回访是为了与客户建立良好的关系,了解客户的需求和关注点,为其提供增值、个性化的服务,同时也是为了获取客户的未来计划和需求,寻找合作机会,为其提供合适的合作建议和方案。在回访结束后,根据回访结果及时更新客户的信息,确保客户信息的准确性和完整性。

4.活动费用结算

在活动结束后应对会展活动的全部费用进行核对、结算和报销。具体工作内容包括对各项费用进行分类和整理,核对各项费用支出的凭证和发票,确认其合规性和真实性;与供应商和参与人员核对费用清单和结算金额,确保费用计算准确无误;制定费用结算方案和报销流程,按照财务规定进行费用报销,并与财务部门对账,确保费用结算的准确性和及时性;整理和归档相关的会展活动费用结算文件,以备日后审计和查询。

5.活动效果评估

会展活动结束后对效果进行系统地评估,有利于活动主办方判断投入产出是否合理,以及日后是否继续举办该会展活动。会展活动效果评估工作一般由主办方自己完成,也可委托给专业评估公司。评估的具体内容包括活动效果,如活动参与度、满意度、媒体曝光度和影响力等。成本效益,通过比较活动的成本与其带来的收益,来评估活动经济效益,将活动的总收益除以总成本,比值大于1表示活动带来的收益大于成本,经济效益较好,小于1则表示活动带来的收益小于成本,经济效益较差。业务成交评估,用于评估开展会展活动获取的业务成果,如销售额、订单量、合作伙伴数量等。社会效益评估,用于评估会展活动是否对当地经济产生带动效应、是否增加了就业机会和税收贡献,以及是否对当地社会产生正面影响等社会效益。

二、会展活动工作内容

会展活动的工作内容是围绕策划、设计、营销和运营展开的,这四个部分的工作相互关联、相辅相成,但每个部分的工作内容各有侧重。

　　策划工作是指根据企业需求和活动目标,制定并实施会展活动的整体策划方案。首先需要明确会展活动目标和主题,是增加品牌知名度、推广新产品、寻找合作伙伴还是其他目标,这有助于确定活动的策略、执行方式,以及合作方和活动参与受众;其次是根据目标受众和市场需求,确定活动的主题和定位,主题应与品牌形象或产品特点相关,能够吸引目标受众的兴趣;再次是根据目标受众的时间安排和地理位置,选择合适的活动时间和地点,同时要考虑场地大小、设施设备、出行交通等因素;然后根据活动目标、主题和定位,制定详细的活动方案,包括活动内容、互动环节、宣传推广、演讲嘉宾、展品陈列等,方案要具有创意和独特性,能够吸引观众和客户的注意;最后要确定会展活动的预算和所需资源,包括人力、物力、财力等。

　　设计工作是根据策划方案进一步细化制定设计方案,包括展示布局设计、活动内容与表现形式设计、营销推广设计等。然后根据设计方案制作出可视化的实物,以便查看效果和进行修改。会展活动的设计人员还需要根据呈现效果和客户沟通反馈,对设计方案进行修改和完善,确保会展活动能够达到预期效果。最后根据设计方案制作会展活动相关的宣传物料,包括活动展示样品、活动宣传册、活动宣传海报等。

　　营销工作则是根据会展活动的目标和主题,制定出具有针对性的营销策略,包括如何吸引目标客户、设计客户体验活动、开展优惠活动等。负责营销工作的人员要对参与会展活动的销售团队进行培训,使其了解产品特点、掌握销售技巧、清晰优惠活动、熟练交易环节等,以提升销售效果。在会展活动的现场,销售团队成员需要积极进行营销推广活动,吸引潜在客户的关注和兴趣,同时通过会展活动期间的交流和洽谈,获取潜在客户的联系方式,并进行后续跟进和推销。

　　运营工作的重点在于确保会展活动现场工作正常运行,包括场地布置、物料摆放、活动执行等。运营人员要根据现场实际需求,灵活协调会展活动的资源和人员,包括现场秩序管理、物流配送、后勤物料供应、人员轮休安排等。要及时处理会展活动期间出现的突发问题,确保会展活动顺利开展。还需对会展活动期间的数据进行统计和分析,包括访客数量、客户数量、销售额、推广效果数据等,以评估会展活动的开展成效并为后续改进制定策略。

📱 赋能广角

会展人的外出工作日常

　　一位网名叫"加班不补休的会展人"的自媒体博主,在小红书上记录她的日常工作,下面是其中一篇的工作日常。

　　"国庆假期比上班还累,不过已经习惯了,在别人放假休闲娱乐的时间,会展人反而是最忙的。"

　　"早上六点半就被闹钟吵醒了,'起床困难症'愈加严重,不是我贪睡,不是我赖床,实在是昨晚工作到深夜才睡觉。"

　　"迷迷糊糊被挤上地铁,还好赶上了,好险。出了地铁口,赶紧打车到客户公司。路上有点堵,不过阳光照在身上暖暖的,好舒服。"

"到了客户公司,马上进入工作状态,再次确认昨晚沟通的内容,把活动方案敲定了。"

"下午赶到合作多年的设计公司,与设计师探讨活动需要设计的舞台、展示设计等,把客户的需求和我策划的呈现效果敲定。"

"回到家已经深夜了,看了看今天的微信步数是11352,属于正常范围,休息一下,记录今天的工作日志。"

有不少网友留言:"做会展人这么劳累辛苦,为什么你还选择这份职业",博主回复:"每当看到客户满意的笑容,我都会很开心。每次展会,每次活动都给我带来新的挑战。累是累点,但是因为爱,所以爱了。"

(来源:小红书,有修改。)

三、会展活动策划的步骤

会展活动工作中的"策划工作"是组织实施过程中的重要一环,其余工作均建立在策划的基础上。会展活动策划一般按照以下步骤进行。

(一)信息收集与可行性分析

市场信息是会展策划的基础和依据。只有经过市场调查,充分掌握相关市场信息,并进行整理和分析,才能为整个会展活动策划提供强有力的基础。会展市场是反映会展活动特征及其发展状况的数据、消息、情报等的总称,它是企业发现新市场机会和进行正确经营决策的基础。

会展市场信息大致可以分为三类,即目标客户、市场开发以及会展技术方面的信息。具体而言,目标客户方面的信息包括目标受众的基本情况、群体特点、需求和偏好、潜在客户的基本情况、忠诚客户的经营动态、参与者对会展活动的意见和要求等。市场开发方面的信息包括相关产业的发展现状及趋势、相关产业的产业结构、竞争对手的规模、产品优势和市场份额,以及潜在竞争者的市场规模和增长趋势等。会展技术方面的信息包括会展活动场地的技术数据和设备状况、新活动场地的布设概念与工艺,以及会展活动用于通信、沟通交流、活动呈现效果等其他相关技术。

可行性分析是在收集会展市场信息后,分析影响会展活动开展的因素,包括政策法规的影响、当地的经济发展水平、目标消费者的生活方式和消费心理、新技术对会展活动的影响等,这有助于评估市场潜力。再通过SWOT分析法进一步分析目标市场,包括会展活动的需求情况、会展活动主办方自身的优劣势、内外部竞争环境带来的机会与威胁、项目的资金成本、预期收益和回报周期,以及潜在的风险和问题等因素,通过全面的可行性分析,为会展活动制定合适的策略和计划。

(二)拟定策划方案

在前期的信息收集和可行性分析完成后,可以拟订初步的策划方案。策划方案的拟订程序遵循自上而下、由粗到细、由主到次的顺序,主要包括以下内容。

（1）活动主题策划。会展活动主题是指为活动创设一个恰当的主题,贯穿整个会展活动过程。有创意且能打动人心的会展活动主题策划可以吸引更多的观众参与,能提升会展活动参与效应,为会展活动的顺利开展指明方向。

（2）活动内容策划。这是整个会展活动策划的亮点和核心,需要重点关注。会展活动内容策划包括活动基本概况、主体活动策划和配套活动策划。基本概况要求把活动背景、活动时间、活动地点、活动对象、活动主承办单位等先确定好。主体活动策划要求内容与主题相呼应,内容体现主题,要根据主题设计相关的特色活动。配套活动策划则更多的是让客户增加体验感,增加客户或观众对活动的印象。

（3）宣传推广活动策划。好的宣传推广方式可以让人更好地记住活动,增加活动的知名度,留住客户和观众。只有宣传到位,才能带来流量,才能实现会展活动真正的价值。

（4）风险评估及应对措施。风险的评估要求策划人员预测活动的每一个环节可能存在的风险。策划人员也要根据预测的风险提前做好相应的解决措施,为活动的开展提供保障。

（5）财务预算。会展活动的财务预算也是关系到会展活动能否正常开展的重点。合理安排好预算能确保活动更顺利地开展。

（三）商榷策划方案

在策划方案初步拟订完成后,还需对方案的可执行情况进行讨论,主要从现实操作的难易程度、成本收益情况、外部影响等角度展开,通过逻辑推理和证据支撑,向利益相关方阐明所提出的会展活动策划方案具有可操作性和有效性。方案的讨论需要各职能部门或团队对方案的各项内容进行衡量、评价。可以征求多方意见,达成共识。

以上是会展活动策划的步骤。不同的会展活动都有不同的策划重点,需要根据活动本身的特点再进一步设计。如展会活动策划侧重于根据展会主题规划好展区、展位的分布设计和展会期间的各种配套活动;会议活动策划则更侧重于根据会议主题规划好会议议程和日程;奖励旅游活动策划则更侧重于根据企业的要求和特点制定具有特色的旅游方案。

📱 知识扩展

实用的会展活动分析工具:PEST和SWOT

PEST分析法是常用的宏观环境分析方法,用于评估和预测政治、经济、社会和技术等因素对组织或行业的影响。结合会展活动的内容和特点,可以使用PEST分析法分析以下内容。

（1）政治因素。考察政府对会展活动的支持程度、法律法规对会展活动的影响、举办地的政治稳定程度等。

（2）经济因素。评价经济环境对会展活动的影响,包括经济增长率、失业率、通货膨胀率等。

（3）社会因素。调查社会文化因素对会展活动的影响,包括人口结构、生活方式、消费心理、价值观等。

（4）技术因素。评估技术进步对会展活动的影响,包括信息技术和通信技术的发展,以及数字技术和虚拟技术在会展活动中的应用。

SWOT分析法是常用的战略管理工具,用于评估组织或行业内部的优势、劣势,以及外部的机会和威胁。结合会展活动的内容和特点,可以使用SWOT分析法分析以下内容。

（1）优势分析。评估会展活动的内部优势,包括活动的独特性、品牌知名度、组织能力、资源优势等。

（2）劣势分析。评估会展活动的内部劣势,包括活动的不足之处、竞争力弱、资源短缺等。

（3）机会分析。评估会展活动的外部机会,包括市场需求增长、新兴市场出现、合作机会增加等。

（4）威胁分析。评估会展活动的外部威胁,包括竞争加剧、经济衰退、法规变化等。

任务实训

假设你任职于本地某个主要经营环保家具生产的企业,该企业计划组织参加广州国际家具展。请你以会展策划人员的身份,按照会展活动策划工作步骤,完成以下任务。

第一步:收集本地区影响环保家具企业发展的政策法规。

第二步:收集本地区环保家具企业的市场销售情况(如市场占有率、客户群体、核心产品等),以及其技术优势的相关信息数据。

第三步:根据收集的市场信息,分析环保家具的目标客户群体的基本情况、群体特点、需求和偏好。

表1-3 任务评价表

评价内容	组间评价得分（20%）	教师评价得分（40%）	企业导师评价得分（40%）
相关政策法规收集完整性(30分)			
信息数据收集准确性(30分)			
目标客户群体分析的合理性(40分)			

项目总结

会展活动是在一定的地域空间,围绕特定主题,人们聚集在一起开展定期或不定期、制度或非制度的信息传递和交流的社会活动,其目的是为企业、政府、组织机构等提供一个品牌宣传推广、展示产品和服务、合作交流、创新发展的机会与平台。随着会展行业的发展,会展活动的类型越发多样,并且在应用上灵活多变,会展人员可根据不同的需求和目标组合搭配,选择合适的会展活动形式,这非常考验会展职业人的专业性。一场会展活动的成功离不开良好的策划和组织,每个工作环节都要求会展策划人员提前做好充分的考虑和周密的部署,还要求会展策划人员在工作流程执行的过程中随机应变、灵活调配,确保会展活动取得满意的效果。

● **项目案例分析**

Auto China展览会举办会议和活动的目的主要有以下几个方面。

(1)促进汽车行业的交流与合作,探讨行业的发展趋势和挑战,促进行业内的交流与合作。

(2)推动技术创新和发展,提供一个展示和推广最新汽车技术的平台,促进整个行业的技术进步和发展。

(3)增强品牌影响力和市场竞争力,为汽车制造商提供展示产品和技术的机会。汽车制造商可以了解全球市场的需求和趋势,进一步提升产品的质量和竞争力。

(4)促进消费者对汽车的了解,通过展示最新的汽车技术和创新点,增加消费者对汽车的了解和兴趣,促进汽车市场的发展。

●●● 项目实训

选择某个校园活动开展一次调研,完成相关的调研任务,并填写表1-4。

第一步:调研活动概况,包括活动时间、地点、参与人员;活动的策划设计思路,包括活动主题、内容、宣传方案等,了解其目的和意义。

第二步:梳理并分析活动的特色亮点和效果,判断是否达到活动的预期目标。

第三步:调研活动前、中、后期的工作安排,分析其合理性。

第四步:完成调研报告。

表1-4　项目实训评价表

评价内容	组间评价得分 (20%)	教师评价得分 (40%)	企业导师评价得分 (40%)
调研信息完整性(30分)			
调研内容分析准确度(30分)			
调研报告完成质量(40分)			

项目自测
▼

项目一

第二篇
会展职业
定位

项目二
参展策划与运营

📚 项目解读

　　随着经济全球化的加速和市场竞争的加剧,企业需要通过参加展览来提升自身的知名度、拓展市场、与客户建立更紧密的联系。同时,人们对于文化、科技、艺术等领域的需求也在不断增加,各类展览活动成为人们获取信息、享受文化乐趣的重要途径。因此,展览业作为一个以展示、交流和交易为核心的服务行业,逐渐崛起并蓬勃发展。本项目主要介绍参展策划与运营板块,将服务主体瞄准为参展商,从参展商角度介绍其参加展览会的基本工作流程。项目对照国家技术标准、行业服务标准、会展项目管理岗位技能要求,结合会展管理职业技能等级证书(1+X证书),梳理岗位的技能及知识要求,参考全国高校商业精英挑战赛评分细则,设置教学内容,设计一体化项目,实施任务驱动教学。教学内容结合企业品牌国际化需要,培养学生通过策划参展的主题和活动,展示企业文化和企业精神,助力更多优秀民族品牌走向国际大舞台的爱国主义情怀。

🏠 项目目标

- **知识目标**

　　(1)了解参展计划书的基本构成。

　　(2)熟悉参展项目的策划流程和市场调研的方法与技巧。

　　(3)掌握参展主题的策划、现场营销推广及运营。

- **能力目标**

　　(1)能明确参展目标并制定可执行的参展计划。

　　(2)能进行市场调研和分析,了解目标市场的需求和竞争情况,为参展策划提供依据。

　　(3)能有效组织参展现场的运营管理工作,提升参展企业的知名度和影响力。

- **素养目标**

　　(1)形成丰富的创造力、与时俱进的创新力,以及互相协作、彼此协同的团队合作精神。

　　(2)树立文化自信,传承民族精神,弘扬文化强国理念。

项目案例导入

小米科技有限责任公司(简称"小米公司")是中国知名的智能手机和消费电子产品制造商,于某年参加了国际消费类电子产品展览会(CES)。在参展前,小米公司制定了一个全面的参展计划。首先,设计了一个引人注目的展位,展示了其最新的智能手机、智能家居产品和移动互联网服务。其次,还策划了一系列宣传活动,包括新品发布会和技术演示,吸引了观众和媒体的关注。

在展览会期间,小米公司的展位吸引了大量的观众和潜在客户。其销售团队积极与来访者交流,介绍产品特点和优势,并解答他们的问题。同时,小米的高层管理人员也参与了展览会,与业界领导者和合作伙伴进行了交流。通过参加CES,小米公司得到了广泛的媒体报道和关注,他们展示的产品和技术受到了肯定,并赢得了许多奖项。此外,小米公司还与其他展商和合作伙伴达成了多项合作协议,扩大了其合作网络。展览会为小米公司提供了一个展示最新产品和技术的平台,吸引了大量的观众和潜在客户,还提升了小米公司在全球市场的品牌形象和知名度。通过参展,小米公司进一步巩固了其在智能手机和消费电子市场的地位,提高了产品的销售量和利润。在参展过程中,小米公司也可能会面临一些问题,例如,展览期间可能会遇到技术故障或展示设备的问题,影响了产品的展示效果。此外,与其他参展商和观众的交流也可能会面临语言和文化差异的挑战。小米公司需要积极解决这些问题,以确保参展活动的顺利进行,并提供出色的展示服务。

思考:分析小米公司参加CES的目的。假设你是策划人员,如何设计本次参展计划?

任务一　展会与展品选择

任务剖析

任务:根据参展企业的目标和需求,选择适合的展会和展品参展,以达到企业预期的宣传、推广、销售等目标。

目标:了解展会的目标受众、展会主题和定位与企业展品的匹配度,能根据企业参展目标选择相应的展会和展品参展。

任务流程

一、认识展会

展览会是一种特殊的流通媒介,具有展览和宣传功能。展是陈列、展示;览是参观、观看;会是为实现某种目的聚集到一起交流,这种交流存在于参展商与参展商之间、观众与观众之间、参展商与观众之间。如中国进出口商品交易会(简称广交会)是中国规模最大、层次最高、商品种类最多、买家最广泛的综合性展会。中国国际汽车展览会是中国汽车行业重要的专业性展会。还有许多其他的综合性和专业性展览会,涵盖了各个领域的产品和服务。这些展会为企业提供了展示自身实力和产品的机会,也为专业观众提供了了解行业最新动态和交流合作的平台。

　　展览会区别于其他营销方式,它是充分利用人体所有感官的活动,人们通过展览会对产品的认知是最全面、最深刻的。同时,展览会又是一个中立场所,不属于买卖任何一方私有,从心理学角度看,这种环境易使人产生独立感,从而以积极、平等的态度进行谈判。这种高度竞争且充分自由的气氛,正是企业在开拓市场时最需要的。

　　一般情况下,主办方、参展商、专业观众构成展览会三大要素,构成价值三角(见图2-1),展览会是三方交易的平台,各方价值的实现取决于价值三角的耦合。展览会整体价值取决于主办方、参展商、专业观众这三个核心要素的价值实现。展览会价值三角相互带动,又相互牵制,任何一个要素失衡,都会影响整体价值的最优化发展。

　　主办方指运作展会全过程的办展主体,工作范畴包括策划、组织、运营、管理等。主办方主要完成的工作是整合展会行业资源,而往往会把展会的整个实施过程交给承办方执行。承办方指通过招标、审批、委托等方式,由主办方确定的负责整个展览具体实施业务的单位。主办方成本主要是宣传费、场地费、设备费以及展后信息收集整理、客户维护和其他运营费用。收益主要来源于参展商展位租赁费、会刊收入、展会商务费等。主展方拥有办展、招展、组织管理的权利,其义务

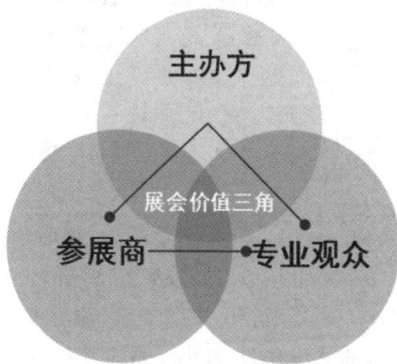

图2-1　展会价值三角图

是树立服务意识,确保服务流程的规范化、标准化,做好客户服务工作。

　　参展商是展会的主要组成部分,是展会的主要参与者和展示者。参展商通过展台来展示产品或服务,吸引观众的注意力,并与观众进行交流和洽谈。参展商通过展会展示自己的品牌形象、产品特点和竞争优势,促进与潜在客户的联系和业务合作。专业观众则是展会的受众和目标群体,他们是来自各个行业的专业人士,对展会所展示的产品和服务具有浓厚的兴趣和需求。专业观众通过参观展台,了解最新的市场动态、产品创新和行业趋势,寻找合适的供应商和合作伙伴,以及建立业务联系和洽谈合作。参展商和专业观众在展会中相互依存、相互影响。参展商通过吸引专业观众的关注和兴趣,达到宣传品牌、推广产品和拓展市场的目的。而专业观众则通过参观展台,获取最新的行业信息、产品技术和市场趋势,为自己的业务决策和发展提供参考和支持。因此,展会的成功与否,不仅取决于参展商的展示效果和吸引力,也取决于专业观众的参与和参观体验。只有能够吸引到足够多的专业观众,才能实现展会的目标和效果,最终促进业务的开展和合作的达成。

对主办方而言,给参展商提供的实际上是一种服务。做好参展商服务工作,为参展商提供专业、周到的服务是主办方和承办方应尽的义务。服务参展商的核心是提供产生价值的产品及服务,降低参展商的贸易成本,协助参展商完成参展目标,包括在展会期间结识新客户、扩大贸易合作关系、增加贸易量、树立企业形象、扩大品牌知名度等。主办方应了解参展商的参展需求、企业的产品定位、寻求合作的方式、寻求贸易对象的类别等,进而有针对性地组织专业观众,将参展商与专业观众结合在一起,促使他们在展会上达成协议。同时妥善处理参展商在参展过程中遇到的各种实际问题,包括展位预定、展品运输、展位设计、现场服务、危机处理等。

以展会时间为节点,主办方服务内容详见表2-1。

表2-1　主办方服务内容

服务环节	面向参展商服务	面向观众服务
展前服务	通报展会筹备情况、提供行业发展信息、提供贸易成交信息、展示策划服务、展前资讯、展位预订、展位设计及搭建、展品运输、签证辅导、机票预订、酒店预订、境外行程安排、境外保险、展前境外宣传、境外翻译推荐。其中,邀请一定数量和质量的观众到会参观是展会提供给参展商最重要的服务	接触目标观众,提高目标观众对展会的关注程度和参与的积极性。通报展会展品信息、提供行业发展信息、产品供给信息,招揽合适的参展商。其中,招揽到一定数量和质量的参展商是展会提供给专业观众最好的服务
展中服务	对接会展中心,做好现场安全保卫、清洁卫生等后勤服务工作;引入海关、银行、物流、航空、保险、法律、旅游等机构来展馆集中办公,提供一站式服务;安排商务活动,如专题研讨会、新闻发布会、产品推介会、客商座谈会、业务洽谈会等,配合参展商的展销活动	提供各类针对专业观众的增值服务,如论坛、研讨会、新品发布会、新闻发布会、洽谈会等,加强观众参展的积极性。提供常规服务,如快速办理观众注册手续、行李寄存、展览向导、城市地图、参展商查询、设置上网区域等
展后服务	展后商务考察、申请中小企业等各种补贴。展后回访,包括邮寄展会总结、展会成交情况通报、介绍展会参展商和观众的来源及构成等	召开座谈会,收集观众对展会的意见,探讨如何提升服务质量,之后向观众寄送展会资料与评估报告,以巩固与专业观众的良好关系

二、选择展会

(一)明确企业参展目标

展会的选择与企业的参展目标息息相关。企业的参展目的通常有以下几种:展示产品和提升品牌知名度,树立企业形象;开发市场,寻找合作伙伴和供应商;现场销售产品;调研市场行情和竞争对手;参加行业交流,学习行业新知识;新产品与新技术发布;与客户建立更紧密的业务联系等。

　　根据市场营销理论,企业参展目标分为五类,即基本目标、交流目标、销售目标、产品目标、管理目标,每类目标再细分成多种分目标,详见表2-2。

表2-2　企业参展目标分类

目标	具体内容
基本目标	了解新市场,向新市场推广本公司产品;寻找出口机会;了解发展趋势;了解竞争情况,检验自身竞争能力
交流目标	接触新客户,了解客户情况及需求;建立合作关系,增强公司形象;收集市场信息;加强与新闻媒体的联系
销售目标	扩大销售网;寻求新的代理商
产品目标	介绍和推出新产品;了解新产品的销售情况;扩大产品系列
管理目标	合理安排各项工作,合理配置和使用各类资源;总结参展的组织管理和展览效果评估的经验

　　通过参展,企业可以实现多个目标,推动业务发展、增强竞争力,并与行业内的相关人士建立联系和合作关系。但在参展之前务必要确定主要目标,做好前期调研,以便有针对性地制定具体方案,区分工作重点。

(二)选择合适展会参展

　　企业可以通过展会性质、主(承)办方资质水平、展会规模、参展商与观众质量、展会时间地点、参展费用等方面对展会进行全面的调研评估,以便确定展会与企业参展目标的匹配度。

1.识别展会性质

　　每个展会都有不同的性质,按项目性质可分为贸易展、消费展;按展会内容可分为综合展、专业展;按规模可分为国际展、国家展、地区展等。参展商应结合自身需要,正确判断展会性质是否适合企业参加。

2.判断主办方资质水平

　　会展主办方是拥有合法的资格和资质,可以发起、举办展览或会议及其配套活动的组织机构。在中国,会展主办方主要分为政府、社会团体和企业三大类。

　　中国有影响力的综合性展会通常由政府主办,因为由政府举办的展览会可信度高,往往能吸引更多的企业参与,其规模和影响力较大,参展效果也较好。如中国进出口商品交易会(广州)、中国国际高新技术成果交易会(深圳)、中国—东盟博览会(南宁)等都是由政府主办。

　　社会团体是民间性质的组织,主要是指行业协会,它们是政府与企业的桥梁和纽带。其主要职能是制定行业规范,在行业间进行协调和管理,为行业内部提供各种服务。在我国,行业协会在经济领域的影响力逐渐提高,如中国国际纺织面料及辅料(春夏)博览会由中国国际贸易促进委员会纺织行业分会主办,中国国际日化产品原料及设备包装展览会(上海)由中国洗涤用品工业协会主办。这类展览会多为专业性展会,参与者都是行业内人士,行业最新技术产品都会在展会上呈现。

会展企业作为专门从事展会主办与服务的公司,是展会市场的经营主体,也是会展业的主力军。随着我国会展业朝着市场化方向发展,其间也培育了一批专业会展公司,包括中国国际展览中心集团公司、上海市国际展览(集团)有限公司、杭州市会展集团有限公司、西麦克国际展览有限责任公司等。很多具有国际知名度的展会品牌是由企业运营的,如广东国际美博会,创办于1989年,现已成为中国自主创办的知名民族品牌展会,同时也是一个带动行业循环联动发展的行业平台,代表着中国美容美发及化妆品行业的风向标。

3. 预判展会的规模与效果

不同行业和主题的展会吸引的参展商和观众数量可能会有很大差异。一般来说,热门行业和热点主题的展会规模会更大,效果也更好。此外,如果展会所涉及的行业或产品处于高需求和增长阶段,那么展会可能会吸引更多的参展商和观众,规模和效果也会更好。展会的宣传和推广力度越大,越能吸引参展商和观众。展会宣传推广费用在展会举办成本中占据很大比例。一个展会最终能取得多大的效益,往往取决于展会宣传推广的程度和成效。参展企业在决定是否参展前,应全面了解展会的宣传推广计划,由此判断展会的市场效应。展会的地理位置和交通便利度对吸引参展商和观众也有一定影响,如果展会地点位于交通便利的地区,则更加有利于企业和观众参展。另外,展会成功举办的届数、展会在行业内是否具有良好的声誉和口碑,同样是重点考察的因素。

4. 调研参展商和专业观众质量

参展商参展是展会取得成功的关键,有了参展商参展,展会的价值才能得以体现。

企业参展前可以提前了解展会主办方已确定邀请的参展商名单,了解参展商在行业内的知名度和声誉,判断其是否是行业领先的企业或知名品牌。有条件的话,与一些参展商进行沟通,了解他们的参展目的和预期是否与展会的目标和观众需求相符。

展会成功的关键还在于观众。组织观众是基础工作,是筹展的重要环节。展会观众分为专业观众和普通观众,专业观众指从事与展会上所展出的商品或服务相关行业的专业人士,普通观众指一般的消费者和对展览有兴趣的人员。企业参展前应多联络主办方,在前几届统计资料中查找目标市场的观众信息。同时要主动出击,积极寻找,向目标观众发出邀约,尽可能全面地掌握观众信息,具体包括观众数量、决策层比例、行业分布、地域分布、层次等,判断展会观众的区域与展品目标市场是否一致,观众从事的行业与展品类别是否吻合。

5.分析展会时间地点

展会举办时间不同也会影响参展效果。通常展会在春、秋两季举办,这是为了与企业生产和销售规律保持一致,便于企业制定生产计划。参展效果与产品周期之间也有一定的规律。任何产品都有自己的生命周期,即新生、发育、成熟、饱和、衰退五个阶段。对于普通产品而言,在新生和发育阶段,参加展会有事半功倍的效果;在成熟和饱和阶段,参加展会的效果可能事倍功半;到了衰退阶段,参加展会往往会劳而无功。

除了调研展会时间与展品生命周期的匹配度之外,还需研究展会的主办地及周边辐射地区是否符合自己的目标市场,是否具有潜在购买力,以此确定展会与企业目标市场是否吻合。

6.估算参展费用

参展商参展成本主要是展位费、推广费、展品费、运输费、展具租用费、布展费、人工费、差旅费、通信费等。参展商可以与以往的参展经验进行对比和参考,了解相似规模展会的费用水平,同时结合企业内部情况衡量是否需要参加展会,有能力参加哪种类型、级别的展会。

参展前准备
工作

三、展品选择与策划

选择合适的展品对于提升参展效果、品牌形象和市场竞争力具有重要影响,参展商需要认真考虑和策划,选择参展的展品应具有相关性、代表性、独特性。

(1)相关性:展品需符合展会主题,符合企业参展目标。展品应该与目标市场的需求和偏好相匹配。了解目标市场的消费者群体和行业趋势,选择能够满足市场需求的展品。通过选择与目标市场和观众需求相匹配的展品,可以提高展台的吸引力和观众的参观率,有吸引力的展品可以吸引更多的观众,进而提升展台的知名度和曝光度。

(2)代表性:展品是展示自身品牌形象和产品优势的重要方式之一。选择的展品应该与参展商的主题和品牌形象保持一致。展品应该能够体现企业的核心价值和品牌特色。通过展示具有代表性的产品,可以让观众对品牌有更直观的认识。同时,选择能够突出自身产品特点和竞争优势的展品,这可以在众多展商中脱颖而出,增强品牌的竞争力。还应该考虑展品的尺寸、重量、易损性等因素,确保展品能够在展会现场进行有效的展示和演示。还应选择易操作的展品,向观众提供更好的体验和理解产品的机会。

(3)独特性:展品是展台吸引观众和潜在客户的重要因素之一。评估产品的特点和竞争优势,选择能够突出优势和具有独特性的展品在展会上进行展示,能吸引潜在客户的关注。选择有吸引力、独特性和创新性的展品可以引起观众的兴趣,增加他们在展台停留的时间,增加与观众互动和交流的机会。同时还要考虑展品的知识产权问题,确保所选择的展品没有侵犯他人的知识产权,避免发生法律纠纷。总的来说,参展的展品应该是企业展示自身创新能力和发展动力的重要元素之一。通过展示新品、研发成果或创新技术,可以展示参展商在市场上的领先地位和未来发展的潜力,借此吸引更多合作伙伴的关注和创造合作机会。

策划一个参展活动需根据展会的主题和目标，精心选择合适的展品。展品选择要综合考虑展会的目标、主题、观众需求、展品的相关性和可展示性等因素，要以呈现一个有意义、有趣和具有吸引力的展会活动为目的。以下是展品选择策划时的一些步骤和考虑因素。

① 确定展会主题和目标。展会的主题和目标是展品选择的基础。确定展会要传达的信息、要呈现的内容和要达到的效果，以便有针对性地选择展品。

② 研究和调研。进行相关的研究和调研，了解与展会主题相关的文化、历史、市场等领域的信息，以便找到合适的展品。

③ 筛选展品。根据展会主题，筛选出合适的展品。重点考虑展品的相关性、代表性、独特性等因素。

④ 考虑展品的多样性。确保展品在类型、形式、风格等方面的多样性，以丰富观众的体验和兴趣。

⑤ 考虑展品的可展示性。评估展品的可展示性，包括尺寸、重量、保存条件、展示方式等因素，确保能够有效地展示展品。

⑥ 编制展品清单和规划展览布局。根据选择的展品，编制展品清单，并根据场地和设计方案进行展品布局的规划。

⑦ 监督展品运输和展台搭建。确保展品的安全运输和展台的搭建，监督相关的物流和展台搭建工作。

📱 赋能广角

中国智造彰显航空强国志

第十四届中国国际航空航天博览会在珠海拉开帷幕。中国航空工业集团有限公司（简称"航空工业"）以"航空强国志，翼起向未来"为主题，通过馆内静展、室外静展和飞行展示等多种方式，将200项自主研制的航空装备及技术项目以全景式、体系化的方式进行呈现，参展产品较上一届增幅达34%，其中55项展品为首次参展。

航空工业馆全馆展示面积近7000平方米，是本届航展中最大的馆内展区。馆内展陈内容紧扣"中国力量""中国价值""中国精神"三大篇章进行划分。在馆内中心展台区域展示着"20系列"战机家族的杰出代表，即歼20、运20、直20等明星机型，展品与展馆上方"飞翔之翼"主题造型相呼应，象征着40万航空人勠力同心、乘势而上，彰显了强国强军的使命和担当。

航空工业还设置了9000平方米的室外静展区，在静展区中心位置重点展示了枭龙双座、AC352两型机和AC313A舱段。在军贸飞机和应急救援主题专区，集中展示了航空工业在军贸出口和助力国家应急救援体系建设方面取得的最新成果。这些展品都体现了航空工业打造世界一流企业、支撑世界一流军队、建设航空强国的拳拳报国心。

四、制定参展计划

参展计划是对参展各方面、全过程的统筹安排,是将参展目标分解为若干具体可操作的指标,并提出具体要求与完成时限。此项工作重要且复杂,需要计划制定者有较强的逻辑思维能力与丰富的参展经验。只有制定出周密详细的参展计划,才能保障各项筹展工作有条不紊地进行。

参展计划围绕企业参展总目标制定,若参展目标重在宣传,则工作重心应偏向媒体广告、展台设计等;若参展目标重在促成交易,工作重点应偏向展品甄选、现场服务人员配置、多种促销手段、客户拜访等。参展计划要根据实际情况进行调整。人是参展工作的第一要素,是参展能否成功的关键所在,只有选派合适的参展人员,才能保障参展效果。参展计划通常包括"5W1H"六个要素,即为何做(WHY)、做什么(WHAT)、何时做(WHEN)、谁来做(WHO)、在哪做(WHERE)、怎么做(HOW)。

企业制定参展计划需要撰写参展计划书。通常参展计划书应包括企业概况、参展宗旨与目标、参展产品介绍、行业分析、品牌市场定位、参展营销策略规划、财务预算、效果评估、人员组织与培训规划、参展进度规划、风险管理等。

📱 **知识扩展** - ▶

评估参展目标的短期方法,如表2-3所示。

表2-3　评估参展目标的短期方法

主要步骤	内容	举例
步骤一	预计参加展会的总人数	30000人以上
步骤二	估计对本企业产品感兴趣的观众比例	大于2％
步骤三	展览会的总展出时间	24小时
步骤四	根据以往经验,估计潜在客户的转化率	高于20％
步骤五	初次订单的平均金额	20000元以上
步骤六	计算每小时获得的潜在客户数	(30000×2％)/24＝25(人)
	计算参展的预期回报	30000×2％×20％×20000＝2400000(元)

备注:该方法适用于评估若干个展览会的潜在效应,帮助参展商剔除无太大价值的展会。由步骤六得出的两个结果可用于评估企业参展的效果,同时也是考评参展工作人员的重要依据。

评估参展目标的长期方法,如表2-4所示。

表2-4　评估参展目标的长期方法

主要步骤	内容	举例
步骤一	预测参加展会的总人数	20000人以上

续表

主要步骤	内容	举例
步骤二	估计潜在购买者人数(扣除学生、记者、游客等明显的非潜在客户群体,按参观总人数的10%估算)	18000人以上
步骤三	本企业产品在同行业中所占的份额	高于10%
步骤四	估计观众兴趣指数(指对本企业产品感兴趣并在展台前停留的观众比例)	高于40%
步骤五	有效观众比例(指在展台前停留并且真正感兴趣的观众)	大于70%
步骤六	计算每小时获得的潜在客户数,假设总展出时间为24小时	(18000×10%×40%×70%)/24=21(人)
步骤七	交易达成率	20%
步骤八	计算参展的预期回报(假设展后三个月内有40%客户签订首批合同,初次订单的平均金额为20000元)	18000×10%×40%×70%×20%×40%×20000=806400(元)

备注:由步骤六得出的"每小时获得的潜在客户数"主要用于考评参展工作人员的业绩,属于短期指标;由步骤八得出的"参展的预期回报"则可用于评估企业参展的长期效果。

(资料来源:王春雷.参展实务[M].北京:高等教育出版社,2010.)

任务实训

选择一个企业品牌,为其做一次参展策划,以实现企业的参展目标。

第一步:搜集企业相关资料,包括企业发展历史、企业文化、企业发展规划、企业业务经营状况。根据现阶段企业的发展需要确定本次参展的目标。

第二步:收集本行业相关展会的信息。按规模、级别、影响力、举办地、举办时间等进行梳理,确定与企业参展目标相匹配的展会。

第三步:选择能代表企业参展的展品并从展品的相关性、代表性、独特性三方面说明理由。

根据上述步骤完成表2-5的填写。

表2-5 任务评价表

评价内容	组间评价得分 (20%)	教师评价得分 (40%)	企业导师评价得分 (40%)
参展目标定位是否准确(40分)			
展会选择是否与参展目标匹配(30分)			
展品的相关性、代表性、独特性如何(30分)			

任务二　参展主题策划

任务剖析

任务：根据品牌定位、产品特点和目标受众，设计和策划企业的参展主题，提高观众的兴趣和参与度，在参展过程中清晰地传递产品信息和企业价值观。

目标：了解参展主题策划的方法以及主题策划对企业参展的影响；能够进行参展主题的策划；引导学生认识参展主题与社会价值观、国家发展、文化传承等方面的联系，融入社会责任意识。

任务流程

一、主题策划

主题策划是指在展览或活动中，选择特定的主题，来设计和组织相关活动内容的过程。主题策划旨在通过统一的主题概念，使整个展览或活动具有一致性、连贯性和吸引力，以达到特定的目的和效果。主题策划包括主题选择、内容设计、视觉设计等。

（1）主题选择。根据展览或活动的目的、受众需求和参展者的要求，选择一个具有吸引力和相关性的主题。

（2）内容设计。通过主题来确定展品、活动项目、展览布局和展示方式等内容，以形成整体的展览结构。

（3）视觉设计。通过色彩、图形、字体等视觉元素，来传达主题的氛围、情感和理念，创造独特的视觉体验。

主题策划的目的是提供一个有趣、有吸引力且具有连贯性的展览或活动，以吸引目标受众、传达特定的信息、增强品牌形象、促进交流和合作，或实现其他特定的目标。主题策划可以为展览或活动赋予独特的个性和故事性，提供更深入的参与感和情感共鸣。

二、主题策划的方法与创意提炼

（一）主题策划的方法

主题策划的切入点可以根据展览或活动的性质、目的、受众和参展者的需求进行选择和确定。以下是一些常见的主题策划方法。

（1）目标导向。根据参展的目标和要达到的效果来选择主题。例如，如果目标是提升品牌知名度,那么可以选择以品牌特色、品牌故事或品牌历程为主题。如果参展的目标是推广新产品,那么可以选择以产品特点为主题,突出其特性和优势。

(2)受众导向。根据目标受众的兴趣、需求和偏好,选择能够吸引他们注意力和参与度的主题。例如,如果目标受众是年轻人,那么可以选择时尚、科技或音乐等相关主题。

(3)行业导向。根据展览或活动所属的行业领域,选择与之相关的主题。例如展览是关于环保的,可以选择"可持续发展"的主题,强调环保意识和行动。如果展览是关于健康和医疗领域的,可以选择"健康生活方式""医疗技术创新"等主题。

(4)创意导向。通过创意思维和创新方式,选择独特、有趣的主题。例如,可以选择以一个故事情节、一个特殊的场景或一个引人入胜的概念为主题来吸引观众的注意力。

(5)社会热点导向。选择与当前社会热点相关的主题,引起观众的共鸣和关注。例如可以选择以社会公益、多元文化、性别平等为主题,传达积极的社会价值观。

(6)历史文化导向。选择与特定历史事件、文化传统或地域特色相关的主题,展示独特的历史文化魅力。例如,可以选择以一个历史人物、一个历史时期或一个文化节日为主题。

(7)可互动性导向。设计具有互动性和参与性的主题,让观众能够积极参与和体验。例如,可以选择以一个游戏、一个挑战或一个解谜活动为主题,增加观众的参与度。

以上这些方法可以单独使用,也可以结合使用来创造一个独特、有吸引力且能与观众互动的展览或活动主题。

(二)主题策划的创意提炼

1.谐音替换法

谐音替换法即一语双关。可以通过提取公司产品卖点、活动调性的关键词或品牌词,用同音字或近音字来代替原来的词,让参展主题富有网络感,为产品或品牌宣传创造便利条件。例如"醉美·夜郑州·约惠上汽"中的"醉美"谐音"最美","约惠"谐音"约会"。

2.品牌词提取法

品牌词提取法具有一定的品牌传播效应。通过对企业品牌的理解,提取品牌全称或其中的某一个字来体现活动主题,这样可以增加品牌的曝光度,加深受众对品牌的印象。例如"大观天下,能者致远"观致7方舟级SUV上市发布会,就取自于品牌"观致"二字,而主题里面的"天下、远"也突出了新车的功能卖点。

3.产品特点提炼法

产品特点提炼法是通过对产品的功能、属性、卖点进行详细了解后,将产品特点提炼并融入参展主题中。提炼产品的特点可以从这三个方向进行,即产品的属性、产品的卖点、产品对用户的利益。例如"无人零售,瑞不可挡"瑞幸咖啡无人零售战略发布会,就是通过"无人零售"这4个字强调新品的智能属性。

4.中英文结合法

如果想让参展活动变得有国际范,可以采用中英文结合法,将英文或汉字拼音与汉字进行组合,构思参展主题。例如"弹力觉醒,为EYE发电"丸美新品发布会就是将眼睛的英文"EYE"结合到主题词中进行展现。

5.笔画设计改变法

笔画设计改变法是将主题字的部分结构(笔画)进行重新设计,以此来突出参展主题的视觉效果。一般可以用阿拉伯数字或形状来替代主题的部分笔画。而数字可以是周年庆的日期,特殊节日的数字,形状可以是一颗心、皇冠等。图2-2所示的"正荣21心有所依",是正荣集团21周年司庆的宣传海报,将"心"通过形状来展现,让主题创意变得更加有意境。

图2-2　正荣集团21周年司庆宣传海报

6.场景化表达法

场景化表达法是指通过场景化的表达方式让受众了解参展活动的主题设计和内容,也称"沉浸式表达法"。例如"新时空重遇老上海"Chinajoy主题酒会,将上海百乐门作为酒会举办场所。

三、参展主题策划

企业参展主题策划需要根据企业自身的参展目标、参展的展会性质来开展,具体包括以下流程。

(1)市场研究和竞争分析。调研参展企业所在的市场和竞争对手的情况,了解行业最新发展趋势。确定参展的目标群体,明确想要吸引的客户群体,以及客户关注的内容。根据市场及目标群体的需求,为制定策略和主题提供依据。

(2)确定企业参展主题。根据目标市场调研分析,结合企业参展的目标和目的,如推广产品、增加知名度、寻找合作伙伴,根据不同的需求来确定企业参展主题。这是参展主题策略的关键环节,后续的参展活动将围绕此主题展开并实现企业参展目标。

（3）制定主题参展策略。根据已经确定的企业参展主题,制定主题参展的策略,确定展位布置、活动安排、宣传推广等方案,这部分是参展主题策划的核心内容,主题需要通过具体的内容设计来呈现其内涵。根据设计方案,布置展位并完成搭建工作;利用社交媒体、网站、媒体报道等渠道进行宣传;根据策略和主题,确定参展期间的活动安排,如演讲、研讨会、抽奖活动等,吸引观众和潜在客户参与。此外,这些活动的具体内容设计均应与参展主题相契合,形成一个富有主题内涵的参展整体。

（4）参展主题视觉呈现。展台主题需要有创意和差异化,能够吸引参展者的目光并引起他们的兴趣。在设计过程中可以运用各种视觉元素、互动体验和创新科技等,营造独特的展示效果。在展台设计、展品展示、宣传资料等方面都要体现出主题的一致性,形成统一的视觉效果,增强观众对企业的印象。

赋能广角

民族企业策划中医传统文化参展主题

中国北京国际科技产业博览会（简称"科博会"）在中国国际展览中心开幕。同仁堂集团及众多国内知名企业亮相科博会,各显神通,纷纷展示自家的科技产品。

同仁堂科技公司契合同仁堂供奉御药三百周年主题,对焕新推出的"御药300"传承系列品种进行了集中展示,涵盖中成药24个品种以及滋补膏方10个品种,这些品种均来自历代医书典籍中收录的同仁堂传统名药。在展台设计方面,"中国北京同仁堂"几个大字格外醒目,以弧形为主,整体造型融合了同仁堂深厚的文化底蕴和创意满满的科技感。LED显示屏播放着集团宣传片、旗下企业科技创新视频和产品视频,展板以图文形式全方位展示了同仁堂集团的创新成果。

展会现场,同仁堂科技公司开展了各种现场活动来展示企业的最新产品及服务。包装典雅、设计美观的文创产品也吸引着来往的观众,展台前时常观者云集。她们一会儿拿起熏香闻闻香味,一会儿戴上手串体验与众不同的美感。萃饮机是广受关注的一个产品,它采用高效动态回旋萃取技术,提升了有效成分的提取率。现场工作人员将装有中药材的"元宝胶囊"和纯净水放入萃饮机里,只需等待片刻,就可以得到一杯色泽鲜亮、味道浓郁的草本饮品。品尝之后,观众赞不绝口。在能够模拟中医专家进行"望闻问切"的四诊仪前面,观众们排起了长长的队伍,大家争相体验高科技带来的诊疗新方式。测试者只需将脸凑近仪器,按指令伸出舌头完成抓拍,再将手腕与脉搏采集装置连接,便能在短短五分钟内了解自己的身体状况,并得到一份包含数据分析、养生建议、干预方案的检测报告。

明确的参展主题、吸睛的展台主题设计以及丰富的展会现场活动,都体现了同仁堂立足制药优势,不断在百姓健康领域拓展服务的决心,同时也展现了中国传统医药文化的魅力,达到了参展效果。

知识扩展

强化主题策划的认知

主题策划是一项复杂而有挑战性的工作,需要综合考虑活动的目标、受众、内容、形式等多个因素,才能设计出具有特色和吸引力的活动,策划出具有独特主题的活动和内容。好的主题策划能够吸引观众的注意力,增加活动的趣味性和独特性,提升活动的参与度和影响力。我们需要从以下几个方面加强对主题策划的认识。

(1)主题策划的重要性:主题策划能够为活动赋予独特的风格,提升活动的吸引力和独特性,吸引更多的观众参与,增加活动的影响力和宣传效果。

(2)主题策划的步骤:主题策划包括确定目标和受众、制定活动主题、设计活动内容和形式、选择合适的场地和时间、制定预算、制定实施和宣传推广计划等步骤。

(3)主题策划的原则:主题策划需要根据活动的目标和受众的需求,确定合适的主题和内容;需要关注活动的可行性和实施效果;需要注重创意和独特性,以吸引观众的注意力;需要注重活动的可持续性,以保证活动的长期影响力。

(4)主题策划的技巧:主题策划需要注重市场调研和观众研究,了解受众的需求和兴趣;需要注重创新和独特性,以吸引观众的关注;需要注重活动的策划和组织,保证活动的顺利进行;需要注重宣传和推广,提升活动的知名度和影响力。

(5)主题策划的案例:可以学习和借鉴一些成功的主题策划案例,如世博会、奥运会等大型活动的主题策划,以及各类展览、音乐节、文化节等活动的主题策划,了解其策划理念和实施方法。

任务实训

根据任务一选择的企业品牌,为其策划参展主题并完成表2-6的填写。

第一步:市场研究和竞争分析。收集参展企业所在行业市场和竞争对手的情况,掌握行业最新发展趋势。

第二步:确定企业参展主题。根据第一步的分析结论,结合任务一梳理的企业参展目标,确定企业特色参展主题。

第三步:主题参展内容与视觉呈现设计。主要包括展台的设计、宣传推广与营销活动设计。思考如何通过展台设计体现活动主题、如何通过配套活动传播主题。辅以恰当的视觉设计,充分诠释参展主题并实现传播效果。

表 2-6　任务评价表

评价内容	组间评价得分(20%)	教师评价得分(40%)	企业导师评价得分(40%)
参展主题吸引力(20分)			
参展主题传达效果(20分)			
参展主题互动性(30分)			
参展主题创新性(30分)			

任务三　展台展示设计

任务剖析

任务：根据企业参展目标及参展主题设计展台，通过展台的视觉设计，让观众了解品牌的企业文化，对品牌形成基本认知。

目标：了解展位类型、展会主题和定位，选择与企业展品匹配度高的类型；能根据企业参展主题设计相应的展台，积极展示中国文化元素。

任务流程

一、展位类型

（一）标准展位

标准展位是会展专用词汇之一，是指采用国际通用标准设计制作展位。标准展位的大小和设施都是统一规格的，展位长、宽、高尺寸一般为 3 米×3 米×2.5 米。展商可以根据自身品牌形象和产品特点，选择合适的展台布局、展示架、灯光效果、展示物料等来吸引观众的注意力。标准展位相对其他展位类型来说，成本较低，适合小型和中小型的企业参展。标准展位可以提供一个统一的展示平台，让观众能够比较直观地了解不同展商的产品和服务。

标准展位装卸快捷，便于运输，能节省存储空间。一般包括以下基本设施，即展位背景板、地毯、展桌、椅子、展架等。展位背景板是用来展示展商的品牌、产品或宣传信息的板块。铺设地毯是为了提供舒适的脚感以及美观的展示环境。展桌和椅子是供展商和参展人员使用的基本用具。展架可以用于陈列产品、展示宣传资料等。

（二）特装展位

特装展位指展馆室内或室外空地上按任意面积划出的展出空间。该类型只提供正常大厅照明及未铺地毯的展位空地,一般36平方米起租,主办方不提供任何配置,参展商需自行设计及搭建。特装展位能折射出企业的实力和形象,展位形象的好坏将直接影响采购商对供货商的选择,因此打造一个富有个性、独一无二、精致高档的特装展位有利于汇聚人气,从而提高参展效果,提升企业形象,实现品牌升值,创造最大的经济效益。

特装展位相对于标准展位来说成本较高,适合较大型的企业。特装展位可以提供更多的展示空间和更好的展示效果,有助于吸引观众的关注和提高品牌知名度。同时,特装展位也需要投入更多的精力来进行设计和装修,参展商需要提前规划和预算。

二、影响展位选择的因素

展台设计要吸引观众注意,要有利于开展业务,要能合理控制成本,因此要综合考虑展出面积、位置、形状、形式、区域、人流、设施和服务等因素。

(1)面积。其决定因素是需要和条件,需要指参展目标的需要,条件指预算。若参展商以宣传为参展目标,准备大造声势,且有足够的预算,就应该租用大面积的场地。面积大可以让设计人员有更大的发挥余地,创造特殊的展示效果,给人留下更深的印象。若以结识客户、促成交易为参展目的,就只需租用小面积场地。不同的展品需要使用不同的面积,参展商还需根据展品的种类和数量计算出大概的使用面积。展会期间操作示范、表演、咨询、观众记录等也要安排场地,需要占用面积。一般情况下,每个展台人员配备4平方米的展出面积(不含展品陈列面积),当然竞争对手的展台面积也需要关注。

(2)位置。参展商需要根据自己的目标选择位置。如果展出目标主要是宣传、树立形象,那么参展商应尽可能追求大的曝光率,让更多的观众关注到自己的企业,在这种目标下,参展商就需要选择展馆主入口的正面或展馆正中央等人流最多的地方。偏重接待老客户的参展商可以选择安静固定的位置,安静的位置干扰少,便于洽谈,固定的位置便于老客户寻找。公认的好位置有展场的主馆、展馆的入口和出口、入口处的右侧、展馆的主道等。即观众流量最大的通道,是几条走道的汇聚点。主道拐角的展台为双向开面,这些位置易被更多的人经过、看见。优势不明显的位置有附属展区、与主馆和主厅分离的展区、远离入口处的展区、主活动区的背区、边通道、封闭通道最里面的位置、展馆后部的角落、大柱或楼梯之后的位置。争论比较大的位置是餐饮、休息、厕所、问讯、电信等服务场所的周边位置,这些位置观众流量很大,但人流较杂,在对公众开放的消费品展览会上,这可能是一个比较好的位置,但是在专业展览会上,这一位置要视其他条件判断。

(3)形状。规则的场地形状和开面有6种基本形式,即道边形、内角形、外角形、半岛形、岛形和通道形(见图2-3)。展览场地的不同形状有不同的特性,可适合参展商不同的要求。参展商需综合分析展会展区规划、入口安排、企业需求、演示方案、不同展位形状的优劣势等因素来决定展位类型。

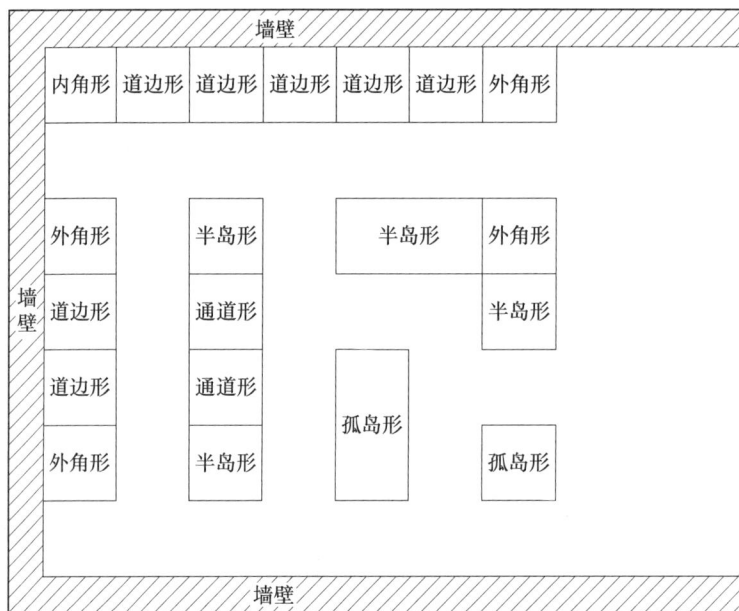

图 2-3　展位形状

（4）形式。展览场地的形式有多种分类方法，从建筑角度看，有室内场地和室外场地之分；从展台角度看，有净场地和标准展台，单体展台与集体展台，封闭展台与开放展台之分；从设计角度看，有规则与不规则之分等。参展商可根据自身需要，选择合适的展览形式。

（5）区域。展台不仅要有展示区域，还应有接待区域、洽谈区域、办公区域、储存区域等功能区域。展台的功能区域应当统一设计安排，特别要预留空间给客户看展品，让展台服务人员介绍展品、解说服务，此类区域需易于进出、易于走动，且面积不宜太小。

（6）人流。人流指展览会场内流动的观众，一般是自然形成的，但是也有一定的规律。参展商要根据展出目的，结合展品特征、展览背景及展馆条件，通过巧妙的设计、周到的布局、明确的标志，直接或间接引导人流。理想的人流控制能让观众自然轻松地流动且无约束感，保持参观兴趣且无乏味感，让观众知道自己置身何处并少有疲劳感，让观众能专心、全面地参观展览。

（7）设施和服务。与展台有直接关系的设施和服务包括装卸系统（这对大型展品搬运非常重要）、供电系统、照明系统、供排水系统、供排气系统、压缩气系统、通信系统、网络系统等。布展人员应当了解这些情况，在选择及租用场地、设计、施工时予以考虑。展台设计搭建一般都是外包给展装公司，参展商需与此类公司针对以下问题进行充分沟通：一是参展目标，参展目标决定展台设计的要求与形式，包括功能区划分、展示重点等，参展商需明确告知参展目标；二是企业背景资料，包括企业品牌的理念系统（MI）、视觉识别系统（VI）、行为识别系统（BI）、企业文化建设、企业历史与规划等；三是展品信息，包括展品品种、性能、数量、包装、是否现场演示、用电用水等，这便于设计师根据展品信息确定陈列展示方式和功能区的分布；四是展台设计时间安排、经费预算、合同等必要信息。

三、展台设计步骤

展台设计是参展商在展会中展示自己品牌和产品的重要环节,是一个综合考虑品牌形象、目标市场和实际需求的过程。参展商需要根据自身情况和展会要求进行合理的设计和规划。特别是在展台设计环节需思考如何展示企业品牌文化,融入民族设计元素,更好地在国际展览舞台上展现中国企业的魅力和文化自信。以下是一些参展商进行展台设计的步骤和要点。

(1)设定目标。首先,参展商需要明确自己的展台设计目标,例如展示新产品、提高品牌知名度、吸引潜在客户等。根据目标,参展商可以确定展台的整体风格和布局。

(2)确定展台面积。参展商需要根据展台的面积确定展台设计的可行性和限制性。面积较小的展台可以选择简洁、紧凑的设计,而面积较大的展台可以考虑加入更多的创意和互动元素。

(3)品牌形象展示。展台设计需要准确传达参展商的品牌形象和价值观。使用参展商的标志、标语和颜色等元素营造的品牌形象,能够让观众一眼识别。

(4)空间规划。根据展台的功能需求,合理规划展台的不同区域,如展示区、接待区、沟通区等。确保每个区域都有足够的空间和流线,方便观众流动和互动。

(5)创意布局。参展商可以考虑创意的展台布局,例如采用非传统的形状、层次感强的结构或者使用特殊的材料等。这样的设计能够吸引更多关注并增加展台的独特性。

(6)使用展示工具。参展商可以使用各种展示工具来展示产品和服务,如展示架、展示柜、屏幕、互动设备等。根据展台面积和需求选择合适的展示工具,并合理安排展示区域。

(7)照明和装饰。照明和装饰是展台设计中重要的一环,参展商可以使用适当的灯光来突出展示区域和重点产品。同时,装饰物的选择也需要与品牌形象相匹配,营造出舒适、专业的展示环境。

(8)互动和体验。为了吸引观众的注意力,参展商可以考虑增加互动元素和体验活动。例如设置互动游戏、提供产品试用、举办演讲和讲座等活动,增加观众的参与度和留存时间。

(9)展台宣传。展台设计不仅仅是展示产品和服务,还需要通过展台宣传吸引更多潜在客户。参展商可以使用海报、展板、宣传册等宣传物料来传达产品特点和优势。

(10)反馈和改进。展会结束后,参展商可以收集观众的反馈和意见,了解展台设计的不足之处。根据反馈意见,参展商可以进行改进和调整,为下一次展会做好准备。

📱 赋能广角 ┄┄┄┄┄┄┄┄┄┄┄┄┄┄┄┄┄┄┄┄┄┄┄┄┄┄┄┄┄┄┄┄┄➤

进博会的"最潮展区"

在第六届进博会上,来自消费品展区的众多企业纷纷开馆,进入属于他们的

"进博时刻"。消费品展区向来是进博会特装展位占比最高的展区,参展商们都很"潮",纷纷带来首发首秀展品,引领着潮流发展的方向。"中国元素"新品首发也成为潮流关键词。

卡地亚(Cartier)以"卡地亚风格,美学隽永之旅"为主题,特别呈现中国限定版腕表(Tank Chinoise)。此款诞生于1922年的经典造型腕表,其灵感源自中式庙宇的建筑风格和门廊的几何结构,而全新作品则采用酒红色调漆艺,突出垂直表耳上方的水平轴,崭新诠释经典设计美学。

乐高集团连续六年在进博会全球首发富有中国文化元素的新品。其中,此次进博首发的LEGO®悟空小侠™万千城套装包含一个可以自由配置的城市模型,涵盖20个细节丰富的建筑模块。此外还带来"新春五福"——五款以春节为主题的乐高产品套装,这一套装包含简单易懂的拼搭说明,以及解释"祥龙纳福"意义的精美图解,非常适合家庭成员在春节期间一同拼搭。

为配合中国元素的新品首发,宜家则在360平方米的展台上,让中式园林和斯堪的纳维亚设计美学"相遇",打造中国元素的展台设计。同时,宜家还重磅发布了两款产品——全球首发"中国新年"系列产品"FÖSSTA弗斯达"以及超季首秀宜家80周年"Nytillverkad霓特浮德"限定系列第三批新品。其中,全球首发"FÖSSTA弗斯达"产品系列是宜家延续过去三年以中国文化为灵感打造中国新年产品系列的又一力作,其以宋代的瓷器造型和色彩为灵感来源,并与龙、柿子等元素相结合,寓意迎接充满希望、繁荣和好运的新年,传递美好祝愿。

四、展品陈列

展品陈列是指将展品有机地组织、布置和展示出来,以便观众能够更好地欣赏和理解展品的内容和价值。而展台设计则是指根据展品的特点和展示需求,设计展台的结构、布局、装饰和交互方式,以营造出适合展品展示的环境和氛围。展品陈列和展台设计相互依赖、相互影响,展台设计为展品陈列提供了展示的环境,而展品陈列则通过合理的布置和展示方式,使展台设计更加生动有效。只有展品陈列和展台设计相互配合,才能达到更好的展示效果和观众体验。

(一)展品陈列的方式

1.目标陈列法

该方式将重点展出的展品放在整个展位的中心位置,将观众的视线集中在展厅最明显的目标上。同时配合墙体、廊柱上的相应广告版面,再辅以照明效果和声光电的配合,形成一个和谐统一又主次分明的展览环境,使观众一进入就能看到突出的主体展品。

2.特写陈列法

根据参展目的,将重点展品和细小展品放大为数倍的模型或扩大成数倍的广告摄影照片,形成一个富有冲击力的空间视觉效果,适用于这种方法的产品包括化妆品、电池、小工艺品等。

3.场景陈列法

根据特定的展览环境,结合某种消费需求和相关的生活场景、生产活动、学习空间、劳动空间以及自然环境等,将展品恰当地组合在这一空间环境中,使其成为环境中的角色,并显示其功能和外观特点,这种方式适用于家电类展品。

4.开放陈列法

让客户直接接触展品,参与演示操作等体验活动,使观摩、交流、市场推广及采购活动均在自由的气氛中进行,多用于汽车类展品。

陈列展品时要注意展品占据货架总利用空间(包括地面和墙面)的比例应掌握在50%左右,超过60%就会显得拥挤,展品吸引力随之下降。若展品体积过大,密度应适当降低,否则会对观众造成压迫感。陈列时需遵照人的视线习惯,由左至右,由上至下,从前往后,由中心到四周,采用分类合理、疏密适度的陈列方式,利用悬挂、支撑、壁贴等多种手段,辅以地毯、聚光灯等道具,构成十字形、放射状、三角形等丰富形态的灯光,让展品富有立体感,具有吸引力。

(二)展品陈列与展台设计的关系

(1)空间布局。展台设计需要考虑展品的数量、尺寸和形状,以确定展台的大小和分区。展品陈列则需要根据展台的布局来安排展品的位置和顺序,使其能够在展台上有序地展示。

(2)展示方式。展台设计可以通过选择合适的展示器具和装饰手法,来呈现展品的特点和优势。展品陈列则需要根据展示方式来选择合适的展品摆放方式,以提高展品的吸引力和展示效果。

(3)观众体验。展台设计要考虑观众的观赏角度和行走路线,以确保观众能够方便地观赏展品。展品陈列则需要考虑观众的观赏习惯和心理需求,设计吸引人的展示方式和交互方式,来提高观众的参与度和体验感。

(三)展台布置技巧

在展会上,企业若想快速有效地吸引更多潜在客户,除了本身拥有优质产品及强势品牌形象外,更需注重展台布置技巧,这能让企业脱颖而出。

常规展位令企业难以应付及筛选参观的客户。公司参展都想吸引更多的观众,转角位则能够达到更好的效果,转角的展位为了尽量留出更多空间吸引更多客户,大会提供的三层产品展示架连同储物柜通常是紧贴后墙而设的,企业则在最前面设工作台以供接待,但如果接待台与陈列架之间的位置安排不当,将会让销售人员疲于应付从四面八方涌入的参观者,导致现场流量难以控制,应接不暇。

若产品在后墙陈列,在展位最前方的正中央摆放两张小圆桌,上面放有企业产品目录及宣传资料以便索取,这样一来,参观者一定要进入展位里面才能近距离看清产品,而销售或接待人员的位置则靠近接待台,这便导致客户多会出现在工作人员的身后,当各类参观者络绎不绝,从好几个方向进入展位时,工作人员根本来不及同时兼顾所有参观者,由于缺乏充分的交谈时间,则难以有效分辨并留住真正的客户,造成了不少无形损失。

陈列无序难以让客户对产品留下深刻印象。产品并未统一用色,同一系列的产品都是五颜六色的,因此,在对产品不做出任何说明的情况下,所有产品全部摆放在展示架上,以致参观者眼花缭乱,无法很快了解到产品的种类与特性,当有多数同类企业参展时,客户的兴趣和耐心自然会减少。

针对以上情况,应合理运用以下展台布置技巧。

一是陈列架前移,设封闭式洽谈处,在公开展示和保护客户隐私中取得平衡。

将展示架全部移到展位靠前的位置单边陈列,让观众可以在展位外围看到产品。另外,用屏风及展示架将展位内部全部围起来,作为固定的洽谈区,安排一位工作人员专门引领公司的老客户以及合作意向明确的新客户从预留的入口进内详谈,如此安排既避免出现拥挤嘈杂的状况,又充分尊重客户的隐私,营造出一种更容易达成协议的友好氛围。印有公司标识的接待台则设在屏风前面,这便于控制人流只从一个方向进出,使接待工作变得有序和更具针对性。

二是产品统一用色,分类摆放,讲究陈列技巧。

统一企业的系列产品外观、商标粘贴位置等,如颜色统一选用红灰色系,在分类陈列时就可以让参观者明确产品的类别及独特功能。另外,在显眼位置精心选位摆放,展示产品最漂亮的部位,如旋钮、机器的切面等,而非单纯将整台仪器以全貌陈列,这样一来,可以引起不少观众的好奇心。新旧产品陈列区别对待,外围展示架摆放的多为已经上市的产品,新推产品则面向洽谈区展示,这在一定程度上可以进行版权保护和客户筛选。在平面宣传方面亦有所考究,外围的喷画是一般性的简介,主要针对的是对公司生产情况及产品种类尚未了解的客户,内部的宣传画则更强调公司产品的种类介绍、性能优势及过硬的质量保证等,这能增强客户信心。

三是撤去原有地毯,将整体的宣传基色与企业形象统一,让企业的整体形象在展会中变得更加突出,给观众留下深刻且专业的印象。

还需注意的是,事物总是不断发展的,企业发展到不同阶段需要配合不同的展览摆设技巧,从而更真实到位地展示企业的发展现状与远景。

📱 **知识扩展**

估算展位面积的一般方法主要有四个步骤,详见表2-7。

表2-7 估算展位面积的一般方法

主要步骤	内容	举例
步骤一	估算高峰时段（预计会有较大人流量经过展位的时间段）	假设某企业参加一个展期为3天的展会，每天高峰时段有5小时，共15小时
步骤二	计算在高峰时段内需要多少名展台服务人员	假设该企业参展目标是在展会期间与1000名潜在客户交流，这样每小时便需要接待67人，按照每位展台服务人员每小时能接待10人计算，则需要6—7名服务人员
步骤三	确定一名服务人员接待1—2位客户所需要的面积	预计为5平方米
步骤四	计算所需展位的面积	30—35平方米，预订4个标准摊位较为合适

备注：以上计算面积未考虑展品演示、表演等活动对场地的要求。

（资料来源：王春雷.参展实务[M].北京：高等教育出版社，2010.）

📱 **任务实训** --------------------------------➤

根据前置任务选择的企业品牌，为其模拟参展的展台进行展示设计，并完成表2-8的填写。

第一步：根据企业参展目标、经费预算及展示需要选择参展的展位类型。

第二步：为模拟展的参展品牌选择合适的展位形式和位置。

第三步：设计模拟展参展展位，要求体现企业文化及参展主题。

表2-8 任务评价表

评价内容	组间评价得分（20%）	教师评价得分（40%）	企业导师评价得分（40%）
展位类型与参展目标匹配度（20分）			
品牌文化展示效果（30分）			
参展主题展示效果（30分）			
展台设计创新性（20分）			

任务四 参展营销推广

⚙ **任务剖析**

任务：根据企业参展目标，为企业选择合适的参展营销推广方式及渠道，制定参展营销推广方案，做好参展过程中的营销推广活动，提高企业知名度和参展效果。

目标：了解参展营销推广的目的；能根据企业参展目标选择相应的参展营销推广方式及渠道；培养对市场商机敏锐的观察能力，以及良好的沟通能力。

任务流程

企业参展的成功不仅取决于展会本身的规模和质量，还需要有良好的营销推广方案。展会是企业开展营销活动的重要平台之一，企业可以通过展会来推广品牌、展示企业形象、增加销售机会等。参展营销推广是指企业通过参加展览会等活动，利用展览会现场的人流和媒体曝光，进行产品或品牌推广的营销策略，以便提高企业的品牌知名度和销售成交率。

一、参展营销推广的目的

（一）提高企业知名度

企业参加展会是一种宣传和推广的方式，通过展示企业的产品、技术和服务等，吸引更多的观众认识和了解企业。展会是一个企业展示自身实力和形象的舞台，能够让更多的人了解企业的品牌和产品，提高企业的知名度，还能够帮助企业建立起良好的形象，提升企业在行业中的地位和影响力。通过展会宣传，企业能够更好地吸引目标客户和合作伙伴，为企业的发展壮大提供更好的支持。

（二）增加潜在客户

展会是一个聚集潜在客户的重要平台，参展企业可以通过展示自身的产品和服务，吸引更多的潜在客户前来了解和咨询。通过展会宣传，企业可以向这些潜在客户展示自身的实力和优势，吸引他们成为自己的客户。此外，展会还提供了一个与潜在客户面对面交流的机会，企业可以通过与潜在客户的交流了解他们的需求和关注点，更好地为他们提供服务。因此，参加展会对于企业来说是一个增加潜在客户的好机会，可以帮助企业扩大市场，提升销售业绩。

（三）促进产品销售

展会宣传可以促进产品的销售，通过展示产品的特点和优势，吸引更多的客户前来购买。展会是一个让客户直接了解产品的平台，客户可以通过展会现场了解和体验产品，从而更加熟悉产品的特点和性能。此外，展会还提供了一个让客户直接购买产品的机会，从而促进销售。

（四）了解市场需求

展会是一个了解市场需求的好机会，通过与展会现场的观众和潜在客户交流，企业可以了解市场的需求和趋势。在展会现场，客户可以提出自己的需求和意见，企业可以通过与客户的交流来了解他们的需求和关注点,为企业制定更好的销售策略并为产品规划提供参考。此外,展会还提供了一个了解竞争对手的机会,企业可以通过观察竞争对手的展示和宣传了解他们的产品和服务,为企业的市场定位和竞争策略提供参考。因此,通过展会宣传,企业可以了解市场需求和竞争情况,为企业的发展提供更好的指导和支持。

二、参展营销推广的方式

参展营销推广的方式是指采用具体的营销宣传手段和方法,如网络营销推广、传统营销推广、合作营销推广、展会现场营销推广等。营销推广的方式决定了营销推广的形式和内容。

(一)网络营销推广

网络营销推广是一种通过互联网和数字化媒体进行宣传和推广的方式。企业可以通过自己的官网、社交媒体等线上渠道进行宣传,吸引更多的潜在客户。在企业官网上,企业可以展示自己的产品和服务、企业文化和品牌形象等,让潜在客户更好地了解企业。在社交媒体上,企业可以发布有价值的内容,吸引更多的关注和互动,从而扩大企业的影响力和知名度,吸引更多的潜在客户。通过线上宣传,企业可以更好地利用数字化媒体,扩大宣传范围,吸引更多的潜在客户,提高企业的知名度和影响力。

(二)传统营销推广

网络营销推广已经成为展会宣传推广的重要方式,但传统营销推广仍然是不可或缺的一部分。企业可以通过报纸、杂志、电视、广播等传统媒体进行宣传推广,吸引更多的潜在客户了解展会信息。此外,还可以通过在商场、超市等人流密集的地方发放传单、张贴海报等宣传材料进行宣传推广,增加展会的知名度。此外,企业还可以通过举办促销活动、赞助活动等方式进行线下宣传,吸引更多的潜在客户,并提高展会的知名度和影响力。

(三)合作营销推广

合作营销推广是一种通过与其他企业、协会、商会、媒体等进行合作的营销和推广方式。具体来说,企业可以与同行业的企业、协会、商会等合作,在展会现场共同展示产品和服务,还可以与媒体合作,通过媒体的宣传报道和推广。与其他机构合作宣传,可以让企业更好地利用资源和渠道,扩大宣传范围,提升宣传效果。通过互联互通的方式增加展会的曝光度和知名度,从而提高企业的知名度和影响力,为企业的发展壮大提供更好的支持。

(四)展会现场营销推广

展会现场营销推广是企业参展宣传推广的重要环节之一。企业可以通过展位设计、展品展示、促销活动等方式进行宣传推广,吸引更多的潜在客户前来参观。此外,还可以通过现场演讲、交流会、论坛等活动进行宣传推广,提高展会的知名度和参观率。

中国移动树立全球领先的移动通信运营商形象

中国移动是中国移动通信运营商之一,也是全球知名移动运营商之一。在世界移动通信大会(MWC)上,中国移动积极推广5G网络。

在MWC展会现场,中国移动展示了最新的5G技术和解决方案。首先展示了5G网络高速传输和低延迟的特性,向参观者演示了下载和上传的速度。其次展示了5G技术在智能交通、智慧城市和工业互联网等领域的应用。通过这些展示,中国移动成功地宣告了5G网络的巨大潜力和广泛应用的可能性。

在合作营销推广方面,中国移动与其他国内外企业合作推出了一系列5G应用和服务。例如,与中国的汽车制造商合作,展示了5G在智能驾驶和车联网方面的应用;与国际合作伙伴合作,推出了全球范围内的5G漫游服务。这些合作不仅展示了5G网络的应用场景,还加强了中国移动作为全球领先移动通信运营商的地位。

通过参展MWC并推广5G网络,中国移动取得了以下成果。首先,成功宣传了自己的5G技术和解决方案,树立了在全球移动通信行业中的领导地位。其次,吸引了全球媒体和客户的关注,提高了品牌知名度和影响力。最后,通过与其他企业的合作,扩大了5G网络的应用范围,促进了行业的发展和创新。

这个案例表明,参展营销推广是企业在国际舞台上营销和推广自己的重要途径之一。

三、参展营销推广的渠道

展会宣传的渠道是指将宣传内容传递给目标受众的途径,如媒体平台、社交媒体、邮件等,渠道决定了宣传信息的传播范围和传播效果。

(一)媒体广告

媒体广告是常见的间接邀请观众的方式。广告的覆盖面广,传播范围可覆盖已知的和未知的目标观众,但成本比较高,所以在参展前要先明确成本预算,科学、合理地选择广告媒体与投放时间等。

参展企业可以通过大众媒体(如电视、报纸、户外广告、综合门户网站、交通媒体等)进行推广,也可以通过专业媒体广告(如会展项目题材所在行业的专业网站、报刊、杂志等其他媒介)进行推广。由于专业媒体的阅读者通常都是与会展题材相关的行业从业人士,因此,在专业媒体投放广告的针对性比较强,效果较好。

除了以上传统的渠道,社交媒体广告是当下互联网时代的重要推广手段之一。通过新媒体平台,企业可以与用户进行实时互动,提升品牌知名度和产品销量。在展会前后可以通过社交媒体平台(如微信、微博、抖音等)发布相关的信息和宣传素材,建立品牌形象,发布产品信息,与用户进行互动。社交媒体还提供了精细化的广告投放功能,企业可以根据用户属性、兴趣等进行定向推广,提高广告效果。

(二)直邮

直邮指参展企业通过邮寄、传真、专人派送、电子邮件等方式,把邀请函、请柬、参观券或其他展会宣传资料有选择性地交给客户。其优势体现在针对性强,富有人情味,参展商容易获得目标观众的直接反馈,传播效果易监测。采用电子邮件方式邀请专业观众是最常用的直邮方式,一般需要安排三次以上的发送,每次邀请内容与邮寄邀请内容相似,在邀请函的设计上应注意体现电子邮件的特点,电子邮件邀请函的主题一定要明确,以免被邮箱的过滤软件误判为垃圾邮件。

(三)电话邀请

电话邀请客户是一种直接的、双向的沟通与宣传方式,具有省时、省力、快速沟通的优点,但需一步到位找到目标客户,并运用合适的语气、语速、语调、措辞等,引起客户参展兴趣。电话联络客户的时间很短暂,故需做好充足的准备,明确给客户打电话的目标,准备为了达到目标预设的问题,设想客户会提出的问题,或回答预设问题的各种反应。在打电话前,应设计一套客户愿意听下去的沟通方案,包括引人注意的开场白、强调利益分享的关键点等。准备工作主要取决于参展商对客户的把握程度,要了解客户需要什么、怀疑什么、看重什么、迟疑什么等。在此基础上,做到有针对性地沟通,实实在在地为客户服务,为客户解决实际问题,为客户创造实际价值和利益,这样客户才比较容易接受邀请。

(四)客户拜访

客户拜访是一种直接的销售和市场推广方式,主要通过销售人员或业务人员与客户面对面交流和沟通来推广产品和服务。在客户拜访中,销售人员可以向客户介绍产品特点、优势、价格等,并解答客户的疑问和提供技术支持,以促成销售目标并建立良好的客户关系。客户拜访是维护客户关系的重要手段之一,销售人员可以通过定期拜访客户,与客户交流,了解客户需求和问题,并提供相应的解决方案和支持,增强客户的满意度和忠诚度。客户拜访也可以用于售后服务,销售人员可以及时了解客户对产品的使用情况和遇到的问题,并提供相应的技术支持和解决方案,增强客户对企业的信任和满意度。

（五）地面推广

地面推广即地推,是一种传统的营销推广方式,指的是企业或品牌通过派遣人员直接走访目标消费者,进行产品或服务的宣传、销售、推广等一系列活动。地推通常包括在商业区、社区、学校、展会等人流密集的地方设立展台或摊位,组织线下活动或演示,与潜在客户进行面对面的沟通和互动。通过地推,企业可以直接接触目标消费者,了解他们的需求,收集反馈意见,提高品牌曝光度和销售量。地推适用于各种行业和企业规模,尤其对于新兴品牌或刚进入市场的企业来说具有较好的推广效果。参展商可以在展会前后于人流量较大的地点(如商场、超市、地铁站等)发放传单,吸引潜在客户的关注和参与。

（六）展会活动营销推广

在展会期间可以通过各种展会活动来提升品牌知名度、吸引目标客户、促进销售。

（1）演示和展示产品。在展位上演示和展示产品的特点和优势,吸引参展人员的注意力,让他们亲自体验产品,加深对产品的印象。

（2）专业讲座或研讨会。组织专业讲座或研讨会,分享行业趋势、技术知识等,吸引目标客户参加并加深对品牌的认知。

（3）优惠促销和礼品赠送。提供展会期间的优惠价格或赠送礼品,促使参展人员购买产品或服务。

（4）互动游戏和抽奖。设置各种有趣的互动游戏或抽奖活动,吸引参展人员参与,增加他们与品牌的互动和记忆。

（5）名人见面会或签售活动。邀请知名专家、明星或行业大咖参加展会,与参展人员进行互动交流,增加品牌的号召力和吸引力。

展会宣传的方式和渠道应该根据目标受众的特点和喜好来选择。不同的目标受众可能对不同的宣传方式和渠道感兴趣。不同的方式和渠道在覆盖范围、传播速度和传播效果等方面也有所差异。参展企业需要根据目标受众的特点、宣传目的和预算等因素来综合考虑并选择最合适的方式和渠道进行宣传。

📱 **知识扩展**

新媒体社交推广的优势与选择策略

新媒体社交推广方式具有以下几个优势。第一,新媒体社交推广可以实现与用户的即时互动。通过社交媒体平台,企业可以与用户直接交流,了解用户的需求和意见,及时做出反应,提升用户体验。第二,新媒体社交推广可以实现定向推广。通过社交媒体平台提供的广告投放功能,企业可以将广告精准地投放给目标用户,提高广告的点击率和转化率。第三,新媒体社交推广可以提升品牌形象和知名度。通过发布精心策划的内容以及与相关 KOL 合作推广,企业可以吸引更多的用户关注,提升品牌知名度和美誉度。第四,新媒体社交推广具有成本较低的特点。相比传统的广告推广方式,新媒体社交推广可以通过精细化的广告投放和定向推广,提升广告效果,并减少不必要的广告浪费。

企业在选择适合自己的新媒体社交推广方式时,可以考虑以下几点。

(1)根据企业的目标受众和产品特点选择合适的社交媒体平台。不同的社交媒体平台有不同的用户群体和特点,企业需要根据自身需求选择适合的平台。

(2)根据企业的推广预算和推广目标选择合适的推广方式。不同的推广方式有不同的成本和效果,企业需要综合考虑自身情况选择合适的推广方式。

(3)根据企业的品牌形象和市场定位选择合适的推广内容。推广内容需要符合企业的品牌形象和市场需求,才能更好地吸引用户关注。

📱 任务实训

根据前置任务选择的企业品牌,为其制定参展的营销推广方案,并完成表2-9的填写。

第一步:根据企业参展目标、经费预算选择参展营销推广方式及渠道。

第二步:综合确定企业的参展营销推广方案。

表2-9　任务评价表

评价内容	组间评价得分 (20%)	教师评价得分 (40%)	企业导师评价得分 (40%)
营销推广方式选择(30分)			
营销推广渠道选择(30分)			
营销方案整体性(20分)			
营销方案创新性(20分)			

任务五　参展现场运营

⬡ 任务剖析

任务:根据企业参展目标,为企业参展做好展台接待准备,设计展会现场活动,做好展会调研。

目标:了解展台接待的相关工作;能根据企业参展目标设计展会现场活动,组织展会调研;培养执行力及团队协作能力。

⬡ / 任务流程

◤ 一、展台接待

展台接待是指在展览或展示活动中,展位上的工作人员与观众进行互动和沟通,为其提供参展企业相关信息、解答问题,以及提供其他支持和服务的行为,包括客户接待、展品推介、贸易洽谈、资料派发、客户数据收集等工作。展台接待是展览活动中不可或缺的一环,它可以提升参观者的体验,增加展览的吸引力和影响力。展台接待人员的专业素质和服务水平对企业参展的成功与否有着重要的影响。

(一)观众接待与技巧

展台接待的目标是与新客户建立联系,与老客户保持联系。接待的观众分为重要客户、现有客户、潜在客户、普通观众等。展台接待最重要的工作任务是辨别客户身份,争取潜在客户。

展会现场服务人员要学会察言观色,不宜过多使用专业术语,应使用客户乐意接受的语言。最初话题不应紧紧围绕所要推销的展品,要把谈话重点放在双方感兴趣的话题上。同时报以微笑,展示亲和力,最好等客户先开口说话。一般情况下,展会上急于问价的往往不是真客户,真客户不轻易报价给不明底细或没有开发价值的参展商。潜在客户具备三方面的条件:一是购买力;二是决定权;三是有需求。展会现场服务人员可从语言信号、动作信号、客户表情进行识别。展会现场服务人员应主动接待、热情介绍、仪容得体、记住客户名字、亲和举措、合影留念、赠送礼物等。

展台接待应熟练掌握的技巧有以下四点。

(1)望——通过观察,甄别客户身份。

(2)闻——通过倾听,了解客户需求。

(3)问——通过询问,挖掘有用信息。

(4)切——通过考察,判断真正买家。

(二)展品推介

展品推介是参展的重要一环,参展商需要通过产品陈列、产品说明、产品演示、产品比较、样品展示、客户案例分析和专业人员解答等方式,向观众推介展品,以吸引观众的兴趣和关注,促进产品销售和合作。同时,参展商还需要及时跟进和回访,以提高展品推介的成交率。

展会现场服务人员运用讲解和示范相结合的方法,介绍而不推销,运用展会现场体验、场景还原的方式来宣传企业形象,消除客户抵触、戒备的心理,留住互动、洽商的机遇,赢得客户信任,为成交创造条件。展品推介的有效方法是向客户阐明展品带来的深层次利益。推介中应大力展现参展企业实力,宣传自身规模、销售业绩、发展前景以及为展品供销市场提供的保障能力、服务能力,以及解决问题的执行能力。展会现场服务人员要充分自信,对自己展品充满信心,满腔热忱,方能让客户信服。

现场服务人员要尽可能让客户亲自动手操作演示展品。通过体验展品性能,让客户体会到商品价值,感受品牌形象。

与客户深层次的沟通,无异于商务谈判。谈判中要寻找共同点,以合作双赢为目标,适时回顾双方一致的观点,已经取得的成果,着眼于共同的目标利益,重新激发合作协调的意识。要适当留些好处给客户,让客户尝到甜头,有赢了谈判的感觉,在终局做点让步,如"价格不能再变了,但可以为你们提供一些其他优惠"。注意采用交易法讨价还价,每次客户提出要求,都会相应要求回报。积极争取与现有客户签订新的购买合同,对新客户的大宗买卖以及投资项目保持清醒头脑,要谨慎,不要当场签约。任何决定须在彻底调查之后做出,保持慎重态度,尤其是展会临近结束前提出的大宗买卖和投资项目要警惕。"趁热打铁"不宜用于展会。展会的关键功能是建立新的关系,展会后还需做调研工作,知根知底后再签订大笔买卖和大项目投资合同。

运用合适的营销技巧有助于展台接待人员做好展品推介,营销技巧主要表现在数字、对比、认证、形象、自然、心态这六个方面。

(1)数字。数字具备很强的说服力,可通过告知潜在客户企业规模、产品数据、市场数据等信息,提高说服力。

(2)对比。提前帮助客户货比三家,通过对比同行的展会展品,彰显自己的优势,还可将未来发展情况与改进事宜透露给客户。

(3)认证。引导客户介绍朋友来参观我们的展台,或者告知他们其熟悉的客户已展开合作,服务人员在沟通中就可以利用这些信息来增强他们的信任感。

(4)形象。专业的形象更容易得到认可,身着正装,仪态得体,可以让客户觉得你很专业。

(5)自然。与客户交谈时,切忌过多使用专业术语,以免言语生硬,要使客户感觉像老朋友间的交谈。

(6)心态。站在客户的角度,坦然与客户交谈,不要局限于交易,否则会让顾客产生逆反心理。要让客户觉得,介绍这个产品是为了他好,而不只是为了交易。

(三)资料派发

展会期间,展会现场服务人员要注意做好资料派发、观众接待、洽谈交流、展台记录和市场调研等工作,要善于从观众中寻找目标客户,并努力与之建立联系,及时详细地记录每位到访客户的情况及要求,每天将潜在商机及客户资料发回公司,以便及时处理及回应。工作人员要每天汇报总结,根据需要适当调整业务计划和安排等。

派发资料工作,首先要区分不同资料。展会资料包括企业形象宣传手册、产品样本、音频和视频资料、实物宣传品、报价单、名片等。有些资料成本低廉,以宣传企业品牌形象为目的的,可以大规模派发;有些资料价格不菲,数量有限,需派发给目标客户。其次要针对不同观众。展会现场服务人员可通过向观众索要名片、简单问答来分析判断其身份和意向,了解观众需求与目的,之后再有针对性地派发资料,吸引目标客户进入展台。再次还需灵活控制数量,根据展期进行合理规划,均匀散发,少量置放,及时添加。最后要选择适当形式,或使用专用展架摆放在观众便于拿取的位置,或安排专人负责,但不要影响展台工作和观众行走,切记不要尾随观众强行向观众塞资料。

展会是将品牌、产品集中展示给目标消费群体的平台,因此作为参展商,要将怎样的形象展示给合作伙伴、消费者乃至竞争对手,都成为众企业在展会中对峙的焦点,此时,除了企业本身提供的产品与服务具备的竞争力之外,一个"精准又精美的包装"也将成为展会成功与否的核心要素。

宣传单也叫DM单,这是展会过程中企业向参观者派发最多的资料,一般都是A4纸大小,上面有简单的企业、产品和服务介绍,可以让观众对企业有初步了解。也可以结合企业特点,把宣传单设计得更加精美,从而吸引客户关注。

宣传画册也可以称之为企业或品牌画册,这是展会宣传派发资料中的重头戏,宣传画册一般都反映出企业的综合实力和情况,信息范围相对于宣传单也更宽泛。

礼品是展商为参观者提供的常见服务。既然是礼品,就要送得体面和实用。首先要漂亮,如果是单调的画面印上企业名称和标志,很难引人注意,而当参观者乐于拎着一个品牌的礼品时,也就等于是给品牌做免费宣传了。其次是保证礼品的材质和质量,这一定程度上反映了企业的产品质量与经营理念。礼品设计还应遵循以下几个原则:一是针对不同重要程度的观众将礼品分成几个档次;二是尽量与企业文化和展品相关;三是礼品设计力求新颖,具有趣味,降低礼品实际成本,增加礼品的附加值。

二、展会现场活动

主办方在展会现场会联合参展商组织丰富多彩的活动,如研讨会、发布会、联谊会、招待会、新闻媒体日等。参展商参加开幕式、闭幕式等活动,可做好宣传推广、名片收集、现场拍照、调研记录等工作。参展商主导的活动,如新品发布会等,应事先准备,策划先行,服务跟上,务必保证活动质量,彰显参展商品牌文化,完成参展目标,树立良好形象。

展会开幕式是展会的重要活动之一,主办方汇聚多方资源,既具新闻价值,又富商业价值。邀请参加开幕式的嘉宾多是政府官员、行业翘楚、工商名流和新闻媒体。参展商在开幕式前务必要完成展台的全部施工与布置工作。开幕式嘉宾通常会被安排巡视展会,参展商若抓住此时机,引起嘉宾驻足展台,新闻媒体加以报道,宣传效果势必事半功倍。这与付费广告效果不同,付费广告的可信度往往会受到质疑,而新闻报道来自第三方,可信度远远高于广告。

除了开幕式之外,参展商应不断挖掘和创造展会及企业的亮点,输送既有益于自身形象传播,又具有新闻价值,还能引起媒体关注的新闻事件。参展商在策划此类新闻活动时,要充分发挥创造力与想象力。如利用名人声望和影响,借助名人效应,邀请明星、名流到展台助兴,便能引起媒体报道。

参展商在展会期间一般会开展相应的活动来吸引客户。如现场发放资料、抽奖、展品演示、文娱表演、产品发布会等。参展商自行开展的活动,需充分利用现场的各种广告媒体吸引潜在客户。

展会现场活动策划需要注意以下几点:一是追求高品位,现场表演忌低俗、恶趣味,应简洁明了,有创意创新点为佳。二是突出主题,围绕展品开展,突出展品的新功能或特性,切忌出现"只见车模不见车"这类本末倒置的现象。三是演示展品前,应多加练习,不可出现低级错误,要确保展示万无一失。四是准备精心设计的小礼物,参展商要吸引观众,需准备一些免费礼物,但礼物不能落于俗套,不仅要起到吸引眼球的作用,还需实现宣传企业的功能。但需注意礼品不要随意堆放,任意领取,要将礼品送到对展品、企业真正感兴趣的潜在客户手上。五是演示用语不可堆砌专业术语,应考虑观众的接受度,多采取通俗易懂、生动活泼的语言。

赋能广角

小米汽车亮相北京车展　雷军现场开启全球招聘

2024年4月25日,小米汽车在北京国际车展上召开发布会,XIAOMI SU7作为"新朋友"首次亮相,雷军与XIAOMI SU7均可谓是车展当日的"顶流"。

从传统汽车工业时代到新能源汽车时代,中国新能源汽车的品牌影响力越来越强。北京国际车展现场,雷军宣布开启全球招聘,"诚邀天下英才,打造梦想之车,为中国汽车工业崛起而奋斗"。

2024年的北京车展,与其说是车展,不如说是一场大型粉丝见面会。往年的车展里,跑车、豪车或者车模周围围着一堆人,而2024年的车展观众却围着车企老板,雷军更是凭一己之力让整个场馆临时封路。

可见,参展期间企业通过活动引发观众及媒体的关注,能够对品牌起到极大的宣传作用。

三、展会调研

参展商除了联络客户外,还要完成搜集市场信息、了解竞争对手动态、考察当地商业渠道、寻求上下游产业合作伙伴、跟踪前沿技术等任务。展会外部调研工作应引起参展商的足够重视,从某种意义上来说,上述信息的获取,比单个客户、单张成交单的价值更高。

参展商调研信息的来源可借助一手资料,如本次参展业务量和金额、展位到访量和资料发放量、观众情况、竞争对手情况等。还可借助展会主办方公布的各种资料,如宣传片、参展商手册、广告等捕捉信息。展会同期举办的各类活动,包括讲座、座谈会、论坛等,也蕴含了丰富的行业前沿信息。新闻媒体对展会的报道、名人采访、行业分析等,也是重要的信息源。展会中各商业协会、行业协会举办的活动或发布的消息也是参展商重点搜集的内容。参展商在展会期间搜集到的信息需要有专人进行分析,全面系统地梳理统计,这不仅可为展会总结、评估提供依据,还能有效提高参展效率,同时指引参展商制定下一步的商业战略。

四、危机处理

一般客户在投诉时,情绪都较为激动,如果不能很好地处理,将会引发更大的不快。处理客户投诉时要尽量让对方坐下谈话,先稳定对方情绪,避免站着和对方沟通。

沟通时注意反馈式倾听,即在倾听时要主动参与并且给予反馈,也就是和对方形成互动。让自己的表情、语言、动作与对方说话的内容保持高度一致,让客户产生被重视的感觉,可以提高对方的满意度,这样容易稳定对方情绪。沟通中,还可以将客户的谈话内容及思想加以整理,再用自己的语言反馈给对方。例如,"为了使我理解准确,我和您再确认一下。您刚才的意思有以下三点,第一点是……第二点是……您认为我的理解对吗?还有什么,您接着说。"如果客户情绪依然没有平稳,则可以考虑换一个场所谈话。

危机处理最重要的是让客户感觉到他的问题正在或即将被处理。可准备好表格,让对方填写,让客户认为处理程序非常规范,自己的投诉得到了重视。或拿出自己随身携带的小本子,在对方说话时记录下来,当对方快讲完时承诺一定会认真处理,同时将小本子放进口袋。切忌用简单的语言回复"您放心,我们会尽快解决您的问题"等,这无法获取客户的信任。

当被客户拒绝时,应保持头脑冷静,认真倾听,不打断客户讲话,应答客户前谨慎思考,紧紧围绕解决问题的目标展开,注意控制自己的情绪和言辞,不与客户展开不必要的争论,一定要实事求是,不要企图欺骗和蒙蔽客户。

展会现场除了展台沟通易出现问题之外,知识产权纠纷也时常发生。参展商一旦遇到上述情况,应了解向谁投诉、到哪里投诉、如何投诉。按照规定,展会期间会设立知识产权投诉机构,并邀请相关行政执法部门参加。在展会上遇到知识产权纠纷时,参展商可以向驻会知识产权保护部门投诉,也可以向当地的行政部门投诉。参展商需保护现场,收集证据,积极与主办方沟通,递交投诉材料以及证明材料。涉及专利权的,应当提交专利证书、专利公告文本、专利权人的身份证明、授权委托书、专利法律状态证明、被投诉的参展者及参展展位号。涉及商标的,应当提交商标注册证书、商标权利人身份证明、授权委托书、被投诉的参展者及参展展位号。涉及著作权的,应当提交著作权登记证书或相关证明、著作权人身份证明、侵权人的侵权证据。其他材料还包括企业的营业执照复印件、授权委托书等。

由于展会人流量大,展台安全隐患应引起注意。参展商应认真阅读相关规定,按规定办事。使用符合规定的经防火处理的展架展板,照明设备和材料应符合当地标准,电源由展会工作人员连接。施工过程中,注意质量,保证展架道具安装牢固,配备灭火器,指定专人巡视展台,闭馆前检查展台,关闭电源。

展会期间失窃现象比较普遍,参展商可通过封闭式展台设计、使用保险箱、闭馆带离展品等方式,防止展品被盗。同时还需注意竞争对手采取合法或不合法的手段窃取或套取商业机密。参展商要明确限制展台服务人员透露公司情报,如正在研制的产品、拓展市场的战略等。

📱 任务实训

根据选择的企业品牌,为其做参展运营策划,并完成表2-10的填写。

第一步:根据企业参展目标,准备展台接待资料及完成训练。

第二步:为参展品牌策划展会现场活动并形成活动方案。

第三步:设计企业参展的展会调研表格,包括竞争对手资料、市场行业数据等内容。

表2-10 任务评价表

评价内容	组间评价得分（20%）	教师评价得分（40%）	企业导师评价得分（40%）
展台接待资料准备(30分)			
展会活动方案(40分)			
展会调研表格内容合理性(30分)			

任务六 参展效果评估

⬡ 任务剖析

任务:根据企业参展计划,从参展目标、参展工作、展示效果、展示效益四个方面评估和分析企业参展效果和效益,以便企业总结参展经验,完善参展活动方案,提高参展效果。

目标:了解参展效果评估的构成及评估的基本步骤;根据企业参展过程评估企业参展效果;培养学生细致的观察能力和数据分析能力。

⬡ 任务流程

企业参展效果评估是为了了解企业参展的效果和效益是否达到预期目标,为企业参展活动的改进提供参考依据,以便帮助企业更好地提升品牌形象、开拓市场和增加销售额。

◢ 一、参展效果评估基本步骤

（1）明确评估指标。在开始评估之前,首先要明确评估指标。这些指标应该直接关联到企业设定的展会目标,例如潜在客户互动、销售成交率、品牌知名度提升等。通过量化这些关键指标,企业可以更清晰地了解参加展会在业务发展中的实际贡献。

（2）数据收集与分析。数据是评估展会效果的核心。通过有效的数据收集工具,如扫描名片、观众调查、销售数据记录等,企业可以获取大量信息。这些数据需要进行深度分析,挖掘隐藏在数字背后的潜在价值,发现潜在客户的兴趣点和需求,为后续业务发展提供参考。

（3）客户反馈与体验。除了数据,客户的反馈和体验满意度也是评估的关键元素。通过收集参展观众的直接反馈,了解其参与展会的体验满意度,企业可以更全面地了解自己在客户心目中的形象。这不仅有助于发现潜在问题,也为优化未来的展会活动提供了有力的引导。

（4）比较历史数据。展会效果的评估不应只停留在当前活动上,还要与历史数据进行比较。通过对比不同展会的效果,企业可以看到在参与展会中的成长轨迹,找到哪些策略更为有效,哪些方面仍有待提升。这种历史对比有助于企业不断优化参展策略。

二、参展效果评估内容

企业参展效果评估可以从多个方面进行评估,主要包括以下几个方面。

1. 参展目标评估

参展目标评估指标包括销售额、订单数量、新客户获取数量、市场调研情况等,主要通过观测这些指标是否达到预期效果,判断参展目标的制定是否适合参展商市场策略。比如新客户获取量,除了统计一般观众数量、现实客户数量、潜在客户数量,还需评估客户是否有决定权、建议权、影响力等。再如市场调研统计,主要是对目标市场的了解,包括经济发展现状、外贸进口税率、分销渠道、终端设置、促销手段等,还有对竞争对手的了解,包括竞争对手展品的质量与价格、服务的特点与优势、客户特征等。

2. 参展工作评估

参展是一项系统工程,由多项工作组成,对参展工作作出评估,包括以下方面。

（1）参展人员评估,包括工作态度、工作效果、团队精神、精神面貌等方面的评估,通过了解参展人员的工作能力、业务水平和服务质量,以便进一步完善展览活动的组织和管理。

（2）管理工作评估,包括展前阶段中筹展的质量和效率,培训工作的精细化程度;展中阶段现场活动是否精心组织、科学管理,是否有遗漏展品、突发事故发生,展台服务人员是否训练有素,观众有无投诉等;展后阶段中闭幕撤展是否顺利,客户跟踪服务指标是否完成等。管理工作评估的是展览管理团队的工作能力、组织能力和协调能力。

（3）宣传工作评估,包括宣传和公关工作的效率、宣传效果、展台接待观众数量、资料派发数量等。同时还要收集客户对展会的评价和新闻媒体的报道,包括刊载和播放次数、版面大小、时间长短,以及各种宣传媒介的效果评估等。宣传开支的分配也要进行评估,以便为下次参展制定更为合理的预算。

3.展示效果评估

展示效果评估包括设计效果评估、展品效果评估、展览记忆率评估。

(1)设计效果评估的定量内容有展台设计的成本效率、展览和设施的功能效率、施工成本和搭建拆卸效率等。定性的评估内容有能否表现公司形象、展会资料是否有助于展出、展台是否突出和易于识别、与竞争对手相比是否更有吸引力等。

(2)展品效果评估包括展品选择是否合适、市场效果反馈结果、展品运输是否顺利、展品获订单情况等。展品陈列效果也应列入评估范畴,陈列是否与众不同、吸引观众眼球,还有道具、灯光效果等。

(3)展览记忆率评估是一项能反映整体参展工作效果的专业评估指数,指的是客户在参展后8—10周仍能记住展览情况的比例。展览记忆率与展出效率成正比,反映参展商给客户留下的印象和影响。记忆率高,说明展览效果好;反之则说明展览效果一般。此项统计需要寻求专业市场调研公司进行统计,方才准确。

4.参展效益评估

参展效益评估包括参展支出评估、客户成本评估、成本利润评估。

(1)参展支出评估即计算直接开支,虽然隐性开支大,但不易估算,故直接计算投入成本。评估内容包括预算制定合理性、预算执行情况、超支情况等。

(2)客户成本评估即参展总开支除以实际接待的客户数量之商,也称作接触潜在客户的平均成本,这是一种非常有价值的评估指数,因为与潜在客户建立关系是参展最直接和最实在的效果。

(3)成本利润评估即先用展览总开支除以成交笔数,得出每笔成交的平均成本,再用展览总开支除以成交总额,得出成交的成本效益,最后,用成交总额减去展览总开支和产品总成本,得出利润,再用展览成本比利润,即成本利润。也有一种观点认为,如果以建立新客户关系数为主要评估内容,则不存在利润,故不主张评估成本利润。

展后评估工作繁琐,指标众多,实际操作中会根据参展商实际需要和客观条件来进行筛选,甄选重要的几个关键指标,确定主要评估指标与次要指标,建立科学有效的评估体系,切实为提升参展效果服务。展会评估方法有很多种,如360度评估法、3E评价法、标杆管理法、层次分析法、平衡计分卡法、成本效益分析法、专家意见法、民意测验法等。评估人员要掌握不同方法并灵活运用,采取交叉复合多种方法,提高评估的准确性。

参展商评估参展效果,除了对内部工作、观众进行检测外,还需对主办方进行评估,包括主办方与参展商签订的协议条款是否落实、主办方提供的各类服务质量如何等。特别是主办方的宣传推广工作,充分体现主办方实力,这也是参展商下次是否参展的重要指标。

下面是一张企业参展目标量化简表,如表2-11所示,可以帮助参展商进行简单的参展效果评估。

表 2-11　企业参展目标量化简表

目标类型	参展目标	量化指标
经济目标	推动销售	订单数量
	扩大销售	不同区域群体的订货总量
	拓展销售深度	专业观众及专访参观者数量
	扩大或保持市场份额	与往届展览会销售额比较
品牌目标	进入新的行业领域、客户分组	按区域、行业、销售方向等建立新的客户联系并确定数量
	熟悉相关产品领域的参观者	观众数量,新、旧客户的联系,自发性媒体报道的数量及质量,宣传册及样品发放的数量
	培育、提高品牌忠诚度及知名度	观众调查值:对企业的认知度、对新产品的认知度、对品牌的认知度、对企业产品特性的认知度

（资料来源:王春雷.参展实务[M].北京:高等教育出版社,2010.）

针对展会评估,国际展览行业有权威的机构和相对成熟的评估体系。如国际展览协会(UFI)评价展览的定量标准有收入、租用面积、售出票数、售出目录数、服务收入、参展商数量、参观者人数等。定性标准有参展商类型、观众类型、媒体评论、展览期间现场气氛等。其间会有专人在展览现场对观众进行抽样调查,包括观众来源、职位、所属行业、参观时间、参观效率等。欧洲每年也会发布展览会统计报告,专门的展览会审计机构有德国博览会和展览会统计自愿审核学会(FKM)、法国综合性和专业性展览会统计审计办公室(OJS)、英国展览会数据鉴定交流所(CCDE)等。

以德国FKM为例,其工作任务是制定展览会数据统计的标准和规则,并聘请专业经济审计机构对展会主办者填报的展览会统计数据进行审核。FKM主要是进行三个指标的量化分析和横向对比,包括展览面积、参展商数量、观众数量。展览面积包括净展览面积和毛展览面积,净展览面积主要是指国内外厂商所租用的展台面积,另外还包括被称为特殊区的与展览主题有关的图片陈列区和表演区,毛展览面积则再加上公共通道及服务区。参展商是指带有产品或服务的公司及组织,由其职员租用场地参展,如果公司的产品或服务由代理商参展,则该公司不列为参展商。观众人数一般由电子入场系统统计,或统计每天售出的参观券数量,此外,FKM还分析观众结构,确定是专业观众还是普通观众,以及对观众的来源地、职业、所属行业、职务、年龄、参观频率等各个指标进行细化分析。FKM现已成为德国展览界品牌和质量的象征,受到了参展商和展览主办者的青睐。

除了第三方评估外,主办方也会出具展会评估报告,便于下一届的招展招商,参展商可根据主办方的评估报告来提取相关信息。

■／ 知识扩展

参展效果自动化评估体系:以惠普公司为例

下面以惠普公司开发和运用的一套自动化参展评估体系为例,展示参展商评估参展效果的常用方法。

一、起初的评估状态

惠普公司每年在全球参加的展览或举办的活动有近400个,因为每个展览和活动都要花费相当一笔资金,所以公司要求对活动的投入和营销效果进行详细的评估。

然而,由于评估数据不精确、不一致,方法不统一,负责展览和活动的Glenda Brungardt女士在仔细研究了公司以前的评估方法后,发现过去公司所做的称不上是真正的评估,而是以不当的方式在无关的评估对象上花费了高昂的成本。更糟糕的是,每位经理所使用的评估方法都大相径庭,造成数据不一致。这使得管理层很难为展览或活动设定一致的目标,因为缺少明确的数据而难以改善展览和活动效果,也无法证实该项目对于公司的重要性。

二、开发评估程序的工作步骤

1. 设立行动目标

在公司管理部门限制了Glenda所经手项目的预算后,她决心开发一种参展的自动化评估程序。为此,她设立了三个目标:一是开发一个协调一致、具有可进入性的评估体系,并且要让惠普的每名员工尤其是管理人员都可以理解和接受;二是除投资回报率(ROL)外,还要能够评估目标回报率(ROO),以此来证明展览项目在公司整个营销组合中的价值;三是说服管理层为公司所有的展览和活动项目做评估投资。

2. 组建项目团队

Glenda很清楚,仅靠个人的力量来完成本项目难度很大,而且最终的成果难以让管理层信服,因而她决定成立一个更具说服力的团队来共同完成这项任务。Glenda通过电子邮件告知惠普公司北美地区的几位展览和活动经理,请求他们为公司目前的参展评估系统出谋划策,并表达了自己很想改变这种现状的愿望和初步设想。在随后的几个月中,Glenda所承担的"个人任务"逐渐演变成了一个"全球任务团队",近10位展览和活动经理都参与其中。

3. 寻求智力支持

在认真分析参展评估体系的框架和未来的工作需求后,Glenda和"全球任务团队"认为需要一批熟悉展览和活动的评估专家来帮助自己把现有的构思变为现实。为此,他们和新泽西Red Bank展览调研公司开展合作,并在该专业机构的帮助下,把团队成员的构思以书面形式记录下来,设计出了一种分七步走的评估处理程序。

4. 说服管理高层

当新的评估体系初具雏形时，Glenda仍不敢确保公司是否愿意为项目出资。在Glenda工作组与公司管理层进行的一次会谈中，他们得到了管理层关于项目解决方案的初步许可。6个月后，管理高层同意每年为这个综合评估程序投入10万美元以上的资金。

三、自动化评估程序的内容

一种新的评估方法是不可能一蹴而就的，从评估体系的规划、演示到获得公司的资助和支持，Glenda工作组前后花了两年的时间（2004年正式推出），而且整个过程离不开新泽西Red Bank展览调研公司的技术指导和帮助。这个自动化评估程序分为7个步骤。

第一步：每次参展前，负责人通过自动化系统把数据输入到网上的表格中。

第二步：在展会现场，工作人员收集各类信息，并将它们分成A、B、C、D四等。

第三步：展会后，负责人把分好等级的信息收集归类并寄送到展览调研公司。

第四步：展览调研公司处理这些不同等级的信息，并通过电子邮件给潜在客户寄发调查问卷。这些调查问卷则是由第一步输入的数据生成的。

第五步：系统自动产生不同等级的信息和问卷结果的报告。

第六步：展览调研公司评估上述报告，并写出关于展会的价值以及展会成功之处的结论和评价。

第七步：负责人只要在网上填写一份自己想要获得的信息清单，诸如生成的等级信息以及每份信息的成本等，就可在任何时候生成一份常规报告。科学评估预测的最大优点是能为公司节约成本，可以提高企业参展的投资收益率。

可以这么说，要想改善参展或举办活动的效果，就必须从评估做起。由于惠普公司每年要参加400多个展览会（包括组织活动等），如果展览和活动经理们能够齐心协力规范评估手段，那将会大量节约成本。

四、评估程序的效果最优化

如今，惠普公司已经能够使用一致相关的参展数据了，以便展览和活动经理们设立新的基准，与此同时可提高单独参加展会或举办活动的质量。公司管理层及其他各重要部门则可以从通俗易懂的书面报告中获得一致的数据，其中，汇总报告还会涉及公司的展览及活动项目在整合营销策略中所做出的贡献。

现在，除了关注公司的目标达成和操作功能问题外，惠普公司还会评估营运业绩和营业目标的执行情况。公司现在能清楚地了解吸引每位观众所需的成本、从展示到交易的转换率。这种评估程序可用于分析合适的数据类型、每类数据的成本、观众人数统计、观众组织预算、评估采购意图、购买兴趣、品牌意识、品牌感知以及媒体曝光率等。在这些方面，惠普无疑引领了新潮流，并给所有参展商指明了一条道路。

📱 **任务实训** --▶

根据企业品牌模拟参展运营策划的结果,评估其参展效果并完成表2-12的填写。

第一步:根据预设的参展目标,评估模拟展的参展目标是否实现。

第二步:评估模拟参展的工作效果和展示效果。

第三步:评估模拟参展的效益。

表2-12　任务评价表

评价内容	组间评价得分 （20％）	教师评价得分 （40％）	企业导师评价得分 （40％）
参展目标评估(20分)			
参展工作评估(30分)			
展示效果评估(30分)			
参展效益评估(20分)			

项目总结

● 项目案例分析

小米公司参展前筹备工作的优点、不足、改进之处如下。

优点:①制定了全面的参展计划,包括设计引人注目的展位和策划宣传活动,以吸引观众和媒体的关注。②积极与来访者交流,介绍产品特点和优势,并解答他们的问题。③高层管理人员参与展览会,与业界领导者和合作伙伴进行交流和合作。④得到了媒体的广泛报道和关注,赢得了许多奖项,与其他展商和合作伙伴达成了多项合作协议,扩大了合作网络。⑤提高了品牌形象和知名度,巩固了企业在智能手机和电子消费市场的地位。

不足:①可能遇到技术故障或展示设备的问题,影响了产品的展示效果。②与其他参展商和观众的交流可能会面临语言和文化差异的问题。这些问题都是准备不充分造成的,完全可以避免发生。

改进之处:①在展览前进行充分的设备测试和技术准备,确保展示设备正常运行。②小米公司可以针对国际展览会,提前准备多语种的宣传资料和工作人员,以便更好地与观众和合作伙伴进行交流。同时了解目标市场的文化差异,做好文化适应。

项目实训

● 综合实操任务

组织一次模拟商品展,开展展会服务比赛。每个团队由5至8名学生组成。各参赛队自行寻找合作厂商,参展商品以合作企业提供的实际商品为主。参展商品一般应

项目自测

▼

项目二

简单、轻便、大众化、有特色。比赛内容包括参展商业计划书、产品发布会和模拟商品展。参展商业计划书不少于5000字,包括但不限于参展目标规划、参展产业与产品介绍、营销策略规划、财务预算、人员培训与安排规划等内容。产品发布会要求在规定时间内采取多种形式进行产品推介。模拟商品展主要考核展览营销、展台设计(9平方米标准展位)、商品陈列和展场商务沟通能力(模拟现场接待服务,包括产品介绍、交易条件说明及报价等)。

项目三
数字参展策划与运营

📖 项目解读

随着互联网技术的发展和会展业数字化转型的推进,数字会展将传统的实体会展活动转移到线上平台进行展示和交流。政府、企业以及各类组织机构通过运用互联网技术、AR/VR技术、元宇宙等数字化手段,使数字会展在近年来得到了飞速发展。数字会展活动可以突破地域和时间限制,提高观众的参与度,参展商可以通过虚拟现实、全景展示等技术手段,更加具有创意地展示产品和服务。数字会展具有强大的数据统计分析能力,参展商能更加准确地分析观众的需求和偏好,通过优化会展活动服务,提高观众的满意度。数字会展的发展对会展人才提出了更高的要求,本项目从参展商的角度来介绍数字参展主题策划、数字展厅设计、品牌官IP设计、品牌数字参展营销、数字参展整体运营等内容。项目结合会展管理职业技能等级证书(1+X证书)在线实操项目的考点,参考全国高校商业精英挑战赛经贸会展大赛设计、营销等评分细则,设置教学内容,设计一体化项目,任务驱动教学,推动岗位技能及知识的前沿性发展,以更好适应行业发展的人才需求。教学内容结合科技带动行业发展的需要,培养学生爱科技、学科技、用科技的意识,树立科技强国的志向。

🎯 项目目标

● 知识目标

(1)了解数字参展的产生、发展趋势、特点和功能。

(2)理解数字展厅设计、品牌官IP设计的基本原理和设计要素。

(3)掌握数字参展营销与运营的基本原则和方法。

● 能力目标

(1)能分析数字参展的目标受众和需求,完成主题创意策划。

(2)能借助数字化手段完成数字展厅和品牌官IP设计方案。

(3)能制定数字参展营销方案和运营整体规划方案。

● 素养目标

(1)建立数字社会责任,遵守网络安全规范。

(2)形成数字科技意识,积极利用数字资源开展探索与创新。

(3)培养科技文化素养和科学精神,树立科技强国志向。

"博乐模式"打造会展+元宇宙新场景

第十三届中国国际影视动漫版权保护和贸易博览会在广东成功举办。为期四天的漫博会人气火爆,实现了社会效益和经济效益双丰收。展会还融合了视觉创意、AR/VR/MR技术等科技手段,让现场观众感受到"动漫＋科技"的魅力。

数字化是本届漫博会的一大亮点,数字技术的视觉呈现为漫博会带来了创新和嬗变。本次漫博会打造了虚实融合的新场景,"元宇宙＋会展"的双向促进为到访的观众奉献了一场视觉盛宴和数字畅游之旅,以AR(增强现实)和MR(混合现实)技术为核心,实现了展馆、场地布展、参观动线以及展品本身科技感和互动性的体验升级。

漫博会现场,在粤产优秀电视动画作品展区、国漫国潮车展区、玩具总动员展区、汉服甲胄陵光营展区以及主论坛区等区域,实现了5处AR大屏互动和12处MR沉浸式3D虚拟展厅的创意呈现,营造了良好的互动氛围。

思考:为什么数字化的会展活动受人们青睐?数字技术为企业参展带来了哪些方面的好处?

任务一　数字参展主题创意策划

任务剖析

任务:根据企业的参展需求和目标,构思并策划具有创意的数字参展主题,呈现数字化场景,以便配合企业展品的数字化陈列,实现参展目标。

目标:理解数字参展主题策划的特点和操作流程;能运用数字参展主题策划的技术手段和方法,完成数字参展主题策划方案;培养数字化创新思维和创意表现能力。

任务流程

一、数字参展的发展

数字参展是指利用数字技术和网络平台实现的一种展览形式。它通过虚拟现实、增强现实、云计算、大数据分析等技术,将传统的线下展览转变为在线数字化展览,使观众可以通过互联网参与到展览中。数字参展的发展源于以下几个方面。

(1)技术的进步。随着科技的发展,虚拟现实、增强现实、云计算等技术逐渐成熟,这为数字参展提供了技术支持。这些技术的应用使数字参展能够提供更加真实、沉浸式的展览体验,使观众能够更好地了解展品和展览主题。

（2）全球化的趋势。数字参展具有去除时空限制的特点,使得观众可以随时随地参与到展览中,不再受制于地理位置和时间。这种全球化的趋势使得数字参展能够吸引更多的观众,提高展览的影响力和传播力。

（3）展览体验的转变。传统的线下展览通常需要观众亲自到现场参观,而数字参展可以通过虚拟现实技术实现在线参观,观众可以通过手机、电脑等终端设备进行参观。这种转变使观众可以更加方便地参与其中,提高了观众参与度和满意度。

（4）展览形式的创新。数字参展不再局限于传统的展览形式,可以通过多媒体互动等方式呈现展览内容,使观众能以更加多样化的方式了解展览主题。这种创新使数字参展能够满足不同观众的需求,提高了展览的吸引力和趣味性。

数字参展是数字技术与展览相结合的产物,且逐渐发展成为一种受大众欢迎的展览形式,它不仅提高了观众的参与度和满意度,还扩大了展览的影响力和传播力,对于推动展览行业的发展具有重要意义。

📱 **赋能广角** ------------------------------------▶

苏州湾数字艺术馆:沉浸式体验的新高地

苏州湾数字艺术馆以其独特的沉浸式体验成为艺术与文化的新高地。科技与艺术交相辉映,为观众带来了一场场震撼心灵的视觉盛宴。

在苏州湾数字艺术馆内,观众可以亲身感受数字技术的魅力。巨幅画作在高清屏幕上呈现得惟妙惟肖,仿佛就在眼前;雕塑作品通过三维扫描技术,呈现出立体逼真的效果。观众仿佛穿越时空,置身于艺术作品的原生环境中,感受那份宁静与美好。

苏州湾数字艺术馆还注重观众的参与和互动。通过触摸屏幕、语音识别等技术,观众可以自由地探索艺术作品背后的故事和内涵。观众可以与画作中的人物对话,了解他们的情感和经历,也可以参与互动游戏,体验艺术的乐趣,让观众更加深入地了解艺术,对艺术产生更浓厚的兴趣。

苏州湾数字艺术馆用科技的力量,让艺术变得更加生动、有趣和易于理解。在这里,观众可以感受艺术的无穷魅力,也可以体验科技带来的惊喜和便利。

二、数字参展主题策划特点

数字参展主题策划相比线下参展主题策划具有灵活多变、富有想象力、空间不受限、互动感强等独特优势。

（1）灵活多变。数字参展的主题策划可以不受实体空间限制,根据需求随时进行调整和修改。参展主题可以根据展品特点、行业趋势和观众需求,利用数字化工具进行灵活设计,以适应不同的参展目标。

(2)富有想象力。数字参展主题的内容是一个创意无限的世界,例如,可以利用虚拟现实技术,让参观者身临其境地感受展览的氛围和内容,也可以通过音频/视频技术,将展品的细节和特点生动地呈现给观众。数字参展主题借助先进的技术手段,创新的展示方式,以及丰富的内容和故事,来吸引观众的注意力和兴趣,使其在虚拟世界中感受奇幻与科技的魅力。

(3)空间不受限。线下参展主题策划需要考虑展馆布局和展台设计等,要最大限度地利用场地空间来展示展品。而线上数字参展主题策划则不受任何空间的约束和限制,在无限的虚拟空间里,通过多种数字技术的应用,能更深入、更充分地展示主题策划的内容,具有更高的空间利用率。

(4)互动感强。线下参展主题策划可以通过触摸、闻、听、看等感官体验来吸引观众,而线上数字参展主题策划可以通过创新的互动方式吸引观众的参与,通过视觉、听觉等多媒体展示来创造观众的沉浸感,例如高清图片、视频演示、在线游戏、智能交互等方式可以增加观众的参与感,提高互动性和趣味性。

三、数字参展主题策划流程

数字参展主题策划的核心是利用数字技术和在线平台,通过虚拟展览、直播、互动等方式来展示企业或产品,并吸引线上观众。

(1)圈定备选参展主题。会展策划人员需要深入了解企业参展的目标,如品牌推广、产品展示、促进销售等。要确定参展活动的定位,如展示创新科技、行业趋势探讨等。要进行市场调研,了解目标受众的需求、关注点和喜好,提出几个备选的参展主题。

(2)收集意见确定主题。会展策划人员可以通过组织策划团队讨论会议、公开征求意见等方式汇总内外部的意见和建议,对收集到的意见和建议进行数据分析和评估,比较不同主题的关注度、可行性和市场潜力,以及评估与参展活动目标是否具有一致性,在策划团队和决策者之间进行讨论和投票,最终确定参展主题。

(3)参展主题创意设计。在确定参展主题之后,参展主题的创意设计是为了将主题概念转化为实际的参展内容和体验,以吸引目标受众并提供与主题相关的独特体验。策划团队可以通过头脑风暴,提出与主题相关的创新概念和互动体验的点子。设计展示内容方式包括展示产品、服务或解决方案的方式,信息呈现的方式,以及互动体验和参与方式等。将参展主题转化为视觉元素包括展台布置、展示器材、标识、海报、宣传物料等,视觉设计应与主题一致,并能够吸引目标受众的注意。设计互动体验包括游戏、互动展示、虚拟现实、直播活动等,以提高观众的参与度并留下深刻印象。融入创意元素,如音乐、光效、动画特效等,将参展主题的概念更好地表达出来,增加展示的吸引力和趣味性。

(4)技术渲染主题效果。在完成参展主题的创意设计后,需要进行技术渲染以呈现主题效果,这通常需要策划人员和设计技术人员合作完成。首先,策划人员需要与技术人员深入沟通,把数字参展主题的策划意图和创意概念融合并达成共识。其次,策划人员需要清晰地描述和表达参展主题的数字化呈现效果。而设计技术人员需要选择适当的技术渲染工具或软件,根据创意设计的要求,利用工具进行模型的建立和渲染,包括建筑物、景观、人物等元素的绘制和布置。同时添加光影效果、材质贴图、色彩调整以及特效等,以增强主题效果的表现力,还要考虑使用动画或视觉效果来展示主题的动态效果,提升观众的体验感。最后,根据需要进行修改和优化,确保渲染结果与创意设计保持一致。通过技术渲染,可以将主题的概念和效果以更直观、生动的方式展现给观众,提高参展效果和吸引力。

(5)效果测试调整完善。在完成主题呈现效果的技术渲染后,需要进行效果测试并调整完善展示效果。首先,将渲染结果与设计要求进行对比,确保渲染的效果与创意设计的一致。其次,邀请相关人员进行评估和反馈,以获取他们从不同的专业性角度来评估展示效果的意见和建议,帮助发现潜在问题和提出改进的空间。最后,根据反馈建议进行适当的调整和修改,如调整光影效果、改进细节、优化材质等,以进一步提升展示效果,确保数字参展主题的展示效果达到预期目标,提升整体的视觉吸引力和观众体验。

四、数字参展主题的视觉呈现

结合展品特点和展览需求完成参展主题策划,不同的主题场景有不同的视觉呈现效果,策划人员和布展设计师可以根据实际情况进行选择。

(1)全景式实拍VR视觉呈现。这种呈现方式通常是线下已有实体的主题场景,通过全景专用拍摄设备,利用VR全景拍摄技术还原线下主题场景的真实性,将实际场景1:1复刻模拟,由布展设计师整理拍摄内容,呈现数字主题场景的全方位展示内容,带给参观者身临其境的体验。目前,全景式实拍VR视觉呈现被广泛应用于房地产、家居、旅游、酒店领域。

(2)渐进式全景实拍线上视觉呈现。渐进式全景也是对线下主题场景的复刻,但它是以3D建模＋全景图的形式,高度还原线下真实主题场景的原貌,对比全景式实拍主题场景,它多了一个鸟瞰视角和过渡平滑的动作,使主题场景更具真实性且更加立体。渐进式全景实拍线上视觉呈现多应用于景区、工厂、博物馆。

(3)三维虚拟漫游视觉呈现。三维虚拟漫游是通过3D建模技术设计三维主题场景模型、布置展示区域的内外部、设置展示区域的功能供参观者参观使用,生成一个完整的虚拟漫游主题空间场景。参观者通过虚拟角色进入主题场景,可以在虚拟空间场景中自由行走、随意漫游,体验沉浸式云逛展。当前流行的元宇宙就是综合运用了多种数字技术打造的虚拟数字空间,从而呈现出三维虚拟漫游的视觉效果。目前,三维虚拟漫游视觉呈现技术的应用范围较为广泛,常见于企业品牌展厅、线上艺术馆、校园媒体云展、虚拟博物馆、线上会议厅等场景。

📱 **知识扩展**

带你了解AR、VR、MR、XR及元宇宙

AR即增强现实技术,是基于计算机实时计算和多传感器融合,将现实世界与虚拟信息结合起来的技术。例如,通过智能手机或智能眼镜等设备,将虚拟的物体、文字、影像等信息叠加到现实场景中,使人们可以看到现实世界中的实际物体和虚拟物体同时存在于同一个场景中,从而获得超越现实的感觉。

VR即虚拟现实技术,是可以创建和体验虚拟世界的计算机仿真系统,它利用计算机生成模拟环境,是集多源信息融合、交互式三维动态视景和实体行为的系统,其仿真性能使用户沉浸到该环境中。它通常需要佩戴上特殊的设备,例如头戴式显示器或手柄等,通过模拟各种情境创造出一种虚拟的世界,让人们可以在其中自由探索、互动和体验。

MR即混合现实技术,是把虚拟物体和现实物体都进行再次计算,并混合到一起,难分彼此。其核心问题是对现实世界的3D扫描,以及对远近空间的感知。它主要是通过智能设备,例如头戴式显示器或智能眼镜等,将虚拟信息叠加到现实场景中,让人们能够在真实场景中看到虚拟物体的存在,同时也可以与虚拟物体进行互动和操作。

XR即扩展现实技术,是将虚拟信息和现实世界结合起来的技术统称。它包括了VR、AR和MR等多种技术,旨在通过电脑等科技手段,将虚拟信息与现实世界结合,提供新的感官体验。XR技术更加注重虚拟和现实之间的交互和结合,创造出一种更加综合和全面的体验方式。

元宇宙(Metaverse)是虚拟的、数字化的,是由多个虚拟世界组成的综合虚拟环境,它超越了单一的VR、AR或MR等技术体验,是整合了三者技术的更广泛的数字空间。人们可以用数字方式在元宇宙中体验、互动、社交,就像在现实生活中一样。

📱 **任务实训**

选择一个企业品牌,为其做一次数字参展主题策划,并完成表3-1的填写。

第一步:收集该企业的相关资料,包括企业主营业务范围、企业规模、系列产品或服务、企业的经营状况等,确定有利于数字参展的展品或服务。

第二步:根据企业的产品属性,包括外观、功能、核心技术、设计理念等元素,策划数字参展的主题。

第三步:依据确定的参展主题,选择数字化技术手段和视觉呈现方式。

表3-1 任务评价表

评价内容	组间评价得分（20%）	教师评价得分（40%）	企业导师评价得分（40%）
参展产品的合理性(30分)			
参展主题的创意性(40分)			
数字化技术和呈现选择的适用性(30分)			

任务二　数字展厅设计

任务剖析

任务：结合策划的数字参展主题，完成数字展厅设计，以满足企业对数字展厅风格、功能区域和动线设计的需求。

目标：掌握数字展厅设计的基本内容和设计方法；能根据企业需求完成数字展厅的整体设计方案；培养数字空间感知和美学品位。

任务流程

一、数字展厅概述

数字展厅即数字化展厅、多媒体数字化展厅等，是一种利用多媒体和数字化技术作为展示技术，实现人机交互的展厅形式。数字展厅是集各种多媒体展示系统为一体的综合平台，包括数字沙盘、穿幕影厅、迎宾地幕系统、互动吧台、互动镜面及触摸屏等。数字展厅通过对视频、声音、动画等元素加以组合应用，深度挖掘展览陈列对象所蕴含的背景、意义，能带给观众科技的视觉震撼效果，大大提升品牌的价值。

随着数字技术的发展，数字展厅派生出另一种形态，即线上虚拟展厅。虚拟展厅是一种通过数字技术和虚拟现实技术构建的在线展览空间，用来呈现展览内容和提供参观体验。虚拟展厅的布局、展品的摆放和交互元素都可以通过建模软件来创建，参与者可以通过计算机、智能手机、平板电脑等设备访问虚拟展厅，通过图像、视频和文字等多媒体内容浏览展品，获取详细信息，与其他参与者进行互动。虚拟展厅通常具有丰富的互动功能，参与者可以点击展品获取详细信息，触发动画效果，与虚拟环境中的对象进行互动，甚至与其他参与者进行实时交流和合作。虚拟展厅可以展示各种类型的内容，包括艺术作品、历史文物、科学展示、产品展示等，并根据需要进行实时更新和调整。与传统的实体展览相比，虚拟展厅不受地理位置限制，可以实现全球范围内的参观和推广。参与者无需实际到达展览现场,通过网络即可参观和体验展览内容。

本任务介绍的数字展厅是指线上虚拟展厅。

二、数字展厅的功能优势

相比线下的展厅,数字展厅具有独特的功能优势。

(1)三维全景式观展的优势。对观众而言,数字展厅的自主性强,观众可以自由探索展览馆,实现全景观赏。同时,展品可以实现720度无死角的方式展示,让观众无论在哪个角度都可以完整地欣赏展品。

(2)实时互动的优势。进入数字展厅的观众可以与同时在线的其他观众进行实时互动交流,分享心得和观点。数字展厅配套的展品云展台解说可以设置在3D云展台中,方便观众了解每个展品的背后故事。

(3)多视角导航的优势。数字展厅通常提供展馆的数字地图导航服务,帮助观众确定当前位置和参观导引。观众还可以通过3D鸟瞰图了解整个数字展厅的布局,这能让观众一目了然,更好地规划参观路线。同时,数字展厅支持自动寻路和导览功能,可以引导观众按照指定路线进行参观,也可以随时进入导览模式查看导览信息。

(4)降低成本的优势。数字展厅相对于传统实体展厅来说,可以降低展览的成本。数字展厅无需搭建实体场馆,减少了场地租赁和搭建成本。同时,数字展厅可以通过互联网进行展示和传播,无需大量印刷展览目录和宣传品,降低了宣传和物流成本。

(5)保护展品的优势。数字展厅可以将文物、艺术品等珍贵展品的内容数字化展示,避免了长时间的曝光和人为损害的可能。这样可以更好地保护和保存珍贵展品,延长其寿命,并同时向更多的人分享和传播。

📱 赋能广角

人民网上线"红色云展厅"

为庆祝中国共产党成立100周年,人民网、中国传媒大学、奇安信集团联合全国百家红色展馆、数十家省(市、区)广播电视台,共同推出"红色云展厅"公益展播活动。"红色云展厅"旨在通过5G、云技术将各地红色纪念馆、陈列馆、展示馆、博物馆等党建党史内容数字化,形成"红色基因库",献礼建党百年。见图3-1和图3-2。

图 3-1

图 3-2

　　人民网充分发挥传播优势和策划联动能力，积极推动内容科技与党建党史深度融合，为各类红色场馆提供内容数字化服务。围绕"红色云展厅"建设，人民日报社依托人民网建设的国家重点实验室，利用基于人工智能的党史知识图谱技术，为我国相关领域科研工作提供关键数据支撑。人民网在各地打造的智慧党建体验中心，既是传承红色基因的内容科技应用示范基地，也是"红色云展厅"线下空间的具体呈现。

　　"红色云展厅"项目对全国各红色纪念馆、陈列馆、展示馆、博物馆等红色资源进行了数字化加工和云上呈现。在上线仪式上，全国各地的红色场馆发来祝福，共同庆祝项目上线，共贺党的百年华诞。

　　（资料来源：人民网）

三、数字展厅设计内容

（一）数字展厅风格设计

　　数字展厅风格设计是指在数字化展览空间，通过对视觉元素和互动方式的设计，以及展示效果的创造，来营造独特的展示氛围和提供用户体验。设计风格旨在通过设计师的巧妙构思和技术手段，将展览内容与数字化平台相结合，以吸引观众的注意力，并以视觉冲击和交互体验引发观众的兴趣和情感共鸣。

　　数字展厅风格设计需要把握几个核心原则。

　　（1）可视化与用户体验。首先，数字展厅的设计应该吸引观众的注意力，这可以通过使用鲜明的色彩、有吸引力的图像和独特的视觉元素来实现，创造出令人印象深刻的界面效果。其次，数字展厅应提供简洁、直观的导航和交互方式，让观众在数字展厅中能够轻松地找到所需的信息和展品。最后，数字展厅还应考虑用户的需求和习惯，提供个性化的体验服务，尽可能满足不同观众的需求和习惯，例如提供多语言支持、定制化的展示选项等。

　　（2）故事叙述与展示效果。数字展厅的设计应具有故事性，使用故事叙述来吸引用户的注意力和情感共鸣，通过讲述有趣的故事或传递感人的信息，吸引观众的注意力并与他们建立情感联系。数字展厅还可以利用各种技术手段和创意创造出令人难忘的展示效果，如动画、音效等，给观众带来视觉和听觉上的冲击力。通过创造独特的展示效果，观众可以更深入地体验展品和理解主题。另外，数字展厅的设计应该考虑展示内容的逻辑和顺序，使观众能够轻松地理解和吸收信息。

　　（3）展品契合与主题呼应。数字展厅的设计风格应与展品和主题相互呼应，形成整体协调的视觉效果。首先，可以选择合适的颜色、图像和字体来传达展品和主题的特点，使展览呈现出统一、协调的视觉风格。其次，要通过使用相应的色彩、图像和字体来传达展品和主题特点，以表达展品和主题所代表的内涵与意义。例如，使用古典的字体和素雅的色彩来展示历史文物等。最后，需要根据展品的特点和空间的限制，进行合理的展示设计,以展示展品的美感和特色。例如,采用放大、缩小、旋转等技术手段来展示不同尺寸的展品,或者利用虚拟现实技术来呈现立体的展示效果。

(二)数字展厅功能区域设计

数字展厅是企业线上展示产品、服务和品牌形象的创新方式,根据企业的参展需求通常会将数字展厅划分为不同的功能区域,以便展示和呈现多样化的内容。以下是常见的数字展厅功能区域。

(1)展示区域。展示区域主要用于展示企业的产品和服务,参展企业可以通过展示展品、服务和解决方案的图片、视频、3D模型、文字描述等多媒体形式内容,让观众了解企业的产品和服务。该区域通常包括多个展示区,每个展示区都可以展示一个或多个展品。观众可以通过点击展品图片或文字链接进入详细的展品介绍页面,了解更多关于展品的信息。企业可以根据自己的需求和展品种类,自由设置展示区域的布局和展示方式。展示的同时可提供交互体验和客户支持功能,让客户能更好地了解产品的功能和特点,在线客户支持功能使客户可以与企业的销售代表交流,提出问题或寻求帮助,以便做出更明智的购买决策。还可以提供在线购物和安全支付功能,支持客户点击展示产品或服务,查看价格,添加到购物车,并进行结算,需确保客户的交易安全。

(2)互动交流区域。互动交流区域是数字展厅的一个重要功能区域,它允许参观者与企业代表进行实时在线交流和互动,为其提供便捷和高效的平台。该区域通常包括聊天室、视频会议、在线问答和投票等功能,参观者可以通过这些功能与企业代表进行互动交流,了解更多关于企业产品和服务的信息。此外,互动交流区域还可以提供虚拟演示、产品模拟体验,让参观者更加深入了解企业的产品和服务,有效促进潜在客户的转化。

(3)活动区域。活动区域通常是企业参展期间用于举办在线演讲、研讨会、产品发布会、线上商演、虚拟现场直播等活动的场所。企业可以在该区域组织各类在线活动,吸引更多参观者,提高企业的曝光度,展示企业的专业知识、核心技术和行业影响力,提高品牌形象和知名度。

(4)品牌宣传区域。品牌宣传区域是企业用于展示和宣传自身品牌形象和核心价值的功能区域。企业可以通过多种方式来吸引观众的注意和兴趣,进而加深对品牌的了解和认知。通常展示的内容包括品牌标志和口号、品牌故事和历程、产品核心技术或专利、企业的形象照片、团队介绍、企业文化、品牌合作及荣誉等,该区域还可以设置互动体验,使观众可以与品牌进行互动,例如参加抽奖活动、留下联系方式等,有助于培养和增强观众对品牌的认知和情感共鸣。

企业可以根据实际情况增加或减少数字展厅的功能区域,灵活调整各区域的功能设置以及功能区域的布局设计,以增强企业的参展效果,例如,企业可以在展厅入口处展示企业的logo、主题海报和欢迎词等,给观众留下深刻的第一印象,还可以提供导航和指引,方便观众参观展厅。

（三）数字展厅动线设计

数字展厅与线下展厅的动线设计最大的不同在于物理空间的限制。在线下展厅中,参观者需要在实际的物理空间中移动,参观不同的展示区域和展品。因此,线下展厅的动线设计需要考虑参观者的流动性和导引,以确保观众能够有序地浏览展览内容,同时避免拥堵和混乱。而在数字展厅中,参观者通过电子设备在虚拟空间中浏览展览内容,不需要真实的空间移动。因此,数字展厅的动线设计更注重观众的引导体验,以确保他们能够系统性地浏览和参观展览内容。以下是数字展厅动线设计的步骤和内容。

（1）确定展厅的布局。在确定数字参展的主题和内容后,需要确定展厅的布局,这包括上文所提到的数字展厅的多个功能区域,以及数字展厅的形状、入口位置和出口位置等。

（2）设计参观路径。在确定数字展厅的布局后,需考虑观众的浏览顺序和流动性,将展览内容按照逻辑或主题进行分组和连接,并设计出展览的路径,这将有助于引导观众沿着正确的路径浏览,以确保观众不会错过任何重要的展示信息。在设计参观路径时,需确定展品的位置,这将有助于展示展品,并确保观众能轻松地到达展品位置。

（3）设计导览地图。创建一个导览地图,用于展示数字展厅的整体结构和不同区域之间的关系。导览地图可以是平面图或3D模型,观众可以通过点击或导航菜单来快速切换不同的展示区域或展示主题。导览地图需设计一个醒目的入口页面,展示展览的主题和亮点,吸引观众进入虚拟展厅。在入口页面或导引页面上需提供简单明了的导航说明,帮助观众了解如何浏览和参与展览。

（4）设计交互和互动元素。在确定参观路径和导览地图后,需要设计交互和互动元素,结合音频、视频、动画等多媒体技术,为观众提供更丰富的展览体验。通过设置互动功能,例如点击、滑动、放大、旋转等,促进观众与展品和服务内容进行互动,增加观众的参与度和体验感,吸引用户的注意力,让他们更深入地了解展品和服务。

（5）进行用户测试和反馈收集。在动线设计完成后,进行用户测试,并收集用户的反馈和建议。根据用户的反馈进行优化和改进,有助于用户轻松地浏览展览,并获得最佳的体验感,以提升观众的满意度。

📱 知识扩展

展馆展厅的未来发展趋势:科技与艺术的完美融合

随着科技的飞速发展,我们看到了一个全新的展厅发展趋势,那就是科技与艺术的完美融合。

近年来,我们看到了许多创新性的科技应用在展厅中。例如,虚拟现实和增强现实技术,让观众能够身临其境地观赏展品,仿佛置身于一个全新的世界。此外,人工智能也开始在展厅中发挥作用,它可以智能地回答观众的问题,提供更加个性化的参观体验。

科技并不是展厅发展的唯一驱动力,艺术在展厅中的地位也逐渐提升。许多设计师开始将艺术元素融入展厅设计,让展厅不仅仅是一个展示的空间,更是一个艺术的殿堂。这种融合不仅提升了展厅的艺术价值,也赋予了展品更深层次的意义。

我们相信展厅将会更加注重科技与艺术的结合。这不仅是观众的需求,也是社会发展的必然趋势。科技的力量可以打破时间和空间的限制,能让观众近距离地欣赏到珍贵的展品。艺术则可以为展厅注入灵魂,让展示空间成为充满情感和故事的地方。

📱 **任务实训**

根据任务一已选择的企业品牌,完成该企业数字展厅的设计方案和表3-2的填写。

第一步:根据企业的发展历史、品牌理念、核心价值,选择某个系列的产品作为展示展品,结合展品的特性,确定数字展厅的风格。

第二步:根据不同内容的展示需要,设计数字展厅的不同展示区域,并明确各区域的展示功能。

第三步:根据数字展厅的布局和功能区域分布情况,设计参观者的动线。

第四步:设计参观者的体验方式和交互内容。

表3-2　任务评价表

评价内容	组间评价得分 （20%）	教师评价得分 （40%）	企业导师评价得分 （40%）
风格设计的匹配度(30分)			
功能区域布局合理性(30分)			
展厅动线设计适用性(20分)			
体验交互设计可行性(20分)			

任务三　品牌官IP设计

⚙ **任务剖析**

任务:结合企业的品牌调性、品牌文化和品牌核心价值等元素,完成品牌官IP设计,以满足品牌宣传、品牌形象塑造、品牌营销推广的目的。

目标：掌握品牌官IP设计的基本内容和设计方法；根据企业的发展现状，以扩大品牌的知名度和影响力为导向，完成数字品牌官IP设计；培养对品牌建设领域的兴趣和科学探索精神。

◎ 任务流程

一、品牌官IP概述

品牌官是指担任品牌形象代言人，并在社交媒体平台上以个人身份出现，代表企业或品牌进行宣传、推广和互动的人物。品牌官通常具有一定的知名度和影响力，其形象和声誉可以与品牌形象相匹配。品牌官扮演着官方代言人的角色，负责与粉丝、消费者进行沟通和互动，需要具备一定的影响力、表达能力和人际沟通技巧，可以与消费者进行情感上的连接，能够代表和传递品牌的核心价值观和理念。品牌官的形象和行为都会对品牌产生影响，因此，品牌官的选择和管理对于品牌的发展至关重要。品牌官可以是自然人，也可以是虚拟数字人。

品牌官IP是品牌代言人拥有的受知识产权保护的一系列商业资源和资产，包括商标、专利、版权、设计等，这是品牌核心价值和竞争优势的体现，是品牌形象和声誉的重要组成部分。品牌官IP有助于品牌建立差异化和独特性，提升品牌的知名度和认可度。企业通过保护品牌官IP，可以防止品牌的知识产权被他人盗用或侵犯，维护自身的合法权益。品牌官IP的建立需要品牌持续创新和投入，包括技术研发、设计创意、品牌推广等，品牌官IP是品牌的重要资产，能使品牌在竞争激烈的市场中保持竞争优势，提升品牌价值和市场地位。

随着社交媒体和数字化技术的普及，许多品牌实现了品牌数字升级，运用AI技术设计出品牌的专属虚拟数字人，以扮演品牌官的角色。企业在数字参展期间，品牌官起到了不可或缺的作用，在数字展厅的不同区域提供多样化的服务，让参观者在沉浸式观展的同时与品牌官进行交流互动，能更深入地了解品牌、感受产品的特点，这有助于提升品牌形象和品牌认同度。由于企业品牌官是企业的代言人，需要植入品牌文化、品牌定位和价值观等故事，还需要考虑品牌官不同服务角色的外貌、性格、言行等元素的差异，因此品牌需要精心设计品牌官IP。

二、品牌官IP的应用优势

随着元宇宙概念的兴起，在技术发展和品牌数字化转型的大环境下，品牌虚拟IP形象设计不再局限于平面和简单的造型，逐步向多元化和多样化发展，通过与其他品牌、明星或艺术家合作拓展IP形象的边界，通过创新媒体和技术手段提升IP形象的创意和趣味性。虚拟IP形象不再只具备传达品牌理念的吉祥物功能，在AI、VR、AR等技术的驱动下，虚拟品牌官更实现了品牌讲解、直播带货、线上互动等功能，为品牌带来了更多附加价值。相比自然人的品牌代言人，虚拟品牌官IP具有明显优势。

（1）可塑性更强。虚拟品牌官的长相、肤色、身材可以基于大数据生成，能贴合大众的审美。真人存在拍照水平、造型能力等主观因素影响，但虚拟人物形象并不受限，随时可调整，并且能够根据品牌和创造者的预期进行塑造，拥有极高的可塑性和营销适配性。虚拟人还可以不受时间、空间、场景的约束。

（2）人设更可控。相较于真人明星打造出来的人设，虚拟品牌官更容易展现出品牌方和创作者预设的性格和形象。虚拟品牌官是"黑料绝缘体"，商业安全感更强，更容易管控。品牌方无需担心会出现丑闻、解约等造成负面影响的突发性事件。品牌打造的专属品牌官作为自有数字资产可以永久重复利用。

（3）受众更年轻化。成长于互联网时代、年轻一代的消费者，尤其是Z世代新青年，对虚拟技术和科幻有着极高的热情与喜爱，他们对虚拟人物有着更高的接受度。虚拟品牌官有助于品牌塑造年轻化形象吸引更多的年轻受众。

（4）互动感更强。虚拟品牌官通过联动用户，持续输出内容，与用户建立强烈的情感联结，成功打造差异化的品牌符号，进而释放IP影响力，积累品牌势能。

（5）营销成本更低。虽然打造一个3D虚拟人成本不低，且一定程度上比使用真人更贵，但随着技术不断成熟，以及商业变现渠道的不断拓宽，虚拟品牌官制作成本将进一步下调。与此同时，当一家企业拥有成熟的技术之后，就可以持续批量推出不同风格、定位的虚拟人物，使综合营销成本更低，性价比更高。

📱 **赋能广角**

"艾雯雯"——中国国家博物馆虚拟数智人

在中国国家博物馆创建110周年之际，"艾雯雯"以一则短视频亮相。数智人艾雯雯拥有自学习、自适应能力，能够不断更新、丰富自己的知识库，以国博140多万件馆藏为基础，构建丰富的知识储备和互动技能。她可以化身为导览员，在数字孪生的云展空间中带领观众沿着不同的主题观展路线，欣赏中华文明优秀成果，感受中华文明的永恒魅力。

艾雯雯的形象设计，来源于国博馆藏古代服饰的研究，并参考了国博已经开发的相关文创产品的设计，如艾雯雯日常身穿的"新青年"T恤，字样来源于国博馆藏陈独秀创建的《新青年》封面，如图3-3所示。

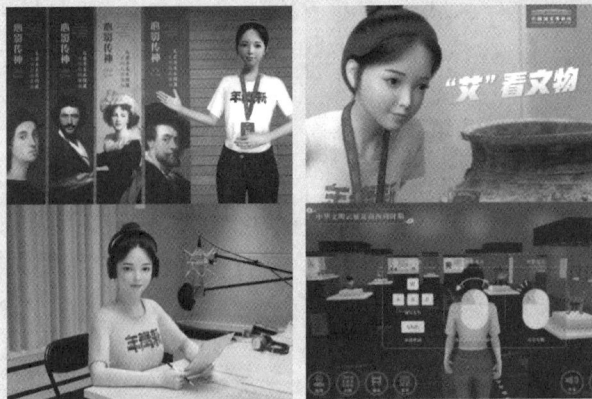

图 3-3

　　艾雯雯能够真实地走进现实场景,主要依托了数字孪生技术,该技术赋予了艾雯雯生动的表情与灵活的动作,让静态的数字模型犹如真人般"活"起来。虚拟数智人的出现,为文博数字化发展焕发了新动力。

三、品牌官IP设计

　　品牌官是由人物形象、语音、动画、音视频、交互五大元素构成。品牌官IP设计包括视觉形象设计、人格设计和应用设计。

(一)品牌官视觉形象设计

　　品牌官视觉形象设计是指通过计算机生成的虚拟角色来代表品牌,并通过其外貌、造型、颜色、动作等视觉元素来传达品牌的形象、价值观和个性特点。这种设计将品牌的核心理念和形象融入虚拟品牌官的外观和表现中,以吸引目标受众的注意力,建立品牌认知度和情感连接。常见的品牌官视觉形象有以下几种。

　　(1)国风动漫形象。品牌官国风动漫形象是一种以中国传统文化为基础,融合现代动漫元素的视觉形象设计。它通过中国传统文化、艺术和美学特点,以及现代动漫的表现形式,为品牌赋予浓郁的中国风格。国风动漫形象的人物外貌通常采用中国传统服饰、发型和妆造等元素,具有古典美和优雅的特点。融入中国传统文化的符号和意象,如龙凤、云纹、山水,以及传统的器物、建筑和景观等,以表达对传统文化的致敬和传承。动作设计融合了中国古代舞蹈、武术和戏曲动作的特点,展现出国风特色的身姿和舞台表演感。表情设计突出中国传统美学中的情绪表达方式,如含蓄、柔和、内敛等,以及传统戏曲中的面部表情和肢体语言。国风动漫形象的设计旨在传达品牌与中国传统文化的联系,吸引中国文化爱好者和年轻一代观众,传递品牌所代表的价值观和情感体验。

　　(2)3D卡通形象。品牌官3D卡通形象是一种以卡通风格为基础的虚拟角色设计。这种形象设计注重夸张的特征和表情,如大眼睛、大头、长手臂等,以及丰富多彩的发型和服装,具有较高的辨识度和可塑性,能够吸引观众的目光并与其建立情感连接。表情设计丰富多样,可以通过眼神、嘴部表情、肢体语言等方式传达情感和故事情节,增强互动性和沟通效果。动作设计通常具有夸张和灵活的特点,可以展示出跳跃、旋转、弹跳等动态效果,增加趣味性和活力感。色彩运用通常鲜艳明亮,具有视觉冲击力和吸引力,能够吸引观众的注意并与品牌形象相契合。品牌官3D卡通形象的设计旨在通过卡通风格的可爱和夸张特点,吸引年轻受众的关注,并与品牌形象产生共鸣,为品牌注入活力、趣味和个性,提升用户体验和品牌认知度。

　　(3)3D超写实形象。品牌官3D超写实形象是指通过计算机生成的虚拟角色设计,以追求高度逼真和真实感为特点,使虚拟数字人的外貌和动作表现与真实世界中的人类或物体几乎无法区分。外貌设计包括面部特征、皮肤细节、肌肉结构、服装、发型等,要求细节精细且逼真,使虚拟品牌官看起来和真实人类非常相似。3D超写实形象采用高质量的材质贴图技术,模拟不同材质的表面细节,如皮肤、衣物纹理、金属光泽等,以增加真实感和触感。同时注重光影效果的模拟,包括环境光、阴影、反射和折射等,使虚拟数字人在各种光照条件下呈现出真实的光影效果。3D超写实形象的动作表现力强,主要通过精确的动画技术,模拟真实人类的运动和姿态,使虚拟数字人的动作看起来自然、流畅且逼真。品牌官3D超写实形象的设计旨在通过逼真的外貌和动作表现,增强品牌形象的可信度和真实感,为品牌创造出与真实世界无异的高质量虚拟体验,以此吸引观众的注意并提升品牌形象的影响力。

（4）仿真形象。品牌官仿真形象是指通过计算机设计生成的虚拟角色,以实现与真实人类的高度相似性和还原度为目标。这种形象设计实现了对真实人类的外貌、表情、动作和声音等方面的还原和复制。仿真形象设计追求高度精确的外貌还原,包括面部特征、皮肤细节、眼睛、头发,以及身体比例和细节等,使虚拟数字人与真实人类无区别。通过精确的人脸捕捉和动作捕捉技术,以及逼真的动画制作和渲染,结合语音合成和声音录制技术,实现了对真实人类的高度还原。虚拟数字人结合人机交互技术,实现对用户的实时响应和互动,使其能够与用户进行真实的互动和对话。品牌官仿真形象的设计旨在实现对真实人类的高度还原和复制,以提供逼真的虚拟体验和人机交互,为品牌提供与真实人类无异的虚拟形象代表,增强用户体验和品牌认知度。

除了以上介绍的四种,目前还出现了如二次元形象、动物形象、潮流玩偶形象、抽象形象等多样的品牌官形象,企业可根据品牌产品的特征、品牌用户人群的定位等特点,设计专属的品牌官视觉形象。

（二）品牌官人格设计

品牌人格也可以称为品牌个性,是一个品牌拥有的人性特色,它决定着品牌调性和品牌传播风格。消费者在了解某个品牌时,往往会将品牌视作一个形象、一个伙伴或一个人,甚至会把自我形象投射到品牌上。一般而言,一个品牌人格形象与消费者的期望越吻合,消费者就越会对该品牌产生偏好,从而为品牌带来后续的经济效益。

品牌官人格设计是指在数字化时代,为品牌官在数字平台上塑造一种具有独特个性和人格特质的过程。品牌官人格设计需对虚拟数字人的语言、态度、行为、价值观等方面进行塑造,使其具有与品牌形象和目标受众相匹配的个性特质,以增强用户对品牌的认知度、好感度和忠诚度。

1.品牌官人格设计的目的

（1）增强品牌个性。品牌官人格设计有助于品牌与竞争对手形成区别和差异,能在消费者心中留下深刻印象。

（2）建立品牌认同感。当品牌官的人格特质与目标受众的价值观和兴趣相契合时,消费者更容易与品牌建立联系并对其产生信任和忠诚。

（3）提升品牌故事传播效果。通过品牌官的人格设计,可以为品牌故事提供有吸引力和连贯性的媒介,能将品牌故事生动地传达给消费者,从而引发更多的共鸣和更广泛的口碑传播。

（4）增加品牌影响力。企业利用品牌官人格设计可以扩大其在社交媒体上的曝光度，吸引更多消费者的关注和参与。

2.品牌官人格设计方法及应用

品牌官人格设计是利用各种人格量表或模型对品牌进行人格化分析，进而确定品牌官的人格。应用得较为广泛的人格量表或人格模型包括下面几个。

一是由珍妮弗·阿克尔提出的品牌人格量表，由五大个性要素"真诚、激情、能力、教养、强健"和15个细分特征，构成测试和建立品牌个性的指标体系。

二是由伊莎贝尔·布里格斯·迈尔斯和凯瑟琳·库克·布里格斯共同创立的MBTI人格类型理论模型，把人格分成"外向E与内向I""感觉S与直觉N""思维T与情感F""判断J与知觉P"几类，再组合得出16种不同人格类型并赋予不同身份。

三是美国学者玛格丽特·马克和卡罗·S·皮尔森联合提出的品牌原型理论，将品牌视为拥有独立个性和人格特征的实体。该理论因其具有简洁明了、个性特征覆盖全面、可操作性强等优点被企业广泛应用。

品牌原型理论基于弗洛伊德和阿德勒的两大心理学流派，并对不同品牌进行深入研究之后，提炼总结出12种人格原型。按照人格的底层属性，12种人格进一步分为4大类，一是独立类人格，包括纯真者、探险家、智者。二是掌控类人格，包括英雄、颠覆者、魔术师。三是从属类人格，包括寻常人、情人、娱乐者。四是稳定类人格，包括关怀者、创造者、统治者。运用品牌12种人格模型可以帮助企业快速定位并设计品牌官人格。首先根据品牌主张及目标消费群体特点，结合人格价值主张及用户特点，可以帮助企业粗略地界定自己的品牌人格类型。其次再从身份标签、个性维度、品牌人格故事等方面具体分析并确定精准人格模型。品牌12种人格模型特征及应用见二维码。

品牌12种人格模型认为，不同的品牌塑造如同人的成长，不同的基因决定了不同的人格，不同的人格决定了不同的传播调性，不同的传播调性又决定了受众对品牌的不同反应。一个成功的品牌人格，可以让品牌拉近与用户的情感距离，在用户心中刻画出鲜明难忘的品牌形象。

品牌12种
人格模型特
征及应用表

品牌官人格设计是品牌官IP设计的关键环节，它对品牌持续进行人性化的诠释，让品牌拥有人的人格、气质和性格。品牌人格化的最终目的是让消费者感知品牌的温度，并认可品牌的文化和价值观。消费者了解某个品牌时会将品牌视为伙伴，甚至把自我形象投射至该品牌，品牌官的人格原型与消费者期望越吻合，消费者对品牌产生的偏好会越强烈，为品牌带来的经济效益就会越高。

（三）品牌官应用设计

品牌官应用设计是将品牌官的视觉形象设计和人格设计应用于品牌的官方渠道，在不同的场景发挥不同的作用，其作用是在品牌宣传推广和营销活动中增强品牌形象的视觉呈现，促进用户与品牌互动，达到品牌传播的效果。品牌官的应用设计一般分为静态应用设计、常态化应用设计和非常态化应用设计。

1.品牌官静态应用设计

品牌官静态应用设计包括品牌宣传品设计、产品包装设计、陈列设计。

（1）宣传品设计。企业在设计宣传品时，在边框、背景、图案、色彩、字体、排版风格等方面融入品牌官IP形象的核心元素，确保品牌宣传品的一致性和专业性，并将品牌官IP形象放置在宣传品的突出位置，以增强品牌宣传品的吸引力。

（2）产品包装设计。企业在产品包装设计中，使用品牌官IP形象设计包装的主图案和标志，提升品牌的辨识度，在包装的背面或边缘位置设计添加品牌官IP的故事，使消费者与品牌产生情感共鸣。

（3）陈列设计。企业将品牌官IP形象应用于陈列柜或展位的背景、墙壁、展示架等位置，用于吸引消费者的注意和兴趣。运用品牌官IP形象的元素在陈列展示区域设计具有视觉冲击力的道具和装饰，能有效突出品牌形象的特点和个性。

2.常态化动态应用设计

品牌官的常态化动态应用设计包括网站和移动端界面设计、社交媒体互动设计、数字营销设计。

（1）网站和移动端界面设计。品牌官IP形象应在品牌的官方网页界面中得到充分展示和应用。企业将品牌官IP形象设计为小程序或应用软件的Logo、图标，在主页界面的配色方案中运用品牌官IP的颜色，能提升品牌形象的统一性和可识别性。在交互设计中，企业运用品牌官IP的图案和元素设计成按钮、弹窗、触点图标等，可增加用户与品牌的有效互动。

（2）社交媒体互动设计。在社交媒体平台上，企业运用品牌官IP形象和图案设计官方头像、封面和海报等，有助于扩大品牌的曝光率。企业在媒体互动设计中，应用符合品牌官人格特性的语言风格、行为动作、表情神态等，能加深用户对品牌的记忆。结合品牌官身份角色设计有趣的互动效果，如同框拍照、点击动效等，可强化用户与品牌互动的趣味性。

（3）数字营销设计。企业在数字营销活动中，使用品牌官IP形象设计产品广告、促销活动宣传图、动画视频等，能加强品牌对目标受众的营销吸引力。利用品牌官的人格特性对目标用户进行个性化营销设计，如好物推荐、社群分享、产品导购等，能提升用户体验，使品牌获得更多忠诚用户。

3.非常态化动态应用设计

品牌官的非常态化应用设计是在特殊场景下短期性的应用设计，主要为配合品牌阶段性的目标，例如品牌举办展览活动、品牌发布会、品牌周年庆典等，本任务重点介绍数字参展活动中的品牌官应用设计。数字参展期间，企业需要结合参展需求和营销目标，在不同的应用场景中选择合适的品牌官应用角色。常见的品牌官应用角色有以下几种。

（1）前台接待。企业将品牌官角色设计为前台接待的人物形象，通过个性化的问候和友好的互动方式给观众留下深刻印象。品牌官根据观众的兴趣和需求，为观众提供信息咨询、定制化的导览服务和建议,引导观众参观展厅的不同区域,增加观众对品牌的认知。

（2）销售员。企业将品牌官角色设计为销售员的人物形象,根据观众的购买意向和需求,推荐适合的产品,展示产品的功能、优势和应用场景。品牌官通过展示多媒体内容、播放产品演示视频、提供虚拟现实或增强现实体验等方式,帮助观众更好地了解和体验产品,从而加强购买的决策依据。

（3）讲解员。企业将品牌官角色设计为讲解员的人物形象,可以实时与观众进行对话,了解他们对展览的兴趣和需求,运用语音识别和自然语言处理技术回答观众的问题,详细介绍每个展品的背景、历史、特点等信息。通过品牌官的深入讲解,帮助观众更好地理解和欣赏展示内容,提供更加生动、互动性更强的观展体验,加深观众对品牌的好感度。

（4）智能客服,企业将品牌官角色设计为智能客服的人物形象,根据观众的在线需求和问题,提供个性化的客户服务,如提供产品特点、使用方法、售后服务等信息,解决观众的问题。结合后台数据统计的观众购买历史、兴趣偏好等信息,品牌官会给予定制化的建议和推荐,以及提供处理订单、查询库存、提供物流信息等相关服务,为访客提供便捷的购物体验。智能客服的应用可以提高客户满意度,减轻人工客服的压力,并提升品牌形象和服务效率。

（5）主持人,企业将品牌官角色设计为主持人的人物形象,在数字展厅中以主持人的角色身份为参展活动提供个性化、创新的互动体验服务。品牌官可承担商演、会议、游戏、抽奖、投票等活动的主持人,与参与活动的观众进行实时互动,营造愉快和充满期待的活动氛围,增加观众的参与度,提高活动的趣味性。

📱 **知识扩展** ┈┈┈┈┈┈┈┈┈┈┈┈┈┈┈┈┈┈┈┈┈┈▶

虚拟数字人的五大流派

虚拟数字人是无机物机器与生物体的结合体,其特点有三:一是存在于虚拟世界中;二是基于各种技术的技术集合体;三是具有人类特征和人类能力。元宇宙时代下,虚拟数字人出现五大流派。

1.时尚派——时尚达人形象的数字人

时尚派数字人有非常接近人类的样貌和潮流的穿搭,主要活跃于时尚社交平台,由于其高仿真又时尚的特质,比较容易形成社会影响力。如AYAYI、IMMA、希加加。

2.歌舞派——虚拟歌姬、虚拟偶像歌舞派数字人

歌舞派数字人极其考验运营方的综合能力,对歌舞创作力具有较高的要求,还需要稳定的动捕与面捕技术加持,目前已经可以做到像真人一样在舞台上表演,如初音未来、洛天依、星瞳。

3.短剧派——形象＋故事＋产业数字人

短剧派数字人是在微短剧视频中走出来的角色,集齐了电影级的画面质感、

剧情、后期特效。角色的场景、造型、妆容都十分具有设计感,这类虚拟人在一众短视频中十分新颖,如柳夜熙、天妤。

4.功能派——实用型数字人

功能派数字人外表上比较朴素,形象更具有亲和力,更多用于企业降低成本、提升效率等方面,具备对话或处理数据及问题的能力,如云笙、崔筱盼、央视小C等。

5.分身派——真实人物的虚拟分身

分身派数字人基本以明星的虚拟分身为主,让真人明星获得了虚拟数字人形象,甚至可以让真人明星和虚拟分身同台出现,十分具有创意。如迪丽热巴的"迪丽冷巴"、黄子韬的"韬斯曼"、龚俊的"霁风"。

📱 **任务实训**

结合任务二的企业品牌数字展厅内容,完成各功能区域的品牌官IP设计和表3-3的填写。

第一步:根据参展主题、数字展厅的风格、展示展品的特点,确定品牌官的视觉形象。

第二步:根据企业品牌的调性和人格特征,确定品牌官的人格类型。

第三步:根据数字展厅不同区域的功能、应用场景和参展目标,完成品牌官的应用设计。

第四步:运用数字化工具生成品牌官IP。

表3-3　任务评价表

评价内容	组间评价得分 （20%）	教师评价得分 （40%）	企业导师评价得分 （40%）
视觉形象符合程度（30分）			
人格类型的匹配度（30分）			
应用设计的合理性（30分）			
品牌官IP整体效果（10分）			

任务四　品牌数字参展营销

⚙ **任务剖析**

任务:针对数字展厅不同区域的功能和特点,结合品牌官的角色应用,完成品牌企业数字参展期间的营销活动方案设计,实现企业参展营销目标。

目标:掌握数字参展营销的特点和方法;能根据企业的参展营销目标完成虚拟营销活动的设计;培养数字素养和数字社会责任,遵守网络营销规则。

任务流程

一、数字参展营销概述

数字参展营销是利用数字技术和在线平台,突破时空限制的一种创新型营销方式。通过虚拟展览、在线展示、互动游戏、在线交流等形式,将企业的产品、服务及形象向观众展示,使企业能有效地与潜在客户和目标受众进行互动和沟通,实现更高效的营销效果。通过开展数字参展营销活动,企业可以实现以下目标。

(1)提高品牌知名度。通过在数字参展过程中展示企业的产品、服务和品牌形象,传播品牌文化和经营理念,吸引潜在客户的关注,增加品牌的曝光度,提高品牌知名度。

(2)增加销售机会。参展企业充分展示产品或服务,让潜在客户了解其详细信息和功能特点,增加购买意愿。设置在线购买和订单生成等功能,使潜在客户能直接购买产品或服务,增加企业参展期间的促销机会,提高销售额。

(3)扩大市场份额。借助数字参展营销,企业可以扩大业务范围,面向更多受众群体。客户也不再受地域限制,连接网络即可参观展览,随时随地了解企业的产品和服务,与企业实时交流洽谈。这有助于企业开拓目标市场、扩大市场份额。

(4)提升客户参与度。企业数字参展营销具有在线聊天、问答环节、智能客服咨询、在线产品体验等线上互动功能,客户能突破时空限制与企业进行实时互动。线上互动的便捷性和高效性有利于增加客户的参与度,建立客户与企业的互动链接,可以帮助企业高效地锁定目标用户。

二、数字参展营销的特点

随着数字技术和人工智能的发展,越来越多的参展企业可以通过参加数字会展活动,在互联网平台和虚拟空间中开展营销活动。相比传统的线下参展营销,数字参展营销具有以下特点。

(1)跨越时空界限。数字参展营销可以不受时间和地域限制,随时随地开展营销活动。参展企业可以融合多种营销手段和工具,在线展示产品、提供服务、举办虚拟活动,开展24小时不间断的营销活动。

(2)节约参展成本。数字参展营销的制作费用和参展成本较低。相比线下参展,数字参展不必支付场地租金、搭建展台、运输产品等费用,也不必为出席活动的嘉宾预订酒店或支付其差旅费,大大降低了企业的参展成本。

(3)受众覆盖面广。数字参展营销可以突破地域限制,吸引全球范围的潜在客户,参展企业通过互联网平台就能触达距离更远的受众群体。数字参展营销还可以突破场地空间限制,因虚拟空间可容纳更多数量的观众,这有助于企业与更多的潜在客户建立关系,提高品牌知名度和曝光率。

(4)个性化定制。数字参展营销可以根据每位潜在客户的需求、兴趣和偏好,为其提供定制化的展览内容和交流体验。参展企业通过数字展厅布局、展品展示、服务介绍、使用演示等方式,针对不同客户的需求进行定制,使其更快找到感兴趣的产品和服务。根据潜在客户的喜好和习惯,提供不同的交流方式,如实时聊天、语音通话、视频会议,按客户需求安排专门的智能客服一对一交流,为客户提供更专业的咨询和解答,提高参展效果和转化率。

(5)数据分析与反馈精准。数字参展营销通过实时在线对数据进行收集、整理与筛选,利用数据分析工具,如数据挖掘、统计分析、机器学习等,对收集到的数据进行深入分析,分析潜在客户的个人信息、行为数据和交互数据等,为参展企业提供精准的数据分析结果,为企业决策和优化营销策略提供依据。

(6)营销手段多样化。数字参展营销不受观众参观时间和次序的限制,在营销活动的设计上具有更大的自由度。参展企业通过融合数字技术和营销手段,将丰富多样的营销活动呈现给观众,如视频展示、在线演讲、发布线上游戏或抽奖、虚拟明星演出等,都可提高参展营销的效果。

📱 赋能广角

抖音汽车嘉年华:虚拟与现实的时空碰撞,展现汽车营销"未来式"

抖音汽车嘉年华压轴环节的"银河方舟音乐节"圆满落幕。超5200万用户穿过抖音的屏幕,来到充满想象力和创造力的3D虚拟玩车世界"未来汽车城",超过4.9亿人次线上观看了"银河方舟音乐节"和官方直播间,沉浸式感受汽车与音乐的激情碰撞,全网总曝光量突破50亿次。

作为巨量引擎发起的汽车行业头部IP,抖音汽车嘉年华以全新的姿态出现,打造首个汽车虚拟世界,结合平台全能力、音乐资源和多种产品组合,为汽车用户、品牌提供了一次虚拟与现实融合碰撞的汽车营销体验。

抖音汽车嘉年华为品牌提供了一套"融虚向实"的营销路径,在品牌展馆内集成了关注品牌抖音号与预约试驾的转化通道,用户可以在未来汽车城中心的大屏幕上观看品牌直播,领取直播购车礼。

线上未来汽车城不仅打造了创新的营销体验,更为品牌提供了让用户从虚拟连接现实世界的能力,提升了营销价值。

◢ 三、营销方法数字参展应用

企业可以利用多种方法和手段开展数字参展营销。随着市场竞争加剧和消费者需求的变化,数字参展营销的方法也在不断推陈出新。数字参展前,参展企业运用搜索引擎营销、病毒式营销和网络事件营销等营销方法,能吸引公众对参展活动的关注,快速将营销信息传播扩散,为参展活动宣传造势。数字参展期间,企业运用数字场景营销、圈层营销等方法,可以促进观众进行交易转化,实现参展营销目标。

(一)搜索引擎营销应用

搜索引擎营销是基于搜索引擎平台的网络营销方法,主要利用人们对搜索引擎的依赖和使用习惯,在人们检索信息时将营销信息传递给目标用户,吸引用户进入企业官方网页,进一步了解所需要的信息。搜索引擎的核心功能就是为用户提供准确的搜索结果,企业通过确定目标受众常用的搜索关键词,确保关键词被搜索引擎收录并获得好的排名,匹配关键词信息同步优化官方网站内容等手段,把目标受众访问量的增加转化为企业营销收益的提高。例如,一家著名连锁酒店在了解客户需求后,设置50个关键词,针对15家主要的全球性搜索引擎及目录索引并进行优化注册,仅一个月,该酒店在各大引擎上获得70个排名,运用了半年后,在该连锁酒店的总访问量中,由搜索引擎引导的流量占7%—10%,当期客房出租率同期激增了57%。参展企业通过运用搜索引擎营销方法提炼数字参展、企业展品等信息关键词,提高在搜索引擎结果的排位,从而增加品牌的曝光率。参展企业同步优化官网内容,确保网站内容的营销价值,以及与参展活动的相关性,引导潜在客户获取更详细的企业产品或服务信息。除此之外,参展企业通过发布优质内容、参与行业论坛、与意见领袖合作等方式获取高质量的外部链接,在提升搜索排名的同时增加潜在客户的流量。

(二)病毒式营销应用

病毒式营销是利用公众的积极性和人际网络,让营销信息像病毒一样传播和扩散,这是一种通过快速复制、迅速传播,将营销信息短时间内传向更多受众的营销方法。在数字参展前,企业要针对三大核心要素开展病毒式营销,一是目标群体,参展企业需确定营销信息传播扩散的目标人群,有针对性进行推广;二是奖励机制,参展企业要设置传播裂变的奖励机制,提供奖品、折扣券或积分等作为分享奖励,激励用户积极参与传播,分享企业的参展活动信息,扩大传播效果;三是社交媒体,参展企业借助社交媒体,与具有影响力的社交媒体用户合作,在社交平台上分享企业参展活动的相关内容,扩大活动的曝光度和影响力,实现快速引流。病毒式营销利用群体之间的传播,通过他人为企业宣传,实现营销杠杆的作用,使企业的品牌或产品深入消费者的心里。例如,小米发布新款手机时,成功运用了病毒式营销,首先,在"米粉圈"发布新款手机即将上市的信息,提前预热;其次,采用线上限量抢购的方式,用户需要在特定时间段内抢购手机,同时给"米粉圈"的老用户发放抢购福利;最后,小米还与多家社交媒体、自媒体合作造势,全网引爆小米限量抢购的热度。小米的病毒式营销不仅刺激了新老用户的购买欲望,还加强了用户之间的口碑传播和分享,成功地将新款手机推向市场。

(三)网络事件营销应用

网络事件营销是企业以网络为传播平台,通过精心策划并实施可以让公众直接参与和享受乐趣的事件,达到吸引或转移公众注意力,增进公共关系,塑造企业良好形象的营销方式。参展企业运用网络事件进行营销有两种模式,一是借力模式,借助在大众群体中产生一定热度的焦点话题、新闻事件,将企业带入话题中引起媒体与大众的关注。例如,奈雪的茶借助网络话题"秋天的第一杯奶茶"爆火之后,顺势推出"奈雪奶茶节",使奈雪的茶订单疯涨、成功出圈,成为该品类的顶流品牌。参展企业要对参展前的热点话题、焦点新闻迅速反应并及时介入,将企业品牌理念、产品信息、核心技术等巧妙切入话题,并引发公众联想,为参展营销做好铺垫;二是主动模式,企业通过策划富有创意的活动、制造品牌大事件,引起媒体和大众的关注。例如,蒙牛和可口可乐合资开公司,定名为"可牛了"。霸气又让人脑洞大开的名字成功吸引了大众眼球,让"可牛了"这家新公司未经营业务已火爆网络。参展企业可结合经营发展状况和新业务、新技术、新产品等内容,制造出能引发公众舆论、吸引更多潜在客户关注的网络事件,为数字参展营销宣传造势。网络事件营销有传播速度快、互动性强,营销投入少产出大,收益率高的特点。

(四)数字场景营销应用

场景营销是一种基于用户特定场景的消费需求来制定营销策略的营销方式。数字场景营销的重点是对产品展示场景和消费体验场景的应用,参展企业在数字展厅的展示区域,结合参展主题打造创新展览场景,运用多元的设计元素构建富有吸引力的仿真消费场景,刺激消费者的购买需求。观众可通过多种方式进入数字展厅,如佩戴VR眼镜、使用电脑或移动设备、使用手柄、使用触控屏等交互设备,沉浸式浏览展品和展示内容,在虚拟空间中交互体验展品,如模拟操控无人机飞行、体验虚拟现实游戏、模拟换AI头像等,在数字场景的烘托下,消费者的需求更容易被高频触发,为企业的参展营销奠定交易基础。

(五)圈层营销应用

圈层营销是基于消费者对同类兴趣、爱好、职业、地域等群体性的归属感,利用社交关系、互动网络将目标消费者组织成小圈层,有针对性地开展营销的方法。企业数字参展过程中可从两个方面应用圈层营销,一方面,收集观众线上注册的信息,筛选、分析目标客户的特征、消费需求等,在数字展厅内设置分类导览服务,引导消费者优先观看感兴趣的展品,为成交铺垫。另一方面,利用数字展厅的活动区域设计多样化的虚拟营销活动,把目标用户分圈层引导,精准引流,分派合适的线上营销人员与各圈层用户互动,活跃圈层消费者,提供专业的咨询服务,有效提高参展营销的精准度。例如,极简大气的瑞幸小蓝杯与"泥石流"设计著称的椰树椰汁合作推出联名爆款单品"椰云拿铁",首发的第一天就卖出超过66万杯。对椰树而言,能拉动品牌形象年轻化,吸引更多用户,打入"咖啡圈";对于瑞幸咖啡而言,能通过椰树唤起更多消费者的情怀,增强对生椰系列产品的认可,吸引"健身塑形圈"等圈层。

四、数字参展营销活动设计

企业数字参展期间,通过互联网平台和数字工具,结合参展主题、数字展厅、数字品牌官等内容,设计富有创意的营销活动,可以为受众提供全新的观展体验,达到宣传品牌、推广产品、拓展客户、增加销售额等营销目标。

(一) 数字参展营销活动设计过程

(1) 确定营销活动目标。参展企业开展线上营销活动的目标包括以下几点,一是推广销售,企业利用虚拟营销活动展示新产品、特色产品、限量产品等,参展期间开展多种形式的活动,引发潜在客户的兴趣,最终转化为购买行为;二是拓客引流,企业利用数字技术传播速度快、受众覆盖面广的特点,能快速引流,有效地把公域流量转换为私域流量,精准拓客;三是锁定年轻群体,因虚拟会展活动、数字营销活动受广大年轻用户群体的青睐,参展企业通过设计具有创意的线上营销活动,能轻松锁定年轻目标用户,培育更有消费潜力的年轻市场,使品牌年轻化;四是品牌传播,参展企业利用互联网多平台联动,把营销活动信息迅速传播,有效触达目标受众,扩大品牌的公众影响力,结合营销活动的开展,树立品牌形象,展示品牌实力。

(2) 明确目标受众。参展企业要明确营销活动的目标受众,根据他们的需求、痛点、偏好、行为、动机、习惯等因素划分成不同的细分群体,深入分析细分群体的特点并形成消费用户画像,更有针对性地制定营销策略,提供有价值的营销内容,确保参展营销活动的效果。例如,不同用户群体使用网络的时间段、平台不同,参展企业把参展活动的营销信息在对应的时间段、相应的平台进行推送,才能有效触达目标用户群体。

(3) 营销活动设计。根据数字参展主题,在数字展厅的不同功能区域选择合适的品牌营销活动。数字参展营销活动设计的关键是活动能有效吸引用户的兴趣,触发用户的购买需求。因此,参展企业应设计形式多样、富有创意的营销活动,如在展示区设计个性展销活动、展品促销优惠活动,在体验区设计交互体验、游戏互动等活动,在活动区设计参展直播、商演娱乐、官宣发布、竞价拍卖等活动,在宣传区设计讲解宣传活动。同时,参展企业要针对不同类型的营销活动设计具体的活动内容与活动形式,包括营销活动所涉及的活动流程、活动规则、邀请嘉宾、奖品礼物、文案、音乐、视频等。

(4) 营销活动数字化呈现设计。线上与线下参展营销活动设计的最大区别是需要设计在虚拟空间、数字展厅中的呈现效果,即使是同样的参展营销活动内容,不同的数字化呈现效果将直接导致不同的营销结果,如竞价拍卖活动要结合拍卖品的动画设计、品牌官的动作及语音设计、拍卖竞价的滚动呈现设计等,烘托出拍卖活动过程的刺激、紧张氛围,才能带动观众积极出价,达到展品竞拍的营销效果。营销活动设计人员要充分了解不同的数字技术可实现的视觉感官效果、交互效果、展示播放效果等,并反复调整测试,充分满足营销活动的数字化呈现需求,实现最佳的营销效果。

（二）不同功能区域营销活动设计

1. 展示区营销活动设计

（1）个性展销活动。参展企业根据观众对展品的偏好、购买意向提供个性化和富有创意的产品数字化展示，结合产品的特色卖点进行呈现，有针对性地引导消费。例如，某著名汽车品牌在数字展厅的展示区设置了个性化观展选项，主要针对观众提供有意向了解的车辆信息，如座驾、外观、功率、用途、能源类型、价格区间等。待观众选择后，通过视频、音效、动画、立体模型等全方位展示匹配车辆的详细信息、核心技术工艺、生产研发流程等，并提供与其他品牌同档次车型的对比信息，强化观众对产品的购买意愿，实现营销目的。

（2）优惠促销活动。企业在展示区可针对不同类型的客户设置优惠促销活动。一是普通观众，设计限时在线促销、电子优惠券发放、限时小程序抢购等营销活动，提高观众的参与积极性，带动展品交易；二是专业观众，设计实时订单折扣、会员专属优惠、产品组合订购优惠等营销活动，扩大展品的销售量，有助于企业锁定优质客户。此外，参展企业还可以采用联合促销方式，举办跨界联名的线上营销活动，既共享了双方的用户资源，又能扩大活动的覆盖面。例如，瑞幸咖啡和飞天茅台联名的酱香拿铁，在上市前每天发布一张悬念式海报，引爆网络话题并提升热度，上市当天通过第二杯折扣优惠、晒图发放红包等促销方式，刷新了瑞幸单品纪录，单品首日销量突破542万杯，单品首日销售额突破1亿元。

2. 体验区营销活动设计

（1）交互体验营销活动。交互体验营销活动打破了传统营销传播"告知"消费者的模式，通过文化娱乐资讯提供互动体验等方式让观众参与其中，信息接收与反馈同步双向沟通，改变了观众消费行为。参展企业设计交互体验营销活动有两个重点，一是交互体验设计，引导参观者在虚拟环境中观看展品的3D模型、高清图片、演示介绍视频等，通过触点交互，可自由旋转、放大、缩小展品模型，进一步了解展品细节，还能模拟体验产品，如模拟试穿、模拟试驾、模拟换妆等，促进观众与产品完全互动，快速形成认知。二是营销设计，观众与数字展品交互体验后产生的评论、反馈、点赞、传播等记录可以兑换成购物积分或电子代金券。既鼓励观众助推品牌的传播，同时又刺激了消费，提升展品销量。例如，丹麦制鞋公司ECCO设计了特别生动并带有交互体验的数字展示空间，使观众沉浸在从一张皮革变成一双鞋的制鞋艺术中，还可以交互体验虚拟缝制一双鞋，使观众对ECCO的品牌故事、工作方式和精湛的大师工艺有了深刻体会，从而提高了ECCO皮鞋的销售业绩。

（2）游戏互动营销活动。游戏互动营销活动是将品牌融入游戏场景中，通过有奖游戏提升用户的服务体验，让粉丝主动分享传播，强化企业品牌形象。企业在参展期间设计在线互动抢答、互动DIY、游戏闯关、有奖竞猜等年轻观众青睐的数字游戏，将品牌文化、产品信息软植入游戏中，增加观众在线观展的趣味性，也加深观众对品牌的了解。同时,参展企业可以把游戏互动产生的奖励或奖品等转化用于产品消费,如游戏金币兑换产品消费金额等。例如,国外某汽车品牌在数字展厅中设置一款DIY汽车涂鸦互动游戏,观众通过移动喷枪道具选择颜色,为数字汽车模型喷涂上色,创作出一幅趣味十足的DIY汽车涂鸦作品,再通过社交软件发布便可获得该品牌汽车的服务礼包。

3.活动区营销活动设计

(1)参展直播活动。企业在数字参展期间,运用品牌官开展参展直播活动,进行在线参展实况报道、展品功能特色介绍、虚拟展厅各区域的营销活动同步直播等,向观众展示企业的品牌实力、展品的竞争优势,实时与观众互动,吸引公众的关注。除了直播活动本身的广告效应,直播内容也可能产生新闻效应,有助于品牌传播,推动营销。例如,乳制品品牌"认养一头牛"举办"直播认养开启牧场新篇章"的线上活动,推出了新颖的认养模式,让消费者有机会拥有自己的牛并享受新鲜牛奶,通过直播形式展示牧场运营和牛奶的生产过程,提高消费者的信任度,此活动让认养一头牛的奶品销量迅速攀升。

(2)商演娱乐活动。商演娱乐活动借助演出、娱乐的形式,将产品与客户的情感建立联系,从而达到销售产品、建立客户忠诚度的目的。参展企业在数字参展的过程中,邀请数字明星艺人、网红虚拟人、虚拟偶像等,举办歌舞类、音乐类、戏剧类等多种娱乐形式的在线商业演出,给观众提供在线视听享受,以创新娱乐的方式满足大众娱乐心理,促进消费者积极参与、传播。通过在演出活动中植入品牌广告,企业将产品与艺术表演巧妙结合,吸引观众的眼球、激发观众的情感共鸣,让观众对产品产生好感,并激发购买欲望。

(3)官宣发布活动。在数字参展期间,企业通过精心策划的品牌发布会、重大消息官宣等活动,向外界展示其在产品研发、技术创新、团队建设等方面的强大实力,树立起专业、可靠的品牌形象,是传递品牌价值的重要途径。品牌发布会还是推出新产品的绝佳机会,有助于吸引潜在客户的关注,为市场推广营销打下坚实的基础。例如蜜雪冰城在春季推出"咖啡椰椰新品上市,唤醒困顿春日"的发布活动,通过点击切换GIF动图加展开的交互形式,模拟唤醒雪王,成功宣传新品咖啡椰椰,在整个春季销售火爆。

(4)竞价拍卖营销活动。参展企业把重点营销的展品、特色限量版产品,以及主推展品设计成数字收藏品,开展在线竞价拍卖活动,能快速把潜在顾客聚集在一起,形成一种竞争购物的气氛,强化观展客户的购买动机,同时客户实时在线竞价,能制造出高价销售产品的最佳时机,提升商品的价值。例如,张家界在虚拟空间"张家界星球",把电影《阿凡达》中"悬浮山"的原型乾坤柱这一虚拟山峰的命名权,以79888元成功拍卖。

4.品牌宣传区营销活动设计

讲解宣传活动。参展企业运用品牌官在数字展厅为观众提供讲解服务。通过精心设计制作视频、音频、文字等数字媒体内容,向观众呈现企业品牌的发展历程、品牌创始人的创业故事、品牌重大历史事件、团队风采等。数字讲解员通过真诚的态度和专业的知识,建立客户对品牌的信任度。讲解宣传活动作为一种有效的营销手段,提供与观众的在线交流,具有凸显品牌差异化、提高品牌观众认同感的优势。例如,河南省文化和旅游厅采用的数字人讲解员,来自河南的小妮儿"小豫"作为河南文化的宣讲师将河南历史悠久的文化娓娓道来,让游客更加深刻地体验河南文化,读懂河南,也有效地引发了游客对河南深厚历史文化和丰富旅游资源的兴趣,打响了河南旅游品牌。

数字参展营销活动的设计并非是一成不变的,企业可以根据实际情况,结合参展营销目标灵活调整活动设计,如开展商演营销活动期间可穿插抽奖活动,运用品牌官的产品销售员角色开展直播带货活动等。

📱 知识扩展

品牌营销 VS 数字营销

品牌营销和数字营销既有关联也有区别,下面通过定义、作用、营销目标、工作重点几个方面来对比两者之间的区别,详见图3-4。

品牌营销VS数字营销

对比	品牌营销	数字营销
定义	通过传统媒体塑造品牌形象和知名度的营销策略	使用数字渠道和工具进行营销的策略
作用	通过构建品牌认知度和消费者情感联系,提高品牌价值及影响力	实现精准定位和个性化营销,提高营销效率和效果、吸引潜在客户和促进销售
营销目标	和消费者建立信任,增强品牌忠诚度,加强情感绑定	注重通过互联网和数字化工具进行精准营销。从而增加网站流量、提升转化率和ROI
工作重点	✓ 品牌定位研究 ✓ 品牌故事创作 ✓ 产品包装设计 ✓ 广告宣传物料制作 ✓ 线下活动策划与执行 ✓ 销售策略制定与实施 ✓ 市场推广策略制定与实施	✓ 受众洞察与细分市场覆盖 ✓ 数字广告渠道选择与优化 ✓ 在线活动策划与执行 ✓ 新媒体内容创作与发布 ✓ 数据驱动的营销决策与调整 ✓ A/B测试与优化迭代

图3-4 品牌营销与数字营销对比图

从图3-4中可以看出品牌营销更加注重品牌定位、形象和口碑的塑造,热衷于通过传统渠道如电视广告、广告牌、杂志等进行宣传。数字营销则更注重数据分析和用户需求,通过互联网渠道精准触达目标受众。

品牌营销的核心是建立品牌形象和知名度,数字营销则关注用户行为和数据分析,通过个性化的营销策略提高转化率和用户粘性。此外,数字营销还注重与用户的实时互动,通过社交媒体等平台与用户建立联系,收集反馈和意见,以便及时调整产品和营销策略。

在当今的商业环境中,品牌营销和数字营销的结合已经成为一种趋势。数字营销通常可以更好地控制成本,企业通过实时数据分析快速调整策略,以提高投资回报率。品牌营销则需要更多的投入,包括长期的品牌建设、品牌活动、品牌传播等,投资回报更多体现在品牌价值的增长和持久性效果上,品牌营销的量化效果不易达成,但企业必须要重视和长期实施。随着企业经营时间不断拉长,二者的相互作用会越来越显著。

📱 任务实训

结合前置任务已完成的企业数字展厅各功能区域,完成数字参展营销活动的设计并完成表3-4的填写。

第一步:根据企业数字参展的主题,确定参展营销的目标。

第二步:结合目标受众的特点分析选择合适的营销方法,并设计营销方法的具体应用。

第三步:根据数字展厅各区域的功能特点,完成营销活动内容设计。

第四步:根据营销活动内容设计,完成数字化呈现效果的需求描述。

表3-4　任务评价表

评价内容	组间评价得分 (20%)	教师评价得分 (40%)	企业导师评价得分 (40%)
营销目标设定的合理性(20分)			
营销方法应用的适用程度(30分)			
营销活动设计的创意程度(30分)			
数字化呈现的可操作性(20分)			

任务五　数字参展整体运营

⚙ 任务剖析

任务:根据数字参展主题,结合企业品牌特点,针对用户、产品、活动、内容、新媒体五大运营,完成企业数字参展期间整体运营方案设计,以实现运营目标。

目标:掌握数字参展运营的类型和功能特点;能根据企业的参展运营目标完成数字参展整体运营方案;建立整体统筹规划思维,培养数字技术创新探索精神。

◎ 任务流程

一、数字参展整体运营概述

整体运营围绕企业的"战略、客户、商业模式、产品、组织架构、人力资源配置、流程与管理、内部控制"八大关键要素,通过横向的经营、管理、运营三大层面进行有效贯穿,依靠"战略、模式、组织、人事、流程、SOP(日常管理)"六大支撑体系,从战略制定、路径分解、战术执行、循环运作来实现系统化的持续循环运转,形成一套可拆分、可组合的运营体系,实现系统化的企业运作模式。随着整体运营模式的发展,其被广泛应用于实体店铺、电商网店、乡村建设、门户网站、大型项目等,覆盖多行业多领域。

数字参展整体运营是企业针对线上参展活动项目,于参展期间在虚拟空间、数字展厅内综合运用多种运营手段,统筹、策划、管理企业的数字参展活动。企业通过深入了解用户需求,运用不同的运营手段,如用户运营、产品运营、活动运营、内容运营和新媒体运营等,有机组合和协同作用,为观众提供个性化的服务、优质的展示内容、创新的虚拟活动。利用新媒体平台与用户互动,扩大数字参展活动的宣传推广,提升参展项目整体效益,实现企业的数字参展运营目标。

二、数字参展运营类型

(一)用户运营

用户运营的核心工作围绕"用户"这一关键词展开,是指以用户为中心,通过搭建用户体系,针对目标用户开发需求产品,策划符合用户特点的内容与活动,最终达到甚至超出用户预期,进而帮助企业实现运营目标。线上用户运营全流程需要持续关注用户需求的变化,不断优化调整策略,保持与用户的密切互动,才能实现持续的用户增长,完成运营目标。企业参展期间的用户运营要抓住以下几个重点。

(1)观展用户获取。数字参展企业获取观展用户可以借助三个渠道,一是借助公域平台进行用户引流,把企业的参展信息、产品信息等通过精美的内容、有趣的互动形式展现并吸引用户关注,引导用户完成观展注册。二是把参展产品与热点话题、社会趋势、用户关心的民生问题等形成链接,针对用户痛点制定解决方案,制作短视频、图文等多样化的内容,增加品牌的曝光率,提升用户对展品的兴趣。三是运用优惠券、抽奖、邀请码等活动形式,激励已注册观展的用户主动分享并邀请他人参与企业的数字参展活动,实现用户流量增长。

(2)观展用户留存。数字参展期间,企业将提供有价值的展示内容,包括产品使用教程、服务指南、行业内部信息等,来解决观展用户的实际需求,增加用户粘性。同时企业实施个性化内容的推送,根据观展用户的兴趣、行为习惯、消费偏好等数据,推送符合用户需求的周边信息,提供增值服务、差异化服务等,并引导观展用户参与展品话题互动,增加用户参与度,创造用户群体的社交感,通过建立观展社群达到留存用户的目的。

(3)观展用户转化。参展企业首先设置明确的用户转化目标,如参展期间的成交订单人次、服务订阅人数、营销活动参与人数等。其次企业为观展用户提供便捷的转化路径,如一键下单、快捷支付等,并利用展品的限时优惠、展品组合打包销售、附送赠品等手段,增强观展用户消费决策的动力。最后建立用户对品牌的信任度,通过观展用户的评价、产品使用经验分享等方式展示产品或服务的价值,利用消费的公信力提升用户转化率。

(4)成交用户唤回。参展企业运用个性化的用户营销手段,如定制化推荐、特定优惠、设置用户权限等,激发已成交的观展用户复购或再次产生使用的欲望。参展期间企业设计特殊的用户展销活动,如热销展品拼手速限时促销、直播间粉丝限时特惠等,并通过推送消息、弹窗等方式提醒粉丝用户参与。参展企业关注已成交用户的反馈意见,及时回应用户问题或投诉,保持良好的用户服务体验。

(5)用户口碑传播。参展企业鼓励观展用户参与UGC(用户生成内容),如观展体验评论、智能客服评分、展品交易晒单等,增加观展用户对参展品牌的口碑宣传。建立目标用户社群,如展品技术论坛、专业观众社交群组等,提供交流分享的平台,促进目标用户之间的互动传播。奖励观展用户的分享推荐,通过展品消费返利、消费积分等形式,激励观展用户为企业品牌、热销展品进行口碑宣传。

(二)产品运营

产品运营是连接产品和市场的桥梁,是通过各种运营手段和策略,重点突出参展产品的核心工艺、专利技术和优势功能特点。产品运营人员要通过监测观展用户的数据反馈,提出优化迭代建议,让参展产品的视觉呈现效果、触点交互体验有更好的表现,为参展企业创造市场价值。参展企业在产品运营上应关注以下几个方面。

(1)应用多种运营手段。参展产品的运营需要运用多种手段,如针对展品的活动策划、内容营销、社交媒体推广、用户使用反馈收集等,一方面提升参展产品的知名度,另一方面深入了解用户对参展产品的体验评价。例如,参展期间举办展品使用效果的线上挑战赛、展品相关技术知识的互动问答活动等,增加观展用户对展品的兴趣。

(2)整合内外部资源。参展产品运营需要协调内部资源,如产品、技术、设计团队等,确保运营策略与产品展销计划同步,并能快速响应参展期间的市场推广变化。参展企业还要整合外部资源,以实现参展产品的市场推广,推动品牌建设。例如,参展期间企业与知名博主合作,通过博主在网络平台和社交媒体的影响力推广参展产品。

(3)优化产品展示。参展产品运营需要根据市场反馈和用户数据,不断优化参展产品的展示路径、展示方式、展品互动咨询服务、展品触点交互效果等,提升观展用户体验。例如,基于观展用户使用数据,及时调整APP的界面布局,使其更加符合用户习惯。

(4)关注核心数据。参展产品运营需要关注并优化参展期间的数据,如观展用户增长数量、活跃度、留存率等关键指标。例如,通过分析观展用户的行为数据,找出提升观展用户留存的关键因素,并据此调整参展产品的运营策略。

(5)洞察观展用户。参展企业深入理解观展用户需求和行为模式,是产品运营的核心。通过观展用户调研、数据分析等手段,获取观展用户对展品的评价、反馈、建议等,以指导并调整参展产品运营策略。

(三)活动运营

活动运营围绕"活动"这一关键词展开,企业根据特定的目标,通过策划、设计、组织、执行各类增长推广活动,如在参展期间开展的促销抽奖活动、品牌宣传活动、产品体验活动等,以达到品牌推广、用户参与、业务增长的目的。参展企业需围绕以下三个方面做好活动运营。

(1)形成围观效应。活动运营的本质是制造话题并形成扩散,让尽可能多的受众接收到品牌或商家的信息。比起参与,围观效应更注重让更多观展者关注参展企业精心策划的活动。参展企业设计一场包含"话题引爆、内容扩散、活动执行"三个阶段的活动,先结合参展期间的热门话题,设计具备冲突感、反差感、击中情绪的话题引爆全网,再由具有影响力的名人、官方媒体、KOL等参与推动,使活动内容迅速扩散,吸引网友们的围观,保证参展活动的执行效果。

(2)聚焦参与价值。部分参展企业会用丰厚的奖励吸引观展用户参与活动,暂不考虑是否超出预算的问题,物质的满足始终有限。参展企业应着力让更多活动参与者获得满足感、价值感,对参展活动产生深刻记忆。比起外在的"报酬",参展企业在活动设置上应聚焦内在的"兴趣",参展活动只是提供"舞台",活动参与者才是真正的"表演者",让观展用户的参与行为本身即是回报,给观展用户带来情绪价值、自我实现价值,以激起更多受众参与活动。

(3)打造品牌烙印。做好活动运营,比"刷屏"更重要的是打上"正向的品牌烙印",如果参展活动只引来观展用户刷屏而没有打上品牌烙印,这将很难保持参展活动的热度。品牌烙印可以是具体的形象输出,比如将参展企业的品牌元素、参展活动信息融合并绑定某个熟悉的形象、某句话、某个日期等,也可以借助吸引眼球的参展活动向大众传递参展企业的精神形象,需要注意的是该精神形象必须是正向、积极的而非低俗的。

(四)内容运营

内容运营是站在用户的角度,以目标受众的需要,以客户心智为导向的运营方式,要求企业输出的内容对客户有价值或有趣,内容的形式可以是图片、文字、视频、音频、网络讲座等。参展企业开展内容运营要把握三大外部条件和五大内在要素。

1.三大外部条件

(1)情绪。传递情绪价值,寻找情感认同。情绪分为正面情绪及负面情绪,具有高传染性的特征,是内容运营的杠杆,也是参展企业文化输出、产品或服务介绍等内容素材创作的流量密码。例如,某果酒产品,针对精致中产的女性用户提供多种情绪场景内容,包括失恋伤心的宅家微醺、独居孤独的宅家微醺、工作压力释放的宅家微醺,以及与朋友一起快乐的微醺,这些内容旨在传达品牌"微醺乌托邦"的情绪价值,希望用户与品牌产生共鸣。

(2)标签。标签越是精准,传播效率越高。在人们普遍碎片化阅读的情况下,应当精简输出的内容,顺应眼球经济,利用标签、关键词来精准定位内容运营的目标人群。例如,主打客群为母婴群体的"鹿优鲜",是主营深海鱼食品的品牌,拳头产品是深海鳕鱼"小方鳕"。鹿优鲜之所以能在一众生鲜品牌中脱颖而出,源自对产品的内容输出,以"小方块鳕鱼、独立小包装、没皮没刺、随吃随取、安全方便、宝宝一顿吃完"等标签,精准定位宝妈群体,把产品的信息高效传达。

(3)角色。关键传播角色应具有话语权,具备领导力。参展企业在内容运营的过程中需关注自身产品或输出内容在市场推广中所经历的各类人群,通过理解分析目标受众,划分出对参展企业输出内容感兴趣的群体,使之成为内容运营的关键传播角色。

2.五大内在要素

(1)联系——写的是我,说的是你。点击率和转发率是内容运营的两条生命线,"与我有关"的内容更易被受众接受,继而主动传播。参展企业要从受众角度思考与之相关的内容,寻找"故事中叙述的主角"与"台下真正的主角"之间的重叠之处,在重叠之处将输出的内容与观众最关心的事物相联系。例如,支付宝推出的《十年账单日记》,通过描述一位大学生从毕业后十年间的人生变化,让用户产生"每一份账单,都是我的日记"的联系,最终实现支付宝"三亿人的账单算得清,十年知托付"的强大内容输出。

(2)压力——精彩的故事往往需要强大的对手。内容运营可以利用对抗模式争取受众心理上的认同感,通过一系列动作引发传播。对抗性造成的压力能帮助受众为内容产生代入感,营造口口相传的价值。压力对抗下产生的传播路径一般包括"参与内容、制造冲突、设置困难、产生情绪、引起动作"。例如,曾有幼儿教育类博主在社交媒体平台发布题为《遇到歧视要勇敢说不》的短视频内容,直击宝妈们的痛点,使之产生情绪焦虑和心理压力,博主再通过输出有价值的心理学知识、保护自身权益的正确做法等内容,收获了大批宝妈粉丝,也为博主的教育类课程、出版物取得了更好的运营效果。

(3)情结——每个人的心中都曾经有过英雄。古往今来最具传播力的都是故事,企业在内容运营时可迎合情结效应,组织包装品牌的专属故事,如创业者故事、技术创新突破故事、企业突出贡献者故事等。例如,《王者荣耀》曾推出《新年快递》微电影,多方面诠释了"每个人都是平凡英雄"的精神内核,可以看出《王者荣耀》在内容运营的情结运用上体现出了"深层次、多角度"的显著特点。

(4)落差——山坡越高,势能越大。某个热点话题的引爆,内容产生的落差感,往往比内容本身的真实性给公众认知上带来的刺激程度更大。面对落差,人们有着天然的传播欲,企业在组织内容题材时可运用落差为故事赋能。例如,一名旅游博主曾发过一篇"被一只白鲸骗走了四千块"的博文,这一标题引发了网友们的好奇心,四千的数字给足了用户想象的空间,其实短文的内容是讲述博主外出游玩时被可爱的白鲸吸引,第二天退房之际因为想要跟白鲸亲密接触所产生计划外的消费,并晒出了博主和白鲸的合照,游玩的快乐打动了不少网友。题目和正文的巨大反差吸引了广大用户的眼球,还在评论区燃起了一波热度,无疑也带动了打卡白鲸馆的旅游消费。

(5)发酵剂——因为争吵,所以不休。发酵剂能持续引发话题增长,其运用方式包括"制造悬念、保持争议、创建场景、设定细节"等。企业运用以上方式使输出的内容持续发酵,有助于企业输出的信息内容受到公众的广泛关注。例如,中国的汽车品牌在2023年经历了有史以来最硝烟弥漫的一年,有媒体发布了一篇名为《2023年中国车企到底吵了多少架?》的文章,历数了车企的各种"隔空掐架"。市场白热化的竞争加上车企高管越来越习惯直接在微博高调发表言论,使各大汽车品牌赢得曝光率,引来众多消费者关注,甚至因被针锋相对的辩论折服而爱上某个汽车品牌。而在"骂战"中最令人印象深刻的是比亚迪喊出的"在一起,才是中国汽车"的口号,随后多个国产汽车品牌也通过官方微博表达了支持和认同,这一话题持续发酵,多数网友和媒体对比亚迪这波"操作"表达了好感,称赞其"格局拉满"。

(五)新媒体运营

新媒体运营是运用现代互联网技术,在各大新媒体平台上策划和执行在线广告、社交媒体营销、品牌曝光推广、用户交流互动等活动,以提高品牌知名度、促进销售、增加粉丝或用户群体的方式。新媒体运营需要掌握各种数字营销工具和技术,了解目标受众的需求和行为,以及熟悉不同社交媒体平台及其算法的运作规则。以下是几个主流新媒体平台的特点,企业需根据不同的平台进行差异化运营。

(1)公众号。公众号在公域流量的影响力不如其他平台,文章打开率也逐渐降低,但由于微信具备的私域流量属性,使公众号的价值如同品牌官网一般无可替代。在移动互联网时代,伴随着大量的信息涌入,用户往往难以分辨信息的可靠程度,品牌公众号推送则成为用户了解品牌的重要方式。品牌粉丝通过关注品牌公众号能第一时间了解品牌新品、品牌活动等信息,配合视频号直播或社群活动等实现转化。平台可通过嫁接小程序、绑定链接等方式为用户提供便捷服务功能,提升用户体验感。公众号运营应侧重粉丝沉淀和品牌信息发布等相关的内容,使品牌方能及时有效触达用户。

(2)微博。人们对微博的印象总停留在"热搜"的各种八卦新闻事件上,似乎和品牌营销、企业项目运营关系不大。事实上,微博是个"事件搜索引擎",用户遇到问题可以找网友求助。特别是用户在使用品牌产品出现问题却找不到解决办法时,可以选择上微博投诉品牌方,或者通过后台反馈给品牌方表达不满,该类事件将有机会登上热搜榜,对品牌造成巨大的影响。因此,对于品牌方,微博更适合做事件营销、品牌公关及话题打造方面的运营,借助热点事件扩大品牌曝光率,通过公关营销、话题打造等塑造品牌的良好形象,及时消除负面影响。

(3)短视频平台。抖音、快手两大平台在用户层级上有差异,抖音用户以一、二线城市年轻用户居多,快手则更注重三、四线城市的下沉市场,但二者同为典型的算法平台,均拥有庞大的用户基数。只要品牌方产出的内容与平台用户标签匹配度较高,便能获得大量的曝光机会,这充分体现出短视频平台的价值。因此品牌方在运营短视频平台时,要拒绝硬性植入,应注意将品牌或产品服务与平台受众容易接受、感兴趣的事物或事件相结合,从而获得品牌曝光度。

(4)社交电商平台。该平台主要将社交互动和用户生成的内容应用于商品的购买和销售过程中。以小红书为例,小红书平台优势在于拥有高质量、高消费力的女性用户群体,被誉为"种草圣地"。由于移动互联网时代信息获取更为便利,消费者拥有了更多的选择,当消费者面临选择困难时,小红书平台就为用户提供了一个了解其他用户的使用体验、专业人士的产品评测以及KOL的意见参考平台。同时后台又会循环推送更多推荐信息。因此品牌针对小红书的运营策略应侧重输出与产品服务、品牌相关的内容,尤其是与竞品对比的相关内容,如当用户犹豫选A还是选B时,极其容易被品牌C吸引。

(5)知乎。知乎平台优势在于用户能想到的任何问题几乎都能在该平台找到答案,同时平台的长尾流量显著,几年前的内容依然能够获得不错的流量。对于用户不了解的新品牌、新产品和新服务,通过问答、文章等方式在知乎平台上展现是企业不错的选择。需要注意的是,在知乎平台上选择的问题需具体,回答的内容需专业详细,同时企业要配合百度SEO优化提升排名,才能获得品牌持久曝光度。

📱 赋能广角 ┈┈┈┈┈┈┈┈┈┈┈┈┈┈┈┈┈┈┈┈┈┈┈┈┈┈┈┈┈➤

小红书的运营思路

小红书是一个以内容社区和电商为核心的平台,下面是小红书运营的思路,非常值得学习和借鉴。

(1)用户导入和活跃度提升。通过合作、推广、引流等方式,吸引更多用户进入平台,并提供有吸引力的内容和功能,提高用户的活跃度和粘性。

(2)优质内容生产。建立一支专业的内容创作团队,提供优质、有价值的内容,包括文章、图片、视频等多种形式。

(3)用户互动和社群建设。鼓励用户进行互动和交流,例如点赞、评论、私信等。同时促进用户间的连接和社群建设,增加用户粘性。

(4)商业合作与精准营销。与品牌和商家建立合作关系,提供定向流量和精准广告投放服务。提供数据分析和用户画像,帮助商家满足用户需求。

(5)提供用户购物体验。与电商有紧密的结合,提供优质的购物平台和购物体验。向用户推荐购买平台和产品并分享心得体验,提供有价值的购物参考。

(6)数据分析与用户反馈。通过数据分析了解用户的需求和偏好,进而优化平台内容和功能。主动收集用户反馈和意见,持续改进和优化产品和服务。

三、数字参展整体运营设计

企业类型、参展品类、参展主题、数字展厅风格等因素都会影响企业数字参展运营方案的设计。整体运营方案是一份企业制定的运营计划,旨在实现业务目标,提高参展效率,实现参展效益。下面结合国内知名白酒品牌五粮液举办第二十六届"12·18超级粉丝节"的案例,介绍数字参展整体运营的设计方案需要把握的五个关键环节。

(1)明确整体运营的目标与指标。设计整体运营方案时,要对参展活动希望达到的结果进行明确具体的描述,制定整体运营目标时需要考虑参展活动的定位、受众群体、主题等因素,确保与企业整体战略和品牌形象相符,并制定合适的策略来实现运营目标。企业要确保运营指标的可量化,跟踪整体运营活动的进展情况。例如,五粮液第二十六届"12·18超级粉丝节"专门打造了"W星球"虚拟空间,开创了与消费者拉近距离的新形式,为五粮液构建了能够与广大消费者沟通互动并传播品牌形象的新渠道。粉丝节的整体运营目标是开拓年轻消费群体,重点培育年轻化的消费市场,因此设定了消费者的小程序注册人数、营销活动参与人数、粉丝用户增长量、活动期间产品成交量等为活动运营指标。

(2)分析市场与竞争对手。参展企业要对市场宏观环境、微观环境、竞争对手进行充分的分析研究,通过调查问卷、访谈等方式了解目标受众的需求和期望,以便在活动运营过程中提供符合目标受众兴趣的内容和体验,同时,这有助于运营人员了解竞争对手的运营策略、优势、弱点等,从而制定更好的差异化策略,及时调整竞争策略。随着美妆、时尚和汽车等领域纷纷运用Web3元素开展营销,五粮液看到了区块链赋能和数字技术的可扩展性,通过深入的市场分析,针对年轻消费群体热衷于网络消费、虚拟互动、沉浸式体验等行为习惯,推出融合了虚拟空间、虚拟人偶像和NFT的"W星球",这使其成为酒类品牌跃入这股新兴的Web3营销浪潮的标杆企业。

(3)制定明确的策略计划。整体运营方案要制定明确的数字参展运营策略,会展活动运营人员要整体性、统筹性地规划,设计用户运营、产品运营、活动运营、内容运营、新媒体运营的具体实施方案,使参展期间的运营手段相互协作形成合力,确保实施计划顺利执行,从而实现企业数字参展运营目标。五粮液在"W星球"虚拟空间里跨界联动虚拟数字人"苏小妹",打造网红打卡点;在数字酒博物馆,引导观众与各系列产品进行线上互动;推出数字新品发布会、品鉴会等系列活动,让活动运营形成了一个完美的闭环;通过精彩的内容设计与呈现,输出品牌理念与核心价值;通过小程序、百度、小红书、抖音等多媒体平台铺设宣传推广,成功整合了市场流行的媒体资源,实现了良好的新媒体运营效果。

(4)注重活动运营细节。运营人员要注重参展活动细节,如观众与展品的触点交互是否出现延时现象,互动问答环节的问题答案是否准确无误等,这些细节会影响观众的体验感从而影响运营效果。运营方案设计还需要考虑收集的相关运营数据的有效性与准确性,这有助于运营人员更好地做出调整应对决策。

(5)突出创新与差异化。在设计整体运营方案时,要注重突出运营活动的创新性,与竞争对手形成差异。参展活动的整体运营是否具有足够的吸引力是参展企业能否在市场上脱颖而出的关键。运营人员需要对整体运营方案的创新性、差异化做法进行可行性分析,才能更好地实现企业参展的整体运营目标。

知识扩展

如何在运营中进行创新

随着市场竞争的加剧,运营创新已成为企业持续发展的关键,以下是运营创新的核心内容。

(1)理解用户需求。首先要理解用户的需求,深入了解目标用户的需求和痛点,为他们提供更好的产品和服务,还要深入洞察用户,从而为创新提供方向。

(2)优化流程技术。通过优化流程和技术,企业可以提高效率和质量,如引入自动化系统提高生产效率,采用精益生产方法减少浪费并提高质量。

(3)持续改进创新。创新是一个持续的过程,企业应定期评估运营效果,并针对问题进行改进,不断优化产品和服务,提升用户体验、满意度和忠诚度。

(4)积极培养人才。人才是创新的基石,企业要重视人才的培养和发展,让员工不断学习和成长,给予员工足够的支持和奖励,激发创新热情。

任务实训

结合前置任务已完成的企业数字参展主题策划、数字展厅设计、品牌官设计以及营销活动设计,完成数字参展期间的整体运营方案和表3-5的填写。

第一步:根据企业数字参展的展品或服务,确定产品运营方案。

第二步:根据参展期间设计的营销活动,确定活动运营方案。

第三步:分析目标用户的需求和消费特征,确定用户运营方案。

第四步:针对目标用户的喜好、热点话题、消费趋势等,寻找与企业展品或服务的连接点,确定内容运营方案。

第五步:整合以上四步已确定的运营方案,选择合适的传播媒体,确定新媒体运营方案。

表3-5　任务评价表

评价内容	组间评价得分(20%)	教师评价得分(40%)	企业导师评价得分(40%)
产品运营的差异化体现(20分)			
活动运营的创新吸引程度(20分)			
用户运营的人群定位准确性(20分)			

续表

评价内容	组间评价得分（20%）	教师评价得分（40%）	企业导师评价得分（40%）
内容运营的价值输出效果（20分）			
新媒体运营的选择合理性（20分）			

●●● 项目总结

　　企业开展数字参展活动已成为潮流和趋势，成功的参展策划与运营对企业的参展活动效益和将来发展具有重要意义，可以助力企业扩大品牌影响力、拓展潜在客户、提高市场竞争力、节约成本，企业还可以通过数据分析和反馈校验数字参展活动的实施效果，为后续的参展活动奠定基础和积累经验。对于会展策划人员来说，能完成数字参展策划与运营是必须学习和掌握的技能。制定具有吸引力和独创性的数字参展主题，设计对用户友好且富有创意的数字展厅，设计个性独特且具有高辨识度的品牌形象，策划能聚众流量并推动参展业绩的营销活动，制定能提高参展效果实现商业目标的整体运营方案，均是企业数字参展活动的关键环节。策划与运营工作要求会展人具备文案写作基本功、良好的沟通协调能力、数据分析和理解能力，以及敏锐的市场触觉和创意思维，还需要会展人不断在市场实践中总结出各个领域的专属体系运作方法，才能确保每次数字参展活动的策划与运营高质量完成。

● 项目案例分析

　　数字化的会展活动受人们青睐的原因主要有以下几点。

　　（1）方便灵活。数字化的会展活动可以通过互联网在线进行，参展人员无需实际到场，只需通过电脑或移动设备即可参与。

　　（2）全球触达。数字化的会展活动可以突破地域限制，企业可以与全球各地的潜在客户和合作伙伴进行交流和展示。

　　（3）互动体验。数字化的会展活动可以提供更多的虚拟互动体验。

●●● 项目实训

　　根据任务一已选定的企业品牌，选择该企业合适的参展项目，如专业展、行业展等，完成一份企业的数字参展策划与运营方案并填写表3-6。

　　第一步：确定数字参展的主题和视觉呈现效果。

　　第二步：根据任务二已设计的品牌数字展厅，结合参展主题进行调整，确定参展期间的功能区域分布和动线设计。

　　第三步：确定品牌官IP形象和应用角色。

第四步：确定数字参展期间的系列营销活动。

第五步：完成企业数字参展整体运营方案。

项目自测

项目三

表3-6　项目实训评价表

评价内容	组间评价得分（20%）	教师评价得分（40%）	企业导师评价得分（40%）
参展主题与企业事件的适配度（20分）			
数字展厅设计功能协调性（20分）			
品牌官IP应用合理性（20分）			
营销活动设计创新性（20分）			
整体运营可执行性（20分）			

项目四
会议策划与运营

　　博鳌论坛、APEC会议、G20峰会等国际性会议促进了各国经济、文化交流及世界互联互通。企业利用新品发布会、巡回展示会、年会等各种形式展示企业品牌。3D技术、AR增强现实技术等可以多维度、立体化展示企业品牌,让观众全景感受品牌文化,了解企业产品。会议已经成为一个产业,并拥有巨大的吸附能力和发展的能量,正深刻地改变着一座城或者一个地区,推动当地经济的发展。本项目介绍会议策划与运营。项目对照国家技术标准、行业服务标准、会议运营管理师岗位技能要求,结合会展管理职业技能等级证书(1+X证书),梳理岗位的技能及知识要求。教学内容聚焦会议策划组织运营,结合数字化转型,培养学生通过策划会议活动,开展数字化营销及运营管理,展示企业文化和会议目的地城市魅力。

项目目标

- **知识目标**

  (1)了解会议活动的整体策划及其基本构成。

  (2)熟悉会议流程策划、组织接待及会议效果评估。

  (3)掌握会议场地的选择与布局设计,会议活动的数字推广营销和运营。

- **能力目标**

  (1)能识别会议服务对象并制定会议计划。

  (2)能根据会议对象、会议目的策划主题并选择设计会议场地。

- **素养目标**

  (1)树立学生在学习和工作中的目标感,形成目标意识。

  (2)塑造学生踏实肯干、刻苦耐劳的职业精神,以及高效卓越的执行力。

项目案例导入

　　2024年3月26日,来自60多个国家和地区近2000名代表汇聚博鳌亚洲论坛,交流思想、碰撞观点,凝聚起携手合作、共创未来的信心和力量。3月21日,博鳌亚洲论坛年会筹备工作新闻发布会在海口召开,会上介绍了本次论坛的筹备工作进展、分论坛主题和亮点等相关情况。

论坛年会以"亚洲与世界:共同的挑战,共同的责任"为主题,具有很强的现实意义,反映了国际社会团结合作迎挑战、开放包容促发展的共同心声。本次论坛成功举办,具有以下几个特色亮点。

(1)机制统筹。树立"大统筹""大接待""大礼宾"理念和"一盘棋"思想,建立了高效指挥体系和统筹机制,最大限度动员、调度全省各部门、各市县、各园区,做好资源对接和保障。建立了由省领导牵头的年会问题快速解决工作机制,通过省内联络员调度会、快速处置机制群、领导小组群(重大问题协调)三级机制,分级解决论坛筹备期间遇到的各类困难和问题。

(2)绿色零碳。坚持"绿色办会"思想,扎实推进博鳌东屿岛零碳示范区建设,实现示范区近零碳运行。同时,在绿色交通、绿色会务、绿色餐饮和绿色搭建等方面加大了力度,减少碳排放,科学计算年会减碳额,以实际行动落实习近平生态文明思想和国家"双碳"战略。

(3)简约大气。在场地布置等方面厉行节约,做到既庄重大气、清雅简约,又体现中国风格。在保障服务质量的同时,不因节俭而降低服务水准,反而更加注重精细化、全流程、全要素保障,做到在关口前移、内部培训、技能比赛、实战演练、细化流程上下功夫,比如,针对重要团组"一团一策",重要嘉宾"一对一"接待,其他嘉宾在交通、餐饮、住宿等方面提供个性化、便利化服务;又如,年会期间正式发布英文版《外籍人士在琼服务手册》,为参会外宾提供通讯、支付、免税购物等方面的服务资讯。总之,让八方来客落地海南、走出机场、入住酒店等各环节都能感受到海南的热情、周到、温馨。

思考:从会议策划组织实施的角度分析本次论坛的成功之处。

任务一　会议活动整体策划

◆ 任务剖析

任务:根据会议活动需要,制定会议整体计划,以达到开展会议活动的目的。

目标:了解会议的基本要素和预算要素;能根据会议活动的目标制定整个活动的计划及预算;培养大局意识及统筹规划的策划思想。

◆ 任务流程

"凡事预则立,不预则废",任何一个会议的举办都应该预先制定会议计划,以保障整个会议有章可循,目的明确地进行,最终完成整个会议任务。会议计划包括拟定会议的基本要素、成立会务工作机构、制定会议预算。

一、会议基本要素

会议的基本要素主要包括会议名称、会议主题、会议议题、会议时间、会议地点、与会人员。

（一）会议名称

会议名称可以反映会议的基本信息，一般来说可以由以下几个方面组成。会议主办机构、会议的主题、会议的类型、会议的时间或届次、会议的范围、会议的规模、参加对象等。例如："××年小米旗舰新品发布会"，其中"小米"是会议的主办机构，"旗舰新品"是会议的内容，"××年"是会议的时间，"发布会"则表明了会议的性质或者类型。又如"广东轻工职业技术大学第二十六次学生代表大会"，其中"广东轻工职业技术大学"是会议的主办机构，"第二十六次"是会议的届次，"学生代表"是会议的参加对象，"大会"则表明会议的类型。

会议名称必须用确切、规范的文字表达，它既用于会议的"会议通知"，使与会者心中有数，做好准备，又用于会议的宣传，能扩大会议的效果。大中型会议的会议名称做成横幅大标语，置于会议主场中的前方或后方，作为会议的标志，简称"会标"。会标必须用全称，不能随意省略，以免语意不通，引发误解。

（二）会议主题

凡是会议，必有主题。会议主题是会议活动的灵魂，不同类型的会议，其会议主题创设的内容不同。一般根据会议目的和期望达到的效果确定主题。通过市场调研和行业分析，了解当前热点话题和趋势，为选择主题提供参考。考虑参与者的背景和需求，选择能够引起他们兴趣和关注的主题。汇集团队各种想法和观点，寻找新颖有吸引力的主题。主题确定后，设计相应的会议内容、议程和活动，确保主题贯穿整个会议。策划和确定合适的会议主题，吸引参与者的关注，提升会议的效果和价值。

（三）会议议题

会议的议题根据会议目标来确定，主要是会议讨论或解决的具体问题，是会议活动的必备要素。通常，会议的议题必须体现出会议的目的和会议的主题。一次会议的议题应当安排适宜，确保与会人员能够充分讨论和发表意见，确保能够高效率地利用时间。会务人员安排每次会议的议题有以下技巧。

（1）一个主要议题和一两个小议题搭配安排。

（2）将同类性质的议题安排在同一次会议讨论中。

（3）适当准备一些备选议题，以便在会议进展顺利、时间充裕的情况下提供给会议进一步讨论。

（四）会议时间

会议时间包括会议的召开时间和会期两方面。选择恰当的时间集会，安排长短适宜的会议时间,对于提高整个会议的效率有重要的影响。因此,会议召开时间的选择、开会时间的长短是会议计划需要考虑的重要因素。

会议的召开时间指的是会议开始和结束的时间节点。通常需要考虑以下几个方面。

(1)是否适合会议组织人员完成全部准备工作。

(2)是否方便与会人员尤其是会议的核心人物参加出席。

(3)会议召开期间的自然因素。比如尽量避免在气候多变的季节和地区集会。

会期通常是指整个会议所需时间的长短。会议可短可长,少则几分钟、几十分钟,多则数小时、几天,甚至十几天。确定会期长短主要考虑以下要素,即议题的数量、议程的简繁、松紧适度。对于时间比较长的会期,应该适当安排间歇时间。

会议组织者应尽可能准确地预计会议需要的时间,在会议通知中写明,及时通知与会人员,便于与会人员有计划地安排自己的相关事宜。

(五)会议地点

会议地点是指会议召开的举办地,也可具体指举行会议活动的场所。为了使会议取得预期效果,应根据会议的性质和规模,综合考虑会场的大小、交通情况、服务水平、环境与设备等因素。而有些重要会议在选择会议地点时,还要考虑其政治影响或经济效果。

一般来说,选择专业的会场会省去许多麻烦,但是专业会场的租金也相对比较昂贵,主办方应该落实会议的场数,确定租用时间的长短,结合自己的会议预算,选择适合的会议地点。

(六)与会人员

与会人员主要指被邀请来参与会议整个过程的人员。与会人员的数量是决定会议规模的主要因素,一般来说,与会人员的人数越多,会议的规模也就越大。确定与会人员名单应考虑以下几方面问题。

(1)参会对象的范围。明确必须参加会议的单位或个人。

(2)参会对象的职务或级别。根据会议本身的规模和级别确定与会人员的职务或级别。如首脑级的会议只有国家领导人参与。

(3)参会对象的身份。参会身份有正式成员、列席成员、旁听成员、特邀成员四种。

(4)参会对象要有代表性。应邀的与会人员是否代表着某一部分人的意见,并维护他们的利益,这是会议能否真正发扬民主、集思广益的关键因素。

二、会议预算

会议所需资金的最低限额是多少?开会所需的各种资源是否已经齐备?这些都是会议专业人员在策划会议时需要重点思考的问题。为了确保会议实施,编制会议预算很有必要的。预算要考虑会议收入及支出,做好营收管理。预算是在会议的整个过程中对资金分配情况进行及时监控的依据,并在必要时对预算安排进行调整。一个制订完善的预算,能够帮助会议主办方实现对会议资源的有效管理。

(一)明确会议财务目标

在计划阶段开始时,会议专业人员应该清楚了解组织对会议财务目标的要求,并以此作为预算编制的起点。对会议的财务目标有三个基本维度的要求。

(1)利润(纯收入)目标,即收入超过花费的余额。

(2)收支平衡目标,即收入与花费持平。

(3)赤字(资助或者补贴)目标,即花费超过收入(提供资助以弥补缺口)。

协会的会议经常是以盈利为目的,要依托盈利来实现自己的使命。政府机关组织的一些会议经常要求达到收支平衡,这些机构常常并不准备对会议赤字提供补贴,但也不愿意让利益相关者认为会议以盈利为目的。产生赤字的典型会议包括协会会议、培训会议和董事会会议。虽然这些会议产生不了足以抵消会议费用的收入,但它们会被视为促进组织未来发展的必要投资。不论对会议的财务表现持有什么样的期待,会议专业人员都需要制订、实施好会议计划,努力实现会议的财务目标。

(二)预算要素

1.收入

会议收入指的是包括会议注册费、展览销售收入(部分专业会议会附带小型展览)、供应商交费、赞助费、广告费以及商品销售收入在内的总收益。规划会议收入部分时应当仔细识别确认会议可能发生的总费用,要努力确保会议总收入能够超过总费用。

(1)会议注册费,会议注册费的定义是参会者为参与会议支付的款项。款项的数目会依据参会等级和会员的类型而有所不同。当确定注册费数额时,必须进行理性审慎的研究,确保能收取到足够的收入,实现会议的财务目标。会议费用的折扣经常用作会议的促销手段,比如对较早注册参会的会员给予注册费优待。要制定有效的价格策略来刺激参会意愿,使会议各项分类注册费都能得到切实保证,实现会议收入的最大化。

(2)展览销售收入,展览销售收入因各个会议不同而有差异,如果这个会议活动本身就是以展览为主,那么展览收入就会占整个收入的绝大部分。

(3)供应商费用,在一些会议和活动中,供应商费用是会议收入的主要来源。供应商费用和展览销售的相似之处是对每个供应商的收费也取决于为其安排、分配的销售空间大小。经营空间越大,收费也就越高。在有些活动中,也会要求供应商按销售额的百分比向会议主办方缴纳费用。

(4)赞助,赞助就是赞助单位提供财务或者物质方面的支持,赞助者希望得到的交换物则是获得认可。如果项目本身吸引力强劲,能够吸引到合适的赞助商,那么赞助费收入就能成为会议收入的一大部分。在许多情况下,赞助费收入都是会议收入的主要来源。因此,会议的整体赞助方案设计必须体现出必要的价值和益处,以吸引潜在的赞助者。赞助的益处包括提高会议知名度、提高会议收入、提升组织形象、与潜在的顾客和消费者进行沟通。

(5)广告收入,会议的另一个收入来源是广告费。一个完善的市场营销战略能够对会议产生有力的促进作用,吸引更多的人参会。要对如何吸引相关的公司或者品牌商品进行策划,也要利用会议的宣传资料以及整个会议活动进行商业营销内容策划。会议的参会者越多,吸引的广告客户也就越多,广告费的收入也就会水涨船高。

(6)会议配套活动和会议商品销售收入,会议期间各项活动的票务销售,如筹款晚会、高尔夫锦标赛或者慈善活动等,通常是未得到充分开发的收入领域。另外会议相关的周边商品销售,如帽子、T恤或者印有赞助商LOGO的手袋都能进行销售,以获取额外的会议收益。

2.费用

在对会议收入进行预测之前,有必要对会议相关的费用支出进行一番描述。在准备编制预算时,有许多不同的费用类别需要考虑,主要是固定成本(FC)和变动成本(VC)。

(1)固定成本是指开展经营的日常支出,这些支出要提前投入,如雇员薪酬、保险费、租赁费、公用设施费等。固定成本一般不随参会者人数变化和会议收入变动而变动。例如,视听设备的租赁费、会议场所设施费用、宾馆内会议室费用、展厅的保安费用,这些都是固定成本。不管是50人出席会议还是100人出席会议,会议的视听设备成本都是一样的。同样,会场确定后,不管有多少参会者或者销售多少展览摊位,会议活动场所的租赁费也是不变的。与此类似,雇员的薪酬也与参会者的多少和其他会议因素没有关系,属于固定成本的范畴。

(2)变动成本是指那些会随着其他会议因素变化而变化的费用。变动成本是可控成本,而且能在短时间内随着参会者人数的增加或减少而变化。一般来说,食品和饮品、特殊供应品、过夜食宿服务以及其他消耗品都可视为变动成本。比如过夜食宿服务被视为一种消耗品,因为宾馆的房间在特定的时间段内只能为一个消费者所用。它不能在同一时间"卖给"两个消费者。作为一个消耗品,过夜食宿服务对会议主办者而言是变动成本,因为这部分归属于职员和VIP客人的成本,会随着占用房间的数量而变化。

3.净收入

净收入是总收入和总费用之间的差额。从预算的角度看,预期的净收入就是对会议预期成功程度的一个衡量。

(三)预算编制

在编制预算时,会议的目的和预期的净收入必须和关键的利益相关者表明。会议的财务目标可以是盈亏平衡、盈余和赤字。下面列出的是编制会议收入和费用预算的简化方法。

1. 费用预算

编制会议预算的第一步是确定会议的总费用。在此过程中,每一项必要的费用都要列在费用预算的合适类别之下,这样对费用项目的任何修改和调整都非常容易实现。在这个过程中,对费用的合理估计都需要以会议涉及的供应商提供的资料为依据。如果没有准确的成本数据,那么就要对相关的费用预算明细项目做出估测。会议专业人员可以运用前期举办该类会议的成本数据,再加上可能的通货膨胀率来进行估测。

2. 收入预算

对会议的收入情况进行预测时,一定要遵循几个关键的步骤,以实现会议的财务目标。

(1) 估测费用预算。

(2) 确定财务目标。

(3) 预测一个切实可行的数额。运用历史数据进行科学预估。为了做出切实可行的预测,一名会议专业人员需要考虑以下因素。一是来自以前会议和市场调研的信息输入。二是经济状况。三是其他类似会议可供参考的信息。四是参会者的收入水平和对会议的兴趣情况。五是组织的市场计划。

(4) 对收入来源设定一个切实可行的目标。收入预测应该考虑到符合下列条件的所有收入来源。一是以实现该项收入为目的的费用已经列入费用预算中。二是认为要实现该项预期收入,应该投入相应努力,且与组织的政策和目标相吻合。

(5) 计算会议注册费收入。会议专业人员在确定会议注册费时,应该考虑到以下因素。

① 经济状况,如参会者的参会意愿变化对注册费收入所产生的影响。

② 对类似会议注册费收入情况的调研。

③ 会期情况,如果会议时间超过一天,要允许参会者按实际参加天数交费。

④ 参会者不同身份类别带来的影响。如会员和非会员收费的差别,或对学生采取的收费优惠。

⑤ 需要拟定制度和规程,务必要求参会者严格按照注册申请参加相应的会议项目,不能参加未注册的会议项目。

⑥ 需要鼓励提前交注册交费。比如对各个类型的参会者分别设定早期注册、后期注册、现场注册三种不同的注册费标准。

⑦ 对同一组织有一人以上注册参会的给予隐形折扣。

为了保证会议收入,通过对以上所描述的参会者情况进行切实可行的预测,会议专业人员就能计算出各类参会者的分布情况,再结合事先确定的收费水平,就能计算出可能实现的会议收入。

📱 知识扩展

年会主题创意设计

办年会除了年会场地、年会流程、年会游戏、年会布景、年会节目、年会礼品之外,最重要的就是确认年会主题了。主题是整个年会的灵魂所在,决定了年会的筹办方向和形式。

(1)企业文化型。年会是公司企业文化的集中展示窗口,通过年会,可以让公司上下保持同一种精神思想和行为规范,以饱满的精神面向来年的挑战。用企业文化作为年会主题元素,是非常不错的选择。如"同心同行·共创未来""锐意革新·砺行致远""新跨越·新梦想"等。

(2)业务驱动型。公司发展最核心的还是产品或业务,这是公司的灵魂,将业务融入年会主题中,不仅表达了公司对自身产品和业务的信心和能力,更能让外界通过年会主题,清晰地了解公司是做什么的。如教育培训机构的主题可以是"开创K12新时代";某AI公司的年会主题可以是"无限可能,因AI而生"。

(3)员工关怀型。也有不少企业认为员工兢兢业业辛苦一年,年会上他们才应该是主角。年会的另一个作用就是感恩关怀员工,增加不同部门同事之间的感情,增进协作。而年会主题使用关怀员工的元素,无疑是最好的体现。年会主题可以为"精英齐聚·飞凌万里"或"载誉而归·再创辉煌"等。

(4)不忘初心型。不少企业的创始人往往心怀情怀,始终铭记着自己的初心,不断审视自身。一个公司的初心,代表着这个公司的使命感,不忘初心,方得始终。

(5)出彩谐音型。抛开以上这些严肃型主题,还可号召员工大开脑洞,如果公司名字中的一两个字,恰好可以和其他词结合形成一个不错的寓意,那么你将很轻松获得一个很出彩的年会主题。

(6)周年纪念型。如果年会和周年正好相近,或者有些企业想以周年纪念的方式命名年会主题,那么非常推荐年会策划者在主题命名时加入数字元素。比如"10不可挡""与我为伍"等。

(7)凝聚人心型。凝聚人心是几乎所有企业年会希望达到的目的之一,因此直接强调出来也是不错的策略。这类年会主题的关键词是"齐""聚""一起",热热闹闹,来年大干一场,非常振奋人心。如"载梦前行·感恩有你""携手同行·为梦奔跑"等。

(8)强调核心型。每个公司在每个阶段都有一个清晰的发展基调,比如万科年会的"活下去"等。统一的发展基调能让公司员工认识到自身的使命感,朝着统一目标奋进。年会的主题还可用一个简单的关键词,不仅看起来高级,而且让人印象深刻,比如阿里的"one"。

任务实训

会展达人俱乐部将举办本年度年会,假设你是会议的组织方,请制定好本次年会的工作计划,确保年会的筹备工作顺利开展并完成表4-1的填写。

第一步:掌握会议计划的基本内容,能够根据具体的会议,拟定会议的基本要素。

第二步:安排好会议的工作人员,制定好会议的预算。

表4-1　任务评价表

评价内容	组间评价得分 (20%)	教师评价得分 (40%)	企业导师评价得分 (40%)
会议基本要素是否准确 (50分)			
会议预算是否合理(50分)			

任务二　会议场地选择与布局设计

任务剖析

任务:根据会议活动需要,选择匹配的会议场所并进行局部设计,以便达到会议活动的效果。

目标:了解会议场地的基本类型及影响会场选择的因素;能根据会议活动选择会议场所,设计布局;培养学生统筹全局及开展创意活动的思维。

任务流程

一、选择会场

(一) 会场类型

会议场所的范围既包括会展中心、会议中心、酒店等传统场地,也包括游轮、艺术画廊和电影院等非传统会议场所。会议专业人员要仔细调查运输提供商的能力和运输的方便程度,场地的可使用性以及参会人员的参会便利性。

1. 会展中心

会展中心是一种多功能设施,可用于举办会议、展览以及其他大型活动。其功能空间广阔多样,能同时适应多种节目、展会和活动的需要。绝大多数设施的接待能力由场地可用面积、已完成和待完成的可用空间类型、可投入服务的房间以及设施来定义。这样的设施还应具备宽敞的大堂空间,以便用于登记、接待、展览、开放空间会议和其他活动。会展中心一般举办国家、地区等大型的会议、展览和活动,它们周边有很多酒店、餐馆和对参会者有吸引力的景点。会展中心内不含客房,但它可以由其关联酒店提供食宿服务,它主要为会议专业人员提供内部服务和专属服务,包括餐饮、视听设备、技术、产品、安全和其他供给事务。

2.会议中心

会议中心和非专门的培训会议场地之间最显著的差异表现在会议设施设计和配套服务方面。会议中心在空间设计上致力于最大限度地减少干扰,提高会议的成效。许多会议中心提供全面的会议服务套餐,这是一种针对每人每天的需求而设计的专属套餐,包括客房、饮食、茶歇、技术、会议空间、服务费等。

3.会展酒店

会议和活动也可以在会展酒店举行。这些酒店位于会展中心附近或与之相连,一般可以接洽整个会议活动。一家提供全面服务的会展酒店能用于召开全员会议、教育拓展、小型会议和展览,能提供数以百计的客房和弹性空间。另外,大多数酒店还有专属的供应商提供餐饮、视听设备、商务中心和其他便利设施服务(送洗服务、客房服务、健身区、SPA、温泉等)。这类酒店通常位于市区,面向商务和休闲两个市场提供服务,但它们往往收费高,而且可能面临停车难的问题。

4.度假酒店

度假酒店通常远离大城市的喧嚣,坐落于僻静的地区。度假酒店有许多客房或套房、会议空间和其他必要的服务项目。值得注意的是,这种类型的酒店提供的都是高档的娱乐设施,如高尔夫、网球、温泉、滑雪和健身服务。会议专业人员要仔细斟酌方案,留出足够的时间供参会者享受度假胜景及娱乐设施。此外,大多数度假酒店需要预留从机场到酒店的额外换乘时间,并且这种酒店往往是最昂贵的。

5.非传统场地

(1)游轮,游轮被认为是陆上会议举办地的一个主要竞争对手,因为会议专业人员也会考虑在船上开会。大多数新船添加了会议设施并缩短行程来开拓市场。选择游轮作为会议举办地的主要优势在于其全项目包含在内的预付套餐价格。游轮套餐包括住宿、餐饮、娱乐、会议空间和许多吸引人的设施。此外,带配偶或家庭成员的参会者可能会有额外的需求,如儿童节目、娱乐活动、儿童保育服务以及独特的就餐要求等。

(2)其他景点,如博物馆、动物园、艺术画廊、娱乐公园、餐馆、公共图书馆,经常有大面积区域或剧院空间,以及可用于各种会议和活动的小房间。这种场馆一般情况下会提供标准的会议服务和活动套餐。会议专业人员可以在非高峰时段或淡季进行洽谈达成划算的交易。这些备选方案可能对参会者有较大吸引力,但也会给会议专业人员带来不同的挑战。如果场地同时也对公众开放,那么噪声和其他干扰可能会影响会议的成功举办。

（3）大学校园。大学校园对举办会议和教育活动是一个非常棒的环境，这种气氛有助于鼓励参会者学习和调动更高的参与度。一些大学校园中有提供全方位服务的会议中心设施，而有的大学只有教室和最低限度的辅助服务。许多大学在结课期间或有闲置空间时会对外出租场地。这种场地选择有其局限性，如缺乏多样化的餐饮服务、无法重新调配房间，以及停车位和房舍有限等。服务的范围和成本也会因为大学位置和服务菜单相差悬殊。

（二）会场选择影响因素

选择与会议相匹配的会场，对整个会议组织有重要的意义。好的会场能营造出恰当的氛围，有利于推进会议进程，帮助实现会议效果，反之，则可能阻碍会议的进程，给会议的组织者带来许多意想不到的麻烦，也会给参会者造成诸多的不便。因此，选择会场需要考虑的关键因素包括场地的可得性、日期和季节因素以及参会者的喜好，会议组织者需认真仔细地对会议地点进行考察，综合考虑并决定会议最终的举办地点。影响会场选择有以下因素。

1.会场的规模大小和内部构成

会场规模大小是首要考虑的因素，现实中必须根据参会人数来大致确定会场的规模，然后进行初步的筛选，避免出现会场不够容纳所有参会人员，造成拥挤、混乱的情况。另外再进一步考虑会场的结构，如果大会设有分开进行的小会，如讨论会等，则应该选择配备有若干小会议室的会场。

2.会场的规格

一般而言，接待规格高、影响重大的会议都十分注重考察会场本身的规格。考察会场规格的高低主要看会场的装潢设计、设施设备档次以及会场服务水平等。这些因素综合决定了整个会场的格调，体现出了整个会场的规格。比如人民大会堂，它是一个高规格的会场，通常只有参与人数多、政治社会影响比较大的会议才选择在这里举办。一些会议虽然人数多，但是会议本身的规格还达不到使用这样的场地，如果使用了那么就是超规格使用场地，会造成资源浪费。相反，如果一个会议本身的规格高，但是会场规格不够，那么同样会影响会议效果，引发参会者不满。

3.会场的外部交通条件

选择会址时，还应该考虑参会者到会的交通是否便利。尽量避免山区、高寒地区和酷热地区集会，这会增加参会者到会的难度。选择公共交通比较发达的会址，能方便参会者参会，确保会议顺利召开。

4.会场的专业性

专业性会场能省去许多场地布置上的麻烦，但要注意的是专业会场基本都是按时间长短付费使用的，租金也比较昂贵。会务人员需要提前落实整个会议的场数安排，明确租用会场的个数和具体使用时间,确保有足够的使用场地和时间来使整个会议顺利完成。

二、会场布局设计

会场布局设计是一项有明确意图的会务工作。主要在于创设与会议主题、性质相适应的会场氛围,从而有利于会议目的的实现。会场布置要根据会议的规模、性质和需要来确定。不同的会场布置形式体现不同的意义、气氛和效果,以适配不同的会议需要。

(一)会场风格设计原则

不同性质的会议要求有不同的会场设计形式。设计会场时应该注意会场色调要协调,与会议类型和主题相适应,会场座位排列要合理,与参会人员的基本情况相适应。通用原则概括如下。

(1)党的代表大会要求朴素大方。

(2)人民代表大会要求庄严隆重。

(3)庆祝大会、表彰大会要求喜庆热烈。

(4)追悼会要求庄重肃穆。

(5)座谈会要求和谐融洽。

(6)纪念性会议要求隆重典雅。

(7)日常工作会议会场要求简单实用。

(二)主席台的布置

主席台是会场的中心,众人瞩目,是整个会场布置工作中的重点之一。主席台的设置与否,取决于会议的大小和隆重的程度。大中型会议的会场一般都应设置主席台,以体现会场的气氛,也有利于会议主持者主持会议。大型会议的主席台一般设在舞台上,和参会人员成面对面的形式。中型会议的主席台设在舞台上下均可。如设在舞台下,要离参会人员近点,并且稍微垫高一点。

1. 主席台座次安排

主席台座次的安排是按照参加会议的领导人的职务高低来安排落实的,这既是一件技术性工作,有时也是一个严肃的政治工作。要想做好这项工作,会务组人员首先要请领导人确定主席台上就座人员的准确名单,然后严格按名单安排座次。重大会议的主席台座次排列名单一般由秘书部门负责人亲自安排,并送有关领导审定。若领导人对座次安排有专门要求的则应按领导的意见办。

(1)国内会议主席台座次排列,其通常的做法是身份最高的领导人(有时也可以是声望较高的来宾)就座于主席台前排中央,其他领导人则按先左后右(以主席台的朝向为准)、一左一右的顺序排列,即名单上第二位领导人坐在第一位领导人(居中)的左侧,第三位领导人则坐在右侧,其余类推。如主席台上就座的人数为偶数,则以主席台中间为基点,第一位领导人坐在基点左侧,第二位领导人坐在基点的右侧,第三位领导人坐在第一位领导人的右侧。如图4-1所示。

⑤ ③ ① ② ④　　　⑥ ④ ② ① ③ ⑤

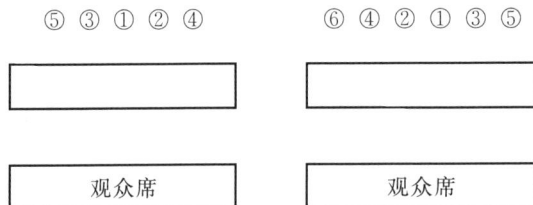

图4-1　主席台座次排列

（2）国际性会议主席台的座次排列,一般为主办方身份最高的出席者居中,其他来宾按身份高低一右一左、先右后左向两边排开。这一点与国内会议先左后右的排列方法正好相反。

（3）主席台多排座位的排列,主席台的座位布置可以选择的形式较少,一般都采取横式。

根据主席台上就座的人数多少来确定主席台的长短和排数。可以是一排,也可以是多排。除前排必须通栏外,后排有时也可以分成两栏,中间留出过道。主席台上每排桌椅之间要空开适当的距离,以方便领导人入席与退席。因此有通栏式和分栏式两种布置,如图4-2所示。

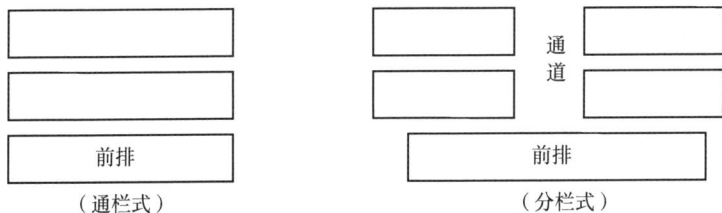

图4-2　主席台多排座位排列

2. 讲台

设置专门的讲台有助于突出报告人的地位,显示报告的重要性,也体现出会议气氛的庄严和隆重。因此,重要的代表大会、报告会等均需设置专门的讲台。一般情况下,讲台只设一个,可设在中央,也可设在右侧(以主席台的朝向为准)。设在中央的讲台,其位置应低于主席台,以免报告人挡住主席台上领导人的视线。较大的会场也可在主席台的两侧设置讲台,以方便代表上台发言。一些特殊的会议,如辩论会、联合记者招待会等可不设主席台,只设两个讲台。

3. 揭幕架

会议活动如穿插揭幕仪式,如揭碑、揭牌、揭像等,可在主席台的左侧设揭幕架,与讲台对称。揭幕架上事先放置好所要揭幕的碑、牌、像等,并在上面用合适的丝绒布罩住。

4. 其他布置

主席台前幕的上沿或者天幕上可悬挂醒目的会标。主席台的后幕正中间可悬挂会徽。主席台下或者周围适当摆放绿色植物或鲜花做装饰点缀。主席台的天幕与台布颜色、装饰以及花卉的选择要与会议主题气氛相吻合。

（三）会场整体布局设计

会场整体布置要根据会议的规模、性质来确定。不同的会场布置体现不同的意义、气氛和效果，以适用不同的会议主题。根据参会人员座次安排，整体上有以下四种布置。

1. 相对式

这种会场布置形式的主要特点就是主席台和代表席采取上下面对面的形式，既突出了主席台的地位，也使整个会场气氛显得比较严肃和庄重。但这种座位形式容易给在主席台上的发言者造成一种心理压力，如果事先准备不充分或者现场发挥不好，又或缺乏控制会议的经验和能力，就会造成会场秩序的混乱。相对式主要包括课堂式和礼堂式两种。

（1）课堂式排座也叫课桌式排座或教室式排座，有主席台或讲台，可以最大限度地利用场地空间。此种布置形式在会议室面积和观众人数的安排布置上有一定的灵活性。这种排座很常见，可以增加整个会场的肃穆性，便于参会者将注意力集中到主席台，有利于提高会议主持者和发言人的号召力以及会议的效率。一般参会者有会议桌，便于书写、记录及摆放相关资料和茶具等。课堂式的布置适合专业学术性机构举办的会议。如图4-3和图4-4所示。

图4-3 课堂式排座（1）

图4-4 课堂式排座（2）

（2）礼堂式布局也叫剧院式布局。礼堂式的会场布置一般会面向会场前方摆放一排排座椅，中间留有较宽的通道。这种布置场面开阔，较有气势，适合召开大中型的报告会、总结表彰会、代表大会等不用记太多笔记的大会、论坛等会议类型，但其座位一般是固定的，因而无法作适当的调整。如图4-5和图4-6所示。

图 4-5　礼堂式布局(1)　　　　　　　　图 4-6　礼堂式布局(2)

2.全围式

全围式会场布置形式的主要特征是不设专门的主席台,会议的领导和主持人同其他参会者围坐在一起。这种布置形式的优点是容易形成融洽与合作的气氛,体现平等和相互尊重的精神,有助于参会者之间相互熟悉、了解和不拘形式的发言,使参会者畅所欲言,充分交流思想、沟通情况,同时也便于会议主持者细致观察每位参会者的表情,及时准确地把握参会者的心理状态,从而保证会议取得成果。全围式格局适用于召开小型和特小型会议以及座谈性、协商性等类型的会议,可容纳人数较少。有口字形、口字形附加、多边形、圆桌形四种。如图 4-7、图 4-8、图 4-9 和图 4-10 所示。

图 4-7　口字形　　　　　　　　　　　　图 4-8　口字形附加

图 4-9　多边形　　　　　　　　　　　　图 4-10　圆桌形

3.半围式

半围式布局又叫U字形布局,这种布置形式介于相对式和全围式之间,即在主席台的正面和两侧安排代表席,形成半围的形状,既突出了主席台的地位,又增加了融洽的气氛。相对于同一面积的会议室,这种布置形式容纳人数最少,适用于小型的讨论、展示会议。这种台型在国际会议中应用较多。如图4-11和图4-12所示。

图4-11 半围式布局(1) 图4-12 半围式布局(2)

4.分散式

这种会场布置的形式就是将会场分成若干个中心,每个中心设一张桌席,参会者根据一定的规则安排就座,其中领导人和会议主席就座的桌席称作"主桌"。这种座位格局既在一定程度上突出主桌的地位和作用,同时又给参会者提供了多个谈话、交流的中心,使会议气氛更为轻松、和谐。这种布置适合召开规模较大的联欢会、茶话会、团拜会等。当然,这种会场座位格局要求会议主持人具有较强的组织和控制会议的能力。如图4-13和图4-14所示。

图4-13 分散式布局(1) 图4-14 分散式布局(2)

赋能广角

创意会场布置

创意会场布置是具有灵巧性的,不仅仅只有剧院式、课桌式这样的传统布置方式,还应该根据会议人数、会议主题等有计划地设计,以下四个不同设置的会场都各具特点。

1.眉毛形式

这种布置将两排椅子按月牙形相对而设,每排各放置5把。在场参会者以前从没见过这种布置,但却能感受到一种亲近感,非常适合敏感话题的交流、辩论或讨论。这种以参会者为中心的座位安排方便所有人员参会。值得注意的是,这种布置可能会给穿裙子的女性带来走光的隐忧。

2.咖啡馆式

咖啡馆式的布置配上几轮小型的鸡尾酒,每轮都在主讲人和大屏周围摆放三个座位。这种形式适合各种类型的培训和思考讨论活动。编排的初衷是为参会人数不多的情况进行设计的。在这种会议室内,最好的交流方式通常是每桌至少3人,尤以4人为最佳。

3.休息厅式

休息厅式布置不利于集体讨论,但有利于舒缓情绪,适合一般性的讨论活动。这种安排非常适合以专家为中心的单向演讲方式。

4.播客式

这种布置有两张类似课桌的桌子相对而设,在每张桌子一边摆放3张椅子,并在每排尾端都各摆放一张。这种设置一般将3张课桌以投影屏幕为中心呈半圆形摆放,每边可坐3人,能够让会议主持人走进U形会场两边的开阔区域与参会者交流。尽管坐在尾端的人必须移动座位以正视中央的主讲人,但这种会场布置对小型会议来说仍是不二之选。

环境布置即对会场的装饰性布置,通常是指使用旗帜、花卉、灯饰、工艺品陈设等,一般多用于一些对会议现场气氛有特别要求的会议,如一些庆祝会、表彰会、联欢会、纪念会等。会场的装饰是指根据会议的内容,选择适当的背景色调,摆放、悬挂突出会议主题的装点物。会场的装饰要讲求艺术性。

1.主席台的装饰

设有主席台的会场,主席台是装饰的重点。因为主席台是整个会场的中心。一般应在主席台上方悬挂红色的会标(亦称横幅),会标上用美术字标明会议的名称。主席台背景处(亦称天幕)可悬挂会徽或红旗以及其他艺术装饰品,主席台上或四周可摆放花卉。

2.会场背景的装饰

会场背景的装饰除了主席台的装饰之外,主要指会场四周和会场的门口,这些地方可悬挂横幅标语、宣传画、广告、彩色气球等,还可摆放鲜花等装饰物,一些礼节性的会见,可多摆些鲜花,同时还可在会客室四周墙壁上悬挂几幅名人字画及有特色的工艺品作为点缀,这样更能增添会场典雅的气氛。

3.色调的选择

色调在这里主要是指会场内色彩的搭配,应当选择与会议内容相协调的色调,这样可以给参会者的感官带来一定的刺激,在其心理上产生积极的影响。可以通过对主席台、天幕、台布、场内桌椅及其装饰物色彩的调节来烘托整体的色调。

色彩的冷暖与明暗——红、橙、黄等色为明色和暖色;青、紫、蓝等色为暗色和冷色;绿、黑、白、银、灰等色为中性色。

色彩的远近与轻重——红、橙、黄等色让人觉得近而重;青、紫、绿等色让人觉得远而轻。

色彩的兴奋与沉静——暖色有兴奋之感;冷色有沉静之感。

色彩的宽广与狭隘——明色给人以宽广的感觉;暗色给人以狭隘的感觉。

一般来讲,红色、粉色、黄色、橙色等色调比较亮丽明快,可以表现出热烈、辉煌的气氛,使人感到兴奋,因此比较适合于庆典性会议。而天蓝、绿、米黄等色调庄重、典雅,则比较适合于严肃的工作会议。

4.花卉的布置

花卉的布置对人的情绪也会产生一定的影响。在世界上许多国家都有花语,比如铁树、棕榈代表庄严;万年青、君子兰表示友谊长存,万事如意;菊花表示高洁;月季、玫瑰表示喜庆;牡丹表示富贵等。根据会议内容,恰当地配置花卉可以使人心情愉快。根据不同的花卉所表示的不同感情色彩来装饰不同的会议场景。一般性会议选择月季、扶桑等花卉,可以使人心情愉快,气氛轻松;比较庄重的会议,最好摆放君子兰、棕榈、万年青等,可以使人情感镇静,不易冲动。花卉的选择也可根据会议种类的不同而定。

日常工作会议由于开会时间较长,且又是处理本部门的重大问题,参会者头脑一直处于一种紧张的状态,容易疲劳,因此在会场中可以将四周布置成冷色或中性色,摆放棕榈、苏铁等绿色花卉,以减轻参会者的疲劳感,使他们的情绪较长时间内处于冷静状态。另外,绿色植物还能净化空气。座谈会等一般性质的会议,可以布置成柔和、轻松的色调,可摆放月季、扶桑等观赏性花卉或米兰、白玉兰、茉莉等赏香型花卉,以增加团结和谐的气氛。庆祝大会的会场,可利用暖色调布置得醒目、鲜亮些,渲染出热烈喜庆的气氛。

5.会场的气味效应

会场的气味对参会者的情绪和会议效率具有特殊的作用。实验表明,会场之内淡淡的清香可以使人的心情变得舒畅,加快头脑反应速度;反之,如果会场内有其他异味弥漫,则会使人心情变得烦躁,产生焦虑情绪,急于离开会场。改善会场气味环境的方法有两种,一是在会议室里放置有清香气味的鲜花,如米兰、茉莉、月季和兰花等;二是在会议室提前喷洒少量具有清香气味的空气清新剂,以柠檬和薰衣草香型为佳,但不可过于浓郁。

📱✐ 知识扩展

企业常见会议的类型与作用

1.经理例会与特别会议

经理例会是指由本企业的部门经理参加,研究经营管理中重大事项的办公会议。这类是例行的会议,通常每月一次或每周一次,参会者和会议地点都相对固定。经理特别会议是在企业的外部环境或内部运转机制面临重要问题,急需领导集体研究,立即拿出解决方案时召开的会议。这类会议的主要任务就是研究和解决问题,做出相应的对策。

2. 部门员工例会

部门员工例会是某一部门定期召开,由本部门全体员工参加的会议。如生产部门例会、销售部门例会等。一般起到通报情况、交流信息、解决问题、融洽感情的作用。

3. 股东会

股东会是企业必不可少的一个组织机构,也是企业会议类型的一种。有法定大会、年度大会、临时大会三种。法定大会是公开招股的股份公司,从它开始营业之日算起,一般规定在最短不少于一个月,最长不超过三个月的时期内举行一次公司全体股东大会,会议主要任务是审查公司董事在开会之前14天向公司各股东提出的法定报告,其目的在于能让所有股东了解和掌握公司的全部概况以及进行的重要业务是否具有牢固的基础。股东大会年会一般每年召开一次,通常是在每一会计年度终结的6个月内召开。由于股东定期大会的召开大多由法律强制执行,所以世界各国一般不对该会议的召集条件做出具体规定。年度大会内容包括选举董事、变更公司章程、宣布股息、讨论增加或者减少公司资本、审查董事会提出的营业报告等。股东大会临时会议通常是由于发生了涉及公司及股东利益的重大事项,无法等到股东大会年会召开而临时召集的股东会议。

4. 董事会

董事会依照法律规定必须由公司设置,由股东推选的董事组成,是法定的常设经营决策和业务执行机关。董事会会议依照《公司法》规定适时召开,一般每年度至少召开两次,如果有1/3以上的董事提议召开董事会会议,则应及时召开。为了保证会议的成功,应当在董事会会议召开10日以前通知全体董事。董事会召开临时会议,可以另定召集董事的通知方式和通知期限。

5. 公司年会

公司年会用于各部门报告一年来的工作业绩,确定下一年的工作计划。公司年会一般年终举行,不仅总结表彰,还可能开展一系列庆祝表演活动。

6. 客户咨询会

客户咨询会主要是邀请企业的客户代表、合作单位代表参加,听取客户对企业经营管理方面的意见、建议,对客户提出的问题集中给予解答。这类会议的参会者来自五湖四海,其规模比较大,工作量及难度也比较大,要求较高。

7. 产品展销订货会

产品展销订货会是用固定或巡回的方式公开展出工农业产品、手工业制品、艺术作品、图书,以及各种重要实物、标本、模型等,供群众参观、欣赏的一种临时性组织会议。这类会议是企业经营中经常使用的一种有效手段,一般由销售部门负责人操办。

8.业务洽谈会

业务洽谈会是企业经营中的一项重要活动,是企业提高经济效益的关键。企业领导常常亲临此类会议。

9.新产品新闻发布会

新产品新闻发布会主要是用于企业研制出新产品并准备将其推入市场时的一种宣传形式。我国对新闻发布会有严格的申报审批程序,企业召开新闻发布会需向当地新闻出版的主管部门申报。企业为了避免繁琐的程序,一般将发布会更名为"××信息发布会"或"××媒体沟通会"等形式。

(资料来源:王瑞成,成海涛.会议组织与活动策划[M].武汉:华中科技大学出版社,2011.)

📱 任务实训

请为会展达人俱乐部的年度年会选择适合的场地,做好场地的布局设计并完成表4-2的填写。

第一步:能够根据年会的目标及预算,选择并确定会议场地。

第二步:根据年会活动内容需要,对确定的会议场地进行局部设计。

表4-2　任务评价表

评价内容	组间评价得分（20%）	教师评价得分（40%）	企业导师评价得分（40%）
会场类型是否匹配(20分)			
会场选择影响因素是否考虑充分(40分)			
会场布局设计是否合理(40分)			

任务三　会议流程策划

⚙ 任务剖析

任务:根据会议活动目的,策划会议的议程、日程、程序,以便达到会议活动的预期效果。

目标:了解会议活动的议程、日程和程序的差别;能根据会议活动策划会议的议程、日程、程序;培养学生严谨的组织策划思维。

◉ 任务流程

一、会议议程

会议议程是指根据会议议题对会议内容所作出的具体安排。它反映议题的主次、轻重、先后,起着维持会议秩序的作用。会议议程是整个会议活动顺序的总体安排,不包括会议期间的仪式性、辅助性活动,其特点是概括、简明,一旦确定,不得任意改动,凡有2项以上议题的会议,都应当事先制定议程。

会议议程撰写时要求做到用语简洁、条理清晰。简单的会议议程只需将会议的步骤逐一分条列出即可,详细的会议议程应包括各种程序(讲话、审议、选举、表决等),且应逐日(按时刻)精心编排,更要考虑议题的内在联系、主次、先后排列次序。会议议程一般由主办单位的领导机构来确定,包括预定议事程序、执行方法以及时间分配等。

(一) 会议议程的拟写格式

标题:××会议议程

一、会议时间

二、会议地点

三、会议议程

(1)开始时间—时间1——参会人员签到入席

(2)时间1—时间2——议程一

(3)时间2—时间3——议程二

(4)时间3—时间4——茶歇

(5)时间4—时间5——议程三

(6)时间5—时间6——议程四

(7)时间6—时间7——会议总结

四、参会人员

五、有关要求

(1)参会人员要事先安排好工作,务必准时参加,如无特殊原因不得请假。

(2)鉴于会议的重要性,需携带笔和笔记本做记录。

(二) 拟写会议议程注意事项

(1)议程如未经大会审议,应在标题后面或者下方居中处,用圆括号注明"草案"二字。议程如已获大会审议通过,则去掉"草案"二字,在标题下方注明该议程通过的日期、会议名称,并用圆括号括入。无须大会通过的议程,可注明会议的起止日期。

(2)议程正文应该用序号简明扼要地分列每项议题的先后顺序,每句句末一般不用标点。

（3）一般议程最后需要有落款，即标明制定机构的名称，但由会议通过的议程不用写落款。

（4）无须大会审议通过的议程需标明制定的具体日期。

（5）尽量将议程内容中同类性质的问题集中排列在一起。保密性较强的议题，一般放在后面，这样有利于安排无关人员退场及有关人员到场（可参考表4-3某届国际研讨会开幕式议程）。

表4-3 某届国际研讨会开幕式议程

1	时间	9:00—10:00
2	地点	武汉大学经济与管理学院学术报告厅
3	主持人	王××教授，武汉大学经济与管理学院×院长
4	议程安排	9:00—9:05 介绍，会议开始 9:05—9:15 会议主席×教授致开幕辞 9:15—9:25 湖北省领导讲话 9:25—9:35 武汉大学×校长讲话 9:35—9:45 武汉大学经济与管理学院党委×讲话 9:45—9:55 华中科技大学教授×院士致辞 9:55—10:00 宣读贺信 10:00—10:30 会议合影及茶歇

二、制定会议日程

会议日程是以"天"为单位，对会议议程的各项内容做出具体的时间安排，一般采用表格形式，所以也称之为"会议日程表"。会议日程不仅围绕会议议题的全部活动，还包括会议过程中其他的辅助活动，如聚餐、参观、考察、娱乐等。日程表明会议发展的进程，同时也是对完成各项议程所需时间的预测和必要的限制，以提高会议的效率。会议日程是会议组织者对会议实施组织以及参会者了解会议情况的重要依据，主要作用包括：一是保证会议议程的顺利实施；二是方便参会者熟悉会议内容；三是有助于提高会议效率。日程表中的各项安排不轻易调整或拖延。

会议日程通常分为表格式和日期式两种。

（1）表格式日程安排一般以上午、下午、晚上为单元，也可标明中午和傍晚的时间安排。每个单位时间内可再分段，以适应不同议题或活动的需要。表格内容一般要写清楚会议活动的起止时间、名称、主要内容、主持人（或召集人）、参加对象、活动地点、活动要求（备注）等项目（见图4-15）。

时间		内容	主持人	参加人员	地点
1月21日	上午 8:30 — 9:20	大会预备会 1.听取大会筹备工作情况报告 2.通过大会议程 3.通过大会主席团名单	×××	党委委员、工会主席、组织人事处长、各代表团团长	弘商楼三楼会议室（1）
	上午 9:30 — 11:30	第一次全体会议(开幕式) 1.宣布大会开幕,奏唱国歌 2.×××院长致开幕词 3.×××书记作学院 2014 年度党政工作报告 4.学院纪委 2014 年度工作报告(书面) 5.学院 2014 年度财务工作报告(书面) 6.学院 2014 年度党费收缴使用管理情况报告(书面) 7.七届四次教代会提案办理及三届二次党代会和七届五次教代会提案征集情况报告(书面)	×××	会议代表、特邀人员、列席人员	学院学术报告厅
	下午 1:30 — 3:30	各代表团会议 1.讨论并审议学院 2014 年度工作报告 2.讨论并审议学院纪委 2014 年度工作报告 3.讨论并审议学院 2014 年度财务工作报告 4.审议学院 2014 年度党费收缴使用管理情况报告 5.讨论《×××学院教职工医疗改革实施办法(试行)》 6.讨论《中共×××学院党员代表大会年会制实施细则》 7.讨论《中共××学院党员代表增选和补选工作实施细则》	各代表团团长	各代表团代表	各代表团讨论地点
	下午 3:30— 4:30	代表团团长会议 1.听取各代表团讨论情况汇报 2.审议会议决议(草案)	×××	各代表团团长	弘商楼三楼会议室（1）
	下午 4:40— 5:00	第二次全体会议(闭幕式) 1.通过大会决议 2.×××院长致闭幕词 3.奏唱国际歌,宣布大会闭幕	×××	会议代表、特邀人员、列席人员	学院学术报告厅

图 4-15　表格式会议日程表

（2）日期式日程安排,即按会议日期的先后顺序排列会议的各项内容,每项议程名称前标明序号或起止时间(见图 4-16)。

"全国职工基本职业素质培训"座谈会 会议日程安排表		
8月22日(星期六)		
时间	地点	内容
22日全天	酒店前台	会议代表报到,入住
7:30—8:30	酒店二楼宴会厅	早餐(自助)
12:00—13:30	酒店二楼宴会厅	午餐(桌餐)
17:50—19:30	酒店二楼宴会厅	晚餐(自助)
8月23日(星期日)		
时间	地点	内容
7:00—8:00	酒店二楼宴会厅	早餐(自助)
8:20—11:00	一号楼五楼 第七会议室	1. 主持人介绍会议的议题、议程 2. 领导讲话 3. 负责人介绍"全国职工基本职业素质培训"项目基本情况 4. "全国职工基本职业素质培训"运营中心主任介绍全国职工基本职业素质培训推广实施方案,交与会各方研究讨论 5. 各方代表对方案进行研讨 6. 主持人总结发言
11:00—11:10	酒店门口	与会代表合影
11:10—12:00	房间	休息
12:00—13:30	酒店二楼宴会厅	午餐:×××欢迎午餐
13:30—17:50		与会人员自由安排
17:50—19:30	酒店二楼宴会厅	晚餐:×××欢迎晚宴
8月24日(星期一)		
时间	地点	内容
7:00—8:00	酒店二楼宴会厅	早餐(自助)
8:00—12:00	酒店大堂集合, 8:00准时出发	文化考察活动:游览漓江
12:00—13:30		午餐:旅行社就近安排

图 4-16　日期式会议日程表

三、制定会议程序

会议程序是指一次会议的内容按照先后顺序依次安排下来的操作流程。会议程序可以让参会者了解每次会议活动的具体内容及时间顺序,同时也是会议主持人掌握会议的操作依据。颁奖、选举、揭牌等会议活动,一般只需制定会议程序。

某公司年终表彰大会程序

一、主持人宣布公司表彰大会正式开始

二、主持人介绍出席会议的领导及重要嘉宾

三、公司总经理张××宣读表彰决定及获奖名单

四、获奖个人及单位上台领奖,领导颁奖

五、获奖代表发言

六、公司董事长李××做大会总结发言

七、宣布会议结束

会议议程是整个会议活动顺序的总体安排,不包括会议期间的辅助活动。会议日程是将各项会议活动,包括辅助活动,落实到单位时间,凡会期满一天的会议都应当制定会议日程,以便参会者和会议工作人员了解会议的具体进程。会议程序则是一次会议活动的详细顺序和步骤,是会议议程的具体化和明细化的展现,可供会议主持人直接操作。规模较大、活动较多、会期较长的会议,往往会同时制定会议的议程、日程和程序,以适应不同需要。会期较短、议题较少并且较为灵活的会议只需制定一份会议议程即可。

📱 **知识扩展**

西方国家的会议议程

西方国家组织会议的议程包括下列各项中的几项或全部内容。

标题:会议名称加"议程"二字。

正文:时间、内容、责任者(讲话人、主持人等)、会址、方式、注意事项等。

会议议程顺序一般如下:

(1)宣布议程;

(2)宣读并通过上次会议的备忘录;

(3)财务主管报告;

(4)其他报告;

(5)复议旧的议题;

(6)讨论新的议题;

(7)有关人事任命;

（8）提名并选举新的负责人；

（9）通知有关事项；

（10）宣布休会。

对于正式的会议,秘书可以先查看档案记载的以前的会议议程,并按领导或法律顾问提示的顺序进行。

美国某公司董事会会议议程

时间：××××年9月2日   上午10：00—12：00

地点：董事会总部   宾夕法尼亚州豪尔街4号

人员：全体董事

内容：

董事长主持

1. 宣布议程10：00

2. 点名(各董事应声答到)10：00

3. 宣布10：05

（1）法定人数(有变化)

（2）来宾(介绍并致欢迎词)

4. 会议记录(宣读上次会议记录,10：10读完或修改后,动议通过)

10：15

5. 负责人报告10：15

（1）财务主管报告(动议通过)

（2）副董事长(关于设立海外办事处的报告)

6. 委员会报告10：30

（1）新的项目委员会(关于劳工部研究的报告)

（2）公共关系委员会(关于电视采访的报告)

7. 旧的事务10：45

公司人员的重组(过去情况的回顾与目前的选择)

8. 新的事务

董事的特别工作组(讨论并推荐董事会代表)

9. 通告

（1）例会安排(宣布9月份董事会会议计划)

（2）资源周(宣布资源周活动计划)

10. 休会(请求动议,休会)正午12：00

（资料来源：葛红岩.会议组织和服务[M].北京：人民出版社,2012.）

📱 **任务实训** ┄┄┄┄┄┄┄┄┄┄┄┄┄┄┄┄┄┄┄┄┄┄┄┄┄┄┄┄┄┄┄┄┄►

第十届中国NLP实用心理学大会暨企业家峰会于3月13—15日在广州举行,参会对象有企业家、管理者、热爱心理学的各界人士,人数有780位。此次峰会邀请了七位国内外著名实用心理学导师,分别应用催眠、九型人格、NLP、萨提亚和教练技术等专业技术,与大家分享如何与人连接的秘密,并帮我们打通连接人心的"任督二脉",让每一个人在企业、婚姻和亲子教育等方面更得心应手,润泽一生!

大会主题包括以下几个方面。

主题一:连接下一代:你传承什么给你的孩子

主讲:×××(香港卓越父母国际研究院)

主题二:梦:来自潜意识的声音

主讲:××

主题三:人性中的水元素

主讲:××(马来西亚)

主题四:穿越过去,连接未来

主讲:××(中国香港)

主题五:连接人的九个渠道

主讲:××(中国香港)

主题六:升级人生软件

主讲:××

主题七:催眠:连接自己

主讲:××(中国台湾)

请你根据会议的情况选择举行会议的地点及参观考察的对象,并制定此次活动的日程,全班讨论日程的可行性。完成表4-3的填写。

第一步:分析各个会议活动的时间,结合会期合理安排各项活动的日程分布。

第二步:根据会议活动需要,联系和安排好会议的参观考察活动,并制定日程表。

表4-3 任务评价表

评价内容	组间评价得分 (20%)	教师评价得分 (40%)	企业导师评价得分 (40%)
会议日程设计合理性(40分)			
会议日程安排是否清晰(40分)			
会议日程内容是否丰富(20分)			

任务四 会议接待与组织

任务剖析

任务:根据会议活动安排,做好会议的接待与组织计划,确保会议能顺利开展。

目标:了解会议活动的接站、报到与签到;能根据会议活动需要开展餐饮、住宿、娱乐等配套服务;培养学生全面、周到、细致的服务意识。

任务流程

一、会议接站

接站是跨地区、全国性和国际性会议活动接待工作的第一道环节。对于开会代表,会议的组织部门要做到来要接、走要送,及时做好报到工作。在与会者集中抵达期间,可以在机场、车站安排专人等候,设立接待站。会议活动的接站同一般接待活动的接站在许多方面具有共同之处,但由于会议活动的接待对象人多面广,因此要特别注意以下几点。

(一)确定迎接规格

重要领导或外宾前来参加会议,要事先确定迎接的规格,主办方应当派有一定身份的人士前往机场、车站、码头迎接。

(二)做好接站准备

负责接站工作的人员要通过汇总回执、报名表以及打电话等渠道,尽快充分掌握需接站的与会人员信息,包括人数、姓名、性别、年龄、职务、级别等,要弄清楚他们所乘飞机、火车、汽车或轮船等交通工具的班次、抵达日期和具体时间,提前安排接待人员和车辆,安全、准时接站。

(三)竖立接待标志

与会者集中抵达时,在接站处以及接待交通工具上要有醒目的接待标志。可用指示牌或横幅,上面要标明"×××会议接待处"的字样,以便与会者辨识。接站现场较大、人员较杂时还要准备好手提式扩音机。特定情况下,接站人员可以手举欢迎标志,上书"欢迎×××先生(女士)"。

(四)掌握抵达情况

随时掌握并统计抵达的与会者名单和人数,要特别留意较晚抵达的与会者,避免漏接。

(五)介绍宾主双方

与会者到达时,迎接人员应迎上前去做自我介绍,并主动与其握手以示欢迎。如果领导亲自前去迎接重要的与会者,且双方是初次见面,可由接待人员或翻译人员进行介绍。通常先向来宾介绍主办方欢迎人员中身份最高者,然后再介绍来宾。主客双方身份最高者相互介绍后,再按先主后客的顺序介绍双方其他人员。这种介绍有时也可以由主方身份最高者出面。介绍时要注意以下几点。

（1）被介绍人的姓名、职务、职称、头衔要说得十分准确、清楚，这要求接待人员事先掌握迎接人员的基本情况。

（2）为他人介绍时，要注意讲究介绍顺序。应该本着"让尊者优先了解对方情况"的原则来定。一般来说，先把男性介绍给女性，把年轻人介绍给老年人，把社会地位低者介绍给社会地位高者，把主人介绍给客人，把和自己关系密切的一方介绍给另一方。在公务活动中，是以职位的高低来决定介绍顺序的，而不考虑性别和年龄。一人与多人见面时，要先把一人介绍给大家，但是如果来者身份地位很高，应该先把其他人介绍给他。

（3）介绍时要有礼貌地用手掌示意，而不是用手指指来指去。

二、会议报到与签到

（一）会议报到

会议报到是针对需要集中住宿的大中型会议而言，与会者从自己的工作单位或住地到达指定的开会地点时所办理的登记注册手续。报到是会议秘书部门掌握与会人员准确到会情况并实施组织的重要一环。

有些会议还要求与会人员接到开会通知后，需先报名以便会务组为其做必要的准备工作，如制发证件、准备文件、排列座次、安排食宿和交通工具等。报名用电话、在线链接、电子邮件均可。报名只说明与会人员准备参加或可以参加会议，但可能还会因临时紧急公务或突发性事件而不能参加会议，所以还需要依靠履行报到手续来确认参会人数。报到的过程同时也是组织会议的过程。一般来说，重要的大中型会议既要求报名，也需要报到，普通的会议只需要报到。

（二）会议签到

会议签到是为了及时了解应该到会的人是否都已到齐，并准确地统计出到会的实际人数。会期较长、具体活动较多、内容较重要、需要集中接待的会议活动，与会者除了办理报到手续外，还要在每一场会议活动的签到簿上签名，表明其参加了这一次会议。尤其是各级党代会和人代会，签到可以确切掌握出席人数是否达到法定人数，这对于表决和选举结果是否有效将是至关重要的。与会者的亲笔签名是第一手签到记录，是其参加会议活动的书面证明，可为日后的查考提供历史凭据。在一些法定性会议上，签到还是一种法律行为。

1.簿式签到

与会者进入会场前，在会议秘书人员事先准备好的签到簿上签名，以示到会。有的还要同时写上自己所在单位、职务、通信地址、联系电话等项。签到簿应装帧精美、宜于保存。亲自签名还具有纪念意义，常常用于邀请性会议。会议活动规模较大、与会者较多并且集中到达时，可采取分头、分册签到的方法，以避免签到时拥挤，影响会议活动按时进行。签到簿的封面或扉页上应当写明会议活动的名称、时间和地点,以便将来查考。

2.表式签到

表式签到即采用格式规范的表格签到。规模较大、参加人数较多的会议活动,要多准备一些签到表,采取分头签到的方法,会议结束后,再装订成册。特别要避免用白纸或普通信笺签到,这样既不方便统计人数、检查缺席情况,也不利于将来查考。

3.手机号码签到

会前主办方使用注册报名系统收集参会嘉宾信息,或者将参会嘉宾数据导入会务后台系统中。现场嘉宾出示手机号码后4位,便可完成签到。这种签到设置简单,操作方便,省时省力。适用于小型会议、分论坛签到、接机签到。

4.二维码签到

随着信息技术的发展,基于移动设备的二维码签到开始代替传统纸面签到。参会者用手机微信等工具扫描会议主办方提供的二维码,关注公众平台以后发送指定关键词"签到"完成签到。这种签到方式速度快、参会人员体验好、可以实时查看和管理签到数据,且用户签到的同时会关注公众平台,会给公众号带来指定行业的用户或者意向客户,而且可以要求用户填写相关信息,便于信息统计。参会人员自主扫码完成签到,适用于开放性活动,能够解放大量服务人力。

5.RFID签到

射频识别技术即RFID(Radio Frequency Identification),又称无线射频识别技术,这是一种通信技术,可通过无线电讯号识别特定目标并读写相关数据。基于RFID的智能开放式会议签到系统,分为主动签到和自动签到。主动签到是参会嘉宾持有一张参会证(内含RFID芯片),通过近距离非接触式刷卡完成签到,系统画面会显示相应的信息,后台系统会进行信息统计。自动签到是通过让参会代表每人佩戴一张无线胸卡(RFID标签),无论参会代表通过哪个会议入口进入,当人员佩戴无线胸卡通过通道时,无需主动刷卡即可实现自动签到,无卡人员通过时及时报警,从而实现参会人员自动签到、人员信息自动显示、签到信息统计等功能。该方式常适用于大型会议,具有快速、准确、简便的优点,缺点是需要租赁或购买签到仪器设备,成本较高。

(三)报到与签到的联系与区别

1.报到与签到的联系

报到与签到都是指与会者到达会场时应办理的手续。会期较短的会议,一般只办理签到手续;会期较长,并且需要集中接待的会议,与会者不仅要签到,还要办理报到手续。

2.报到与签到的区别

报到是指与会者到达会议地点时办理的登记注册手续,但不表示每一项活动或会议都保证参加;签到则是与会者在每一项会议或活动的签到簿上签字,表示出席了此次会议或活动。

三、会议引导

引导是指会议期间会务工作人员为与会者指引会场、座位、展区、餐厅、住宿的房间以及指示与会者问询的路线、方向和具体的位置。引导虽然看似是小事,但却能给与会者提供许多方便,使他们感到亲切,也有利于会场内外正常秩序的建立。引导工作贯穿于整个会议期间,每一位会务工作人员都应当履行为与会者引导的义务。但在大型或重要会议的报到以及进入会场期间应当派专人负责引导,这类专职引导人员常常称被为礼仪人员。

负责引导的礼仪人员要统一着装,熟悉会场的布局以及各种配套设施的情况。大型会议活动的礼仪人员还要了解本地的交通、旅游、购物等情况,以备与会者随时咨询。国际性会议的礼仪人员还要掌握外语会话能力。

日常的小型会议,与会人员一般都有自己的习惯座位。但多数会议需要与会者按照会前安排好的座位或区域就座。应在出席证或签到证上注明座号,在每个会议桌上摆置名签,并同时印制"座次表"发给与会人员。与会者第一次入场时,会务人员应做必要的引导,以便与会人员找到座次,保证会议顺利进行。

四、会议餐饮服务

餐饮服务是会议服务中不可或缺的组成部分。会议与餐饮的结合常被称为宴会。就餐形式的合理安排有利于促进整个会议的顺利进行,有利于达到会议目标。会议期间的每一次宴会都为与会者提供了互相交流和认识的机会,所以会议餐饮就成为会议期间与会者交往不可缺少的活动。

(一) 会议餐饮服务的种类

会议进行过程中的餐饮服务主要有以下几种。

1.会议一般用餐

有其他单位人员参加的、时间在一天或一天以上的会议,一般要安排会议用餐。会议用餐的伙食标准和收费标准应按照有关规定执行。会议秘书部门应将会议就餐人数及时告知行政后勤部门。事先安排用餐的场所和就餐方式。

如果是会中的休息午餐,午餐地点应安排在会场附近,可以让与会者有时间往返会场。餐饮最好中西餐结合,可以是自助餐,也可以是工作餐,以满足不同人员的需求。要安排好每桌的人员,以免发生混乱。

如果是会议结束后的晚餐,应安排在与会者驻地附近,晚餐可较午餐丰盛一些,让与会者有充分的时间去享用食物。晚餐也要遵循午餐中所要注意的事项。

除此之外,如果会议时间在两天以上,还要注意安排早餐。早餐应注重营养,形式较中餐、晚餐可简单一些,通常采取配餐或自助餐的形式。

2.会议特殊用餐

会议特殊用餐是指除会议统一配餐之外,另需特别做出安排的用餐。通常是指符合少数民族饮食习惯的用餐和个别与会人员因身体原因而特别要求的用餐,属会议的特殊服务项目之一。接待与会者前,组织者应及早了解与会者的饮食习惯、宗教信仰、特殊要求(如清真、素食、软食、忌食、病号餐等),注意与会者的饮食禁忌,事先安排好部分特殊用餐者的食谱。

(二)会议餐饮服务的要求

与会者在一起要开3—5天甚至更长时间的会议,如果每天都采用同一种餐饮形式肯定会使与会者厌烦、抱怨。作为会议组织者,应考虑适当变换与会者的就餐方式。一般在一个会议期间要根据会议活动和营养的需要灵活安排正式宴会、自助餐、风味小吃等就餐方式,对非正式宴会也可采用套餐、分餐制或火锅等形式,以增强餐饮对与会者的吸引力。

餐饮服务的注意事项如下。

(1)为了有针对性地准备食物以及配备服务人员,避免出现备餐不足或过多等情况,会议组织者必须提前告知每次餐饮服务中就餐人数并予以签单担保,如果届时与会者没有按计划数到场进餐,餐厅有权要求会议组织者为他们付费(提前的时间可以从24小时到1周不等)。

(2)由于与会人员众多,餐饮服务人员很难准确辨认每一位与会者,且与会者在用餐问题上有一定的变动性,会议组织者可以通过发放餐券来控制就餐人数。而小型会议中的餐饮服务,只要让与会者彼此结伴或出示会议胸卡即可,不必使用餐券。

(3)餐饮服务是相当复杂的,会议组织者要给餐厅提供详细的特殊餐饮要求清单,餐厅服务人员必须在烹调方式、餐厅安排、服务顺序等方面依据要求仔细安排。

(4)因会议和活动导致不能按时吃饭或因患病需吃病号饭的人员,应给予特别的餐饮照顾。

(5)食品与餐具卫生要有严格的检测制度与保障措施,严防食物中毒。

(6)采用自助餐形式时,服务人员要确保食品及饮料的持续供应,做到及时添加点心、菜肴和饮料,保证有足够数量的餐具。服务人员要仔细观察客人的饮食偏好,便于菜单的调整与修改。一般情况下,每25—30位客人配备1名服务人员,管理酒水的服务员1人可负责40—45位客人。

📱 赋能广角 - ▶

学术会议的用餐管理

中国工程院国际工程科技发展战略高端论坛暨第六届材料基因工程高层论坛于2023年11月25—27日在杭州青山湖科技城(万豪酒店)举办。此次学术会议由广州回形针咨询有限公司承办。万豪酒店餐厅能提供的餐位约500个,其中西餐厅220个、韩餐厅120个、中餐厅180个,共520个。为了满足大会用餐需求,经组委会商定,在万豪酒店北边重新搭建临时用餐点,可同时容纳500人用餐。VIP、报告人、老师用餐安排在万豪酒店餐厅,其他参会人员安排在临时用餐点,距离万豪酒店步行约3分钟,餐食统一由万豪酒店配送。同时,通过餐饮管理确保整个会议的用餐服务到位。餐饮管理包括以下两个方面。

一、餐食管理

整个会议活动用餐形式包括茶歇、自助餐、工作餐。不同时间段用餐,设计餐券时用颜色区分,同时需有明确的用餐地点、时间、用餐形式等信息以便参会者快速找到用餐区域。沿途摆放前往餐厅的指示牌,以及在拐角处安排志愿者指引。

茶歇管理。开幕式的茶歇安排在会议室门口,方便嘉宾取用。在会议开始前,安排宴会的人员在茶歇区提醒,确保大会顺利召开。整个会议过程要确保茶歇区热饮的供应。分会场茶歇因会场布置不同,可统一安排在公共区域。

自助餐管理。工作人员提前前往用餐场地进行检查,包括沿路的指示系统、用餐区内餐桌的摆放、餐具的数量、食品卫生安全等。在嘉宾用餐期间,工作人员在餐台跟进用餐,维持取餐区的秩序以及提醒酒店及时补餐,确保整个用餐环节有序进行。

晚宴管理。晚宴管理包括提前落实管理和当天用餐管理。提前落实包括提前确认菜谱、安排试吃、严格落实食品及食品原材料控制;提前落实好贵宾用餐位置及接待的人员;提前落实好酒店少数民族用餐情况;提前落实人数,订好快餐方便工作人员轮流分批用餐。当天用餐管理包括餐桌的摆放形式、餐具的数量和摆放形式、酒水的摆放形式;把握最终上菜时间、上菜速度,保证菜品质量;现场酒水供给补充,餐桌垃圾及时清理;严格落实食物留样管理,确保留样品种、留样量、留样时间、留样温度等符合食物留样的有关要求,并实施专人专柜登记及管理;晚宴现场流程安排,包括气氛渲染,灯光音响控制,提前准备音乐和麦克风等。

二、现场服务管理

(1)提前2小时到达餐厅检查相关工作,如台型、台布、鲜花、酒杯、酒水等。用餐开始前30分钟,工作人员到达沿途指定位置,为客人做指引。

(2)在门口安排指定的工作人员配合酒店收取餐券,会后凭餐券结算。

(3)用餐过程中,工作人员应随时关注客户的需求,做好酒店服务人员的补位工作。确定是否有特殊饮食需求的客户。

(4)如自带酒水,需交代酒店将酒水空瓶进行回收,以便客户清点。加强酒店内餐厅的安保工作,以免客人喝醉后出现意外。

(5)用餐结束后检查餐厅内是否有客人的遗留物品,并指引客人返回酒店。

五、会议住宿服务

会期一天以上的会议一般都统一安排住宿,在提供住宿服务的过程中主要考虑以下几个方面。

（1）酒店的档次。不同会议规格对住宿的要求也不同,应该选择跟会议规格相匹配的酒店。通常应当要求酒店提供单人间、标准间、行政房、套房等类型,以满足不同与会人员和工作人员的入住需要。另外建议提前考察房间内的常备设施是否完备,窗外景观是否悦目,有无噪声问题等,尽量在嘉宾入住之前排除所有可能会影响嘉宾休息的因素,做到万无一失。

（2）酒店的服务水平和质量。提前对酒店的接待能力和服务标准进行考察和体验,尤其是该酒店是否有相似的接待经验、前台人员的服务水准、酒店服务人员的英语水平等。此外还需考察酒店的相关配套服务,如果酒店有自己的会议中心和商务中心,那么最好把会场和住宿安排在同一个地方。

（3）了解与会者有无特殊要求。大型会议的与会者来自四面八方,每个人的需求可能都不一样。在安排住宿时,会务人员要尽量照顾到每个与会者的需求。如有些与会者由于身体原因需要住单间,有些与会者对环境要求比较高,需要比较安静的房间。

六、文化娱乐活动服务

会期短的会议一般不需要娱乐节目,若会议内容较多、会期较长,通常需要安排一些文化娱乐活动,给与会者必要的会间休息和调节时间。会议期间适度安排一些有益身心健康的会间活动,如观看文艺演出,组织舞会或文艺晚会,组织简单的拓展训练,安排参观、考察、游览等,这不但可以活跃会议期间的气氛、丰富会议期间的生活,同时还可以让与会者有更多接触、交流的机会,促使大家更加和谐融洽。

（一）会间娱乐活动的形式

（1）组织观看文艺表演。组织这类活动一般预先统计好人数,提前订场和订位。如果人数较多,可以协商包场观看,既可以节省费用,又能在时间上有切实的保障。

（2）组织单位参观。在参观活动计划确定后,要及时与接待单位取得联系,以便协商、落实计划,让对方有准备时间,做好接待、讲解、介绍等工作。如果外出参观时间较长,还应该注意落实外出期间的食宿安排。

（3）组织外出考察。这是指外出时间较长、路程较远的活动安排。当组织这样的活动时,会前一定要向与会者清楚说明相关的内容、安排,并提醒注意事项,以便与会者做好工作协调和活动准备。另外,组织者一方应当派有一定身份的领导人陪同外出,必要时还应配备导游和翻译,以便应对旅途中出现的临时性、紧急性问题。

（4）组织户外游览。组织此类单纯娱乐身心的活动时,一定要选择恰当的旅游景点,既要体现地方文化或特色,也要考虑安全因素。组织者应尽量带领大家集体行动,在户外尽量相互关照,确保人身安全,避免发生意外。出发前一定要先点清人数,并安排好往返接送车辆,车辆应作明显、清楚的标记,组织人员在上下车时仔细清点人数,避免漏接漏送。

（5）组织室内娱乐活动。这类活动包括自编自演文娱节目、玩游戏、搞文娱项目比赛等多种形式。组织这类活动，首先，要事先了解与会人员的兴趣、爱好、性格、特长等，以便有针对性地发动和组织，让每一个参与者都能发挥所长，尽兴而归。其次，要提前落实好场地，准备好相关的用具、器材、食品、奖品等。此外，注意控制好活动时间和活动气氛，避免造成娱乐疲劳。

（二）组织会间活动的注意事项

（1）适当顾及与会者的兴趣和要求。根据与会者的兴趣确定会间活动的形式，如文艺演出、参观游览、舞会、体育比赛等。

（2）尊重与会者的宗教信仰和风俗习惯。会议策划人员在审查节目和影片内容时要格外留心，避免因政治内容、宗教信仰和风俗习惯等问题而引起与会者的不快。

（3）活动能体现地方风俗或特色。如组织国际性会议的会间活动，最好挑选一些能够体现民族特色和传统文化的节目。而双边会议的文艺活动安排，则应适当安排一些客方国家的民族传统节目，以体现主办方对客方的尊重和友好。

（4）组织户外活动时，一定要准备足够的资金和各类所需物品，如数码相机、对讲机、团队标志、卫生急救药品等，以备紧急情况之需。

📱 **知识扩展** ┅┅┅┅┅┅┅┅┅┅┅┅┅┅┅┅┅┅┅┅┅┅┅┅ ▶

会议接待礼仪

一次会议的成功开幕，最关键的就在会议接待的环节。会议接待的成功，不仅需要精心组织、周密安排，还要求参与会议接待的人员具有优秀的职业素质和礼仪修养，确保会议接待过程的统一、规范、高效，使各个环节、各个方面都体现出较高的职业水准和礼仪水平，通过优质的服务展现接待地的文明礼仪形象。

一、接站的礼仪

（1）到车站、机场去迎接客人，应提前到达，恭候客人的到来，绝不能迟到让客人久等。客人看到有人来迎接，内心必定感到非常高兴，若迎接来迟，必定会给客人心里留下不守时的印象，事后无论怎样解释，都无法消除这种失职和不守信誉的印象。

（2）接到客人后，应首先问候"一路辛苦了""欢迎您来到我们公司"等等。然后向对方作自我介绍，如果有名片，可送予对方，并注意递送名片的礼仪。

（3）迎接客人应提前为客人准备好交通工具，不要等客人到了才匆匆忙忙准备交通工具，那样会因让客人久等而误事。

（4）应提前为客人准备好住处，帮客人办理好一切手续并将客人领进房间，同时向客人介绍住处的服务、设施，将活动的计划、日程安排交给客人，并把准备好的地图与旅游图、名胜古迹等介绍材料送给客人。

（5）将客人送到住处后，主人不要立即离去，应稍作停留，陪客人热情交谈，谈话内容要让客人感到满意，比如客人参与活动的背景材料、当地风土人情、有特点的自然景观、特产、物价等。考虑到客人旅途劳累，主人不宜久留，应让客人早些休息。离开时将下次联系的时间、地点、方式等告诉客人。

（6）接待人员要品貌端正、举止大方、口齿清楚，具有良好的文化素养，受过专门的礼仪、形体、语言、服饰等方面的训练。

（7）接待人员服饰要整洁、端庄、高雅；女性应避免佩戴过于夸张或有碍工作的饰品，妆容应尽量淡雅。

二、引导的礼仪

接待人员带领客人到达目的地，应该有正确的引导方法和引导姿势。

（1）在走廊的引导方法。接待人员在客人二三步之前，配合步调，让客人走在内侧。

（2）在楼梯的引导方法。当引导客人上楼时，应该让客人走在前面，接待人员走在后面；若是下楼时，应该由接待人员走在前面；客人在后面；上下楼梯时，接待人员应该注意客人的安全。

（3）在电梯的引导方法。引导客人乘坐电梯时，接待人员先进入电梯，等客人进入后关闭电梯门，到达时，接待人员按"开"的按钮，让客人先走出电梯。

（4）客厅里的引导方法。当客人走入客厅，接待人员用手指示，请客人坐下，看到客人坐下后，才能行点头礼后离开。如客人错坐下座，应请客人改坐上座（一般靠近门的一方为下座）。

任务实训

百创电子科技有限公司将于8月20—22日在广州花都芙蓉度假村举行新产品推介会，预计届时会有全国50家代理商的80位代表参会。请为本次会议做好会议接待工作的准备。完成表4-4的填写。

第一步：了解广州花都芙蓉度假村的概况，包括地理位置和内部设施，为会议接待工作做好准备。

第二步：根据会议接待工作的环节要求，安排好各个环节的工作。

表4-4　任务评价表

评价内容	组间评价得分（20%）	教师评价得分（40%）	企业导师评价得分（40%）
接待工作考虑是否全面(40分)			
接待工作安排是否到位(40分)			
接待工作与会议活动是否衔接妥当(20分)			

任务五　会议活动数字营销与运营

任务剖析

任务：利用现代信息技术,结合最新的数字营销方法对会议进行推广营销;运用数字化管理手段开展会议活动的运营。

目标：了解会议活动数字营销的具体做法;能根据会议活动的目标开展会议活动的数字化运营;培养学生的数字素养及信息化意识。

任务流程

一、会议活动数字营销

会议营销通过现场面对面推广产品与服务来获取意向客户,具有快速建立连接、沟通推进成交、转化率高等特点,是企业重要的市场营销渠道之一。企业可以根据每场会议的目标实现线上线下联动,提升企业品牌知名度,获取线上更广范围的线索,促进销售。但效果是否能达到预期,往往与会议全流程的精细化、自动化、数字化管理有着密不可分的关系。数字化、智能化的会议对企业来说,不仅可以高效实现企业线索增长和线索运营,还可以快速实现销售成单转化。如何将精美有吸引力的海报和会议内容通过多渠道推广传播?客户如何在线快速报名?如何自动提醒会议时间和到场路线?现场如何实现扫码签到?会后如何引导下载内容再次获客?如何准确评估会议投资回报?这些问题是企业能不能做好会议营销的关键。

1.客户数字邀约

传统的客户邀约依赖人工电话、短信轰炸。电话中客户耐心有限,短时间内难以说明会议价值,导致客户经常直接挂断拒绝。人工发短信经常遗漏且客户不及时查看,会议时间、地点、交通等信息未能直接通知客户,当客户忘记会议时间、地点时,往往放弃参会,无形中流失了意向客户。邀约效果无法保证,导致会议当天参会客户人数不足,会议效果不好。

数字化邀约包括在线快速制作专属活动宣传海报,通过微信公众号、官网、短信、邮件等多渠道推广获客,客户可以在线报名(线索自动进入企业CRM线索池),报名成功后提醒客户,并且自动为客户打上标签,以便分级分类管理。会议日程通过短信、邮件、微信公众号消息自动提醒。

2.签到数字管理

一些会议现场签到方式较为传统,如纸笔签到,这不仅会造成客户排队、签到效率低下,还容易让参会客户产生不耐烦情绪。此外,有些客户字迹潦草、模糊,出现信息无法辨认、记录不准确的问题。会后人工将客户信息录入excel时,容易因操作失误造成线索流失。

数字化签到管理是客户现场扫码签到,系统后台的客户状态自动变更为"已签到",并自动发送消息提醒销售负责人接待客户。会议现场可展示产品,客户扫描产品二维码在线查阅产品信息,并可下载产品介绍白皮书。

3. 营销效果数字分析

会议活动期间一般报名参会的客户众多,客户信息无法分级分类管理,依靠个人经验判断优先跟进的客户,往往把握不准确,导致销售人员把时间精力放在了低意向的客户身上,高意向客户没有及时跟进,造成客户流失。客户线索未能直接分配给销售人员联系,错过最佳跟进时机,转化率低。客户意向产品无法提前了解,导致打单方向错误,延长跟进周期,影响成交率。

主办方可以下发会议调研评价表,了解客户满意度,有针对性地改善不足,持续优化会议流程及内容。收集到的客户线索首先通过SDR(销售发展代表)专员电话联系,将高质量的意向线索分配给销售人员,把有限的时间和精力放在更有意向的客户身上,快速跟进与成交,大大提高线索—商机—成交转化率。会后多维度分析投入与产出比,通过报表、分析图实时展现,让企业了解每一场会议效果,做到心中有数,推动企业业务持续增长。

📱 / 赋能广角 ▶

数字会务巨头31会议斩获殊荣,彰显数字营销新力量

在第三届未来营销大会暨锐品牌盛典上,31会议荣获组委会颁发的"年度营销服务工具"奖。作为数字会展领军企业,31会议凭借在活动营销、现场管理到后期活动数据分析等一站式全流程数字化管理能力的卓越表现,得到了组委会评审团的高度认可。31会议的数字化解决方案在帮助企业应对市场变化、提升活动效果和品牌影响力方面发挥了重要作用。在新人群、新习惯、新定义的市场环境下,31会议以提升活动营销的效率为己任,依托数字化管理工具提供从活动营销、执行到效果分析的一站式服务,助力企业在数字化时代实现效益的持续增长和品牌创新。31会议的获奖标志着数字化力量在企业活动营销中的重要地位。在新的市场环境下,企业必须紧跟时代发展趋势,充分利用数字化手段,以提升品牌影响力和市场竞争力。31会议的获奖不仅是对其过去一年工作的肯定,更是对其未来发展前景的期许。31会议将继续发挥数字化优势,助力更多企业在品牌建设方面取得成功。

二、会议活动数字运营

（一）会议活动数字运营的优势

会议数字化运营管理的力量是不容小觑的,通过利用数字化会议技术和服务,各类会议活动能够将参会方式推陈出新,不断升级与会体验。其主要优势表现在以下几个方面。

（1）优化参与体验。提供在线注册、电子票务和预订系统,使参与者能够便捷地报名参加活动。

（2）拓展触达范围。数字化平台能够突破地域限制,实现远程参与和云端交流,吸引更多国内外参与者和观众,扩大活动的影响力和提高知名度。

（3）强化营销推广。利用数字化渠道,如社交媒体、电子邮件营销等,能够精准定位目标受众,进行个性化宣传和推广,提高活动的曝光度和参与度。

（4）优化日程安排。数字化会议管理工具能够实现日程安排、会议议程和嘉宾接待协同管理,提高组织效率,减少人为错误,确保活动顺利进行。

（5）数据分析与决策支持。数字化会议管理系统能够收集和分析大量的活动数据,如参与者反馈、注册情况和在线互动数据等,为组织者提供数据驱动的决策支持,优化活动策划和改进举办方式。

（6）增强资源整合与展示效果。通过数字化平台,参会企业和机构能够在线展示产品、服务和项目,实现资源的整合和展示效果的最大化,吸引潜在客户和合作伙伴。

（二）会议活动数字运营方式

各种会议集成化的服务和智能化的系统工具,以其高效、便捷的特性,极大地提高了会务工作的效率和质量,这已成为现代会议组织的标配。通过数字化打通线上+线下办会全流程,优化繁琐的会务工作,不仅能够大幅提升会议组织的效率,还能让组织者更加专注于会议的核心内容和目标。下面以某知名数字会议管理企业的一站式活动数字化解决方案为例来介绍会议活动的数字化运营,详见图4-17。

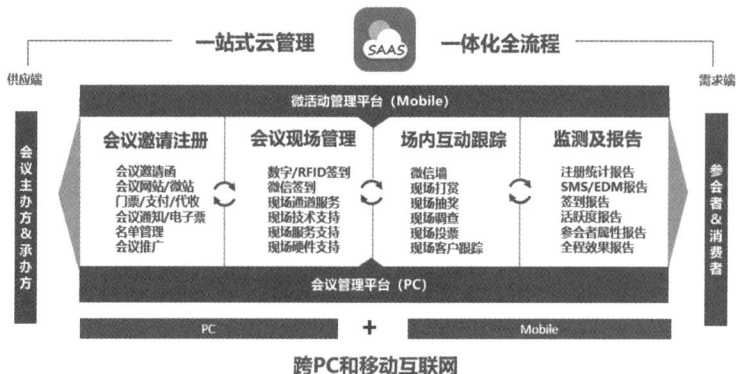

图4-17　一站式活动数字化解决方案

1.集成化的服务体验

会议云将会议策划、组织、执行到后续跟进等多个环节集成在一个平台上,实现了会务管理的全流程覆盖。这种集成化的服务体验,极大地提高了会务工作的效率和质量。常见的做法是以云计算为基础,基于 SaaS(Software as a Service,软件即服务),将云计算技术和多媒体会议紧密融合,采用面向服务的架构,由服务提供商建设云计算中心,企业无需购买 MCU(Micro Control Unit,微控制单元),无需改造现有网络和配备,专业 IT 人员只需以租用服务的形式,即可轻松实现在会议室、个人电脑、移动办公状态下进行多方视频沟通,实现高效、便捷、低成本的会议服务(例如腾讯会议)。会议云以更灵活多变的会议形式、更快捷的数据处理方式,促使视频会议的数据处理能力、资源调配能力全面升级,这不仅降低了会议成本,节省了会议时间,还在很大程度上推进了企业移动会议的进程。

2.虚实融合的办会模式

会议云平台支持虚实融合的办会模式,无论是线上虚拟会议还是线下实体活动,会议云都能够提供相应的支持和解决方案,满足不同类型会议的需求。通过虚拟会议平台和直播技术,将会议活动扩展到线上。无论是面对面的会议还是混合模式的线上＋线下会议,解决方案都可以提供全面的支持。参会者可以通过虚拟会议平台访问演讲内容、与演讲者进行互动,并与其他与会者进行实时交流。这种灵活的会议形式不仅节省了旅行成本和时间,也扩大了会议的覆盖范围,吸引了更多的参与者。

3.智能化的互动体验

通过引入智能化的互动工具,如互动抽奖、问卷调查、签约上墙等,会议云增强了会议现场的互动性,提升了参会者的体验感。大屏互动系统是提升现场氛围的利器,支持大屏抽奖、大屏投票、弹幕上墙、摇一摇等数十种大屏互动功能,快速引爆活动现场氛围,实现台上与台下的互动,提升观众参与感。通过大屏互动,我们可以快速吸引观众的注意力,炒热现场气氛。这种参与感和体验感有助于提升参与者对大会的满意度和认同感,使大会更加生动有趣。

4.数据驱动的决策支持

平台提供实时数据分析和报告功能,帮助企业根据参会者的行为和反馈,进行更加精准的决策和优化。一站式数字会务解决方案还提供了全面的数据统计和报告功能,帮助企业评估会议活动的效果和改进空间。通过收集参会者的反馈意见、会议签到和参与度数据等,解决方案可以生成详尽的数据报告和洞察分析报告,帮助企业了解会议的成功指标和改进方向。这种数据驱动的服务模式有助于企业不断优化会议活动,提升参与者的体验感和实现商业目标。

一站式会务管理系统通过数字化手段,极大地简化了会务工作流程。组织者不再需要手动处理大量的表格和文件,也不需要花费大量时间在会议现场进行协调和管理工作。系统自动完成了许多繁琐的任务,可以让组织者将更多的精力用于提升会议内容的质量。

（三）会议活动数字化应用场景

会议活动数字化应用场景广泛，无论是政府会议、学术论坛、企业年会还是营销活动，都能够提供专业的会务管理服务。

（1）政府会议。通过搭建合作交流平台，增强大会的影响力和参与度。

（2）学术论坛。呈现丰富的学术内容，提升论坛专业影响力。

（3）企业年会。通过数字化手段，轻松管理大会、小会及多场活动。

随着数字化技术的不断发展，一站式会务管理系统将继续优化和升级，为会务工作带来更多的便利。通过这种系统，企业不仅能够提升会议的组织水平，还能够提高会议的参与度和满意度，从而实现会务工作的数字化转型。未来，一站式会务管理系统将成为企业会议管理的标配，引领会务工作进入一个全新的时代。

📱 知识扩展

从触达到运营，重新定义线索经营

随着流量成本不断增高，传统的线索经营模式受到冲击，线索转化成本逐年增加。一方面，买量方式获取的线索质量偏低，难以体现营销价值。传统表单获取线索完全依赖电话跟进，整体效率偏低。另一方面，用户消费习惯转变，需要长期培养，特别是大宗商品的行业，决策周期长，用户易流失。调研数据显示，市场大概有70％的用户需要长期培育才会转化。

线索经营的本质在于企业与用户建立一种以交易和服务为目标的持续关系。基于此，品牌商家亟需改变传统的表单买量方式，从传统的线索触达升级为全链路、全周期地不断激发用户转化价值的线索经营。以腾讯广告为例，腾讯依托自身能力，提炼了线索经营的4个关键步骤：广开口、多链路、长经营、提后效。

（1）广开口。搜一搜＋视频号开启了流量新蓝海，在用户触达阶段，搜一搜与视频号将助力品牌获得优质曝光效果。

·搜一搜月活用户已超过8亿，成为微信生态闭环的新流量引擎，为公众号、视频号和小程序带来活跃用户；搜一搜拥有海量入口直达私域，如广告投放的品牌专区，还可以通过公域搜索结果，提供内容和服务，导流到品牌私域。

·视频号是今年流量增长的新高地，在内容引流上，无论是创造者还是用户，使用时长都有翻倍增长，在直播带货上，客户私域商品交易总额（GMV）占比提升至50％以上。同时，视频号用户群在学历和消费能力上更高，更匹配线索等大宗消费行业的目标受众。视频号内容已跟微信生态全域打通，实现了交易转化闭环。

（2）多链路。视频号＋微信客服链路提效承接与沟通。品牌可通过视频号、微信客服链路快速抢夺线索行业市场份额，进一步降本增效。

·视频号链路。视频号目前已打通了微信生态的全部品牌阵地，借助多流量

入口引流至视频号直播间、视频号小店,实现私域沉淀与转化;视频号也可以实现私域反向导流,引流新老用户至小程序、公众号、企业微信;视频号在直播场景有多种转化组件,促进留资和转化,同时视频优质内容可在朋友圈持续传播发酵,形成传播价值的正向循环。某车行业客户使用视频号厂店联播,每场均观看人次达5000+,线索收集超过17万条。

·微信客服链路。微信客服具备链路短、触达强、转化高的优势。朋友圈广告外层创意直接跳转微信客服,提升转化率(CVR);智能客服提供7×24小时客服服务,代替人工提升转化效率;微信客服消息提醒以消息数字+红点提醒,让交互更自然。如某家居客户使用智能客服全天候接待,转化率增加96%,获客成本减少28%。

(3)长经营。企业微信+转化宝提升后效转化。从传统电销的方式转向长期用户经营,有效触达是关键。企业微信及转化宝工具助力品牌实现内容、产品、服务与用户精准匹配,建立长期紧密的关系。

·企业微信。作为品牌在微信生态沉淀用户的核心载体,企业微信不仅可以同微信生态完全打通,将自然流量、线下流量进行沉淀,还可以搭建微信好友维度的客户关系管理(CRM)系统,并通过持续长效的经营,提升用户转化的可能性。

·转化宝。转化宝是腾讯广告提供的企微数智化营销解决方案,功能覆盖获客、识客、AI客服赋能、数据归因和人效分析等,助力广告主全链路经营提效。转化宝的三大核心能力,能助力广告主私域运营提效。第一个是增长引擎,提供话术模板诊断,导购人效分析,助力客户识别营销问题、挖掘增长机会。第二个是导购辅助,根据用户聊天内容,AI自动辅助生成话术,帮助导购提升应答效率。第三个是广告服务,识别用户私域转化关键节点行为,反哺广告模型,降低获客成本。某教育行业客户借助转化宝实现首次参课率提升23%;大健康行业客户使用转化宝后,加粉转化率提升33%。

(4)提后效。行业线索管理平台助力深度转化。线索经营的最终目的在于后效转化的提升。基于底层大模型能力,兼顾线索获取量与质的平衡,腾讯广告提供了三个广告投放的深度优化目标,即意向表单、通话三十秒和有效线索,以适配不同的经营诉求,持续优化广告投放模型,拓展更有可能转化的人群。同时,腾讯广告线索管理平台可连接前端获客和后端运营,形成生态闭环,通过对线索到达、分配、外呼、标记、数据应用等各个环节的提效,帮助广告主提升线索转化的有效率与数据回流效果,建立数据与服务闭环。

企业入局线索经营新模式首先需要做好生态基建,通过开通视频号、搭建直播间等,用内容吸引私域用户并实现转化。其次需做好企业微信建设与运营,让企业微信与视频号绑定,做好线索承接,并借助私域经营工具拉长用户生命周期。在用户运营上,企业可使用转化宝和线索管理平台优化线索经营的核心环节,提升跟进时效,以线索数据反哺应用,提升整体广告投放收益与线索有效率。

面对线索经营的时代新变化,品牌商家需要改变思维、升级认知,将用户经营手段从简单的触达升级为长效经营。腾讯广告为各行业品牌主提供了体系化、系统化的全景产品能力支持,助力品牌实现企业和用户的建联和长效经营维护,实现线索价值的最大化。

任务实训

2023年3月17—21日,袁记串串香经营研讨会在成都举办,预计超过700家袁记加盟伙伴到场参会学习。公司特邀在不同领域卓有建树、经验丰富的袁记家人,共同为"新家人们"打造专属成功秘笈,通过榜样的力量,进一步与团队融合,更好地成就袁记事业。

请以数字化技术赋能会议举办,通过掌上微站、智慧通知、现场签到制证以及手机用餐签到等服务,优化会议服务环节,让每一位久别重逢的袁记人都能体会到宾至如归的参会体验。完成表4-5的填写。

第一步:做好整个会议流程的策划,分析哪些环节可以运用数字化管理。

第二步:根据会议各环节需要,设计数字化会议活动。

表4-5　任务评价表

评价内容	组间评价得分（20%）	教师评价得分（40%）	企业导师评价得分（40%）
数字化管理应用是否恰当(30分)			
数字化活动设计是否吸引人(30分)			
数字化管理能否提高会议效率(40分)			

任务六　会议送别及资料整理服务

任务剖析

任务:根据会议活动进程,做好会议与会人员的送别工作,及时做好会场清理及资料的整理工作,完成会议收尾工作。

目标:了解会议送别安排的内容;能根据会议活动的需要整理相关资料;培养学生周到全面的服务意识。

任务流程

一、送别与会人员

送别与会人员是会议结束阶段工作中的一个重要环节,这一环节如果处理得不好,就会使整个会议的总体效果在与会人员的心中大打折扣,使先前的工作前功尽弃。

因此,要使整个会议完整有序、有始有终、完美无憾,就一定要认真、周到地做好送别会议代表的各项工作,切不可掉以轻心或疏忽大意。会务人员应该根据与会人员的要求,提前为其预订的回程票,结清会议费用,安排足够的车辆送站。

具体来说,送别与会人员的主要服务工作有以下三点。

(一)引导与会人员安全退场

首先是引导与会者退场。会务人员应在会议结束时,打开会议所有出口,先引导与会领导离开会场,如果会场有多余的通道,与会领导和其他人员各行其道。其次是引导车辆驶离。会前应做好泊车安排,最好划分停车区,先安排领导车辆先行离场,其他车辆按顺序离开。与会人员离场时,应提醒携带好个人物品,不要有遗漏,这是一种体贴入微的行为表现,既可以减少与会者匆忙回头寻找遗落物品的可能,又可以为自己省去保管遗落物品,甚至送递和邮寄的麻烦。

(二)及时和与会人员清理结算账目

会议一结束,会务主办方就要安排与会者结算会务费用,同时向缴费者提供相关发票以供与会者回单位后报销。根据会议费用承担对象不同,主要有以下三种情况。

(1)由主办方承担全部费用的会议。结算项目基本相同,包括车船费、住宿费、会议费。这种情况下,结算程序相对复杂,在发邀请函时就要做好准备,会议回执项目要设计齐全,并要求与会者提供准确的个人信息,以免非参会人员参会,增加会议负担。

(2)主办方担负会务费,其他费用由与会者自理的会议。其他费用一般包括住宿费、餐饮费、车船费、旅游参观费。有的会议旅游参观费也由主办方承担,与会者单位一般负责报销住宿费和车船费,其他不予报销。一般会议组织者将餐饮费与住宿费一起计算,统一开具发票。会务组要在与会人员离会前开好发票,及时告知离会前的账目,交付发票。

(3)所有费用由与会者承担。这种付费方式的会议一般由会议公司来承办,会议组织者要为与会者开具以下发票:一是会务费发票,可报到时开具,也可先开收据;二是住宿费发票,与会者离会时向住宿单位索要发票。

(三)安排与会人员返程

为了安排好与会人员的返程,会议组织者必须对当地的交通状况有充分的了解,在会前做出细致周到的安排,会中根据会议进程以及与会者的要求做好随时调整的准备。要安排好交通工具和行走路线,确保与会人员安全顺利地返回。合理安排与会人员返程可以按以下程序进行。

(1)事先了解外地与会人员对时间安排、交通工具的要求。为了使与会人员能够按时、准确无误地拿到自己订购的车船票,一般在其报到时会请他们登记回程日期和回程车船票。

（2）根据登记情况，一般按先远后近的次序安排返程机票、车船票的预定事宜，要掌握交通工具的航班、车次等情况，提前预定好飞机、火车、汽车、轮船票。发放回程票时间应该根据与会人员所订返程票的时间而定。

（3）应制定与会人员离开的时间表，安排好送站事宜。送站是会议期间会务人员为与会人员做的最后一件事，也是展示会议组织者良好形象的重要一环。由于会议结束后，与会人员离会往往比较集中，在短时间内需要大量车辆送站，因此此会务人员应当提前安排足够的车辆和人员为与会人员服务，保证与会人员能及时到达车站或机场。一般应注意以下几个方面。

一是车辆的安排。应根据车辆的承载量安排合适的车辆为与会人员送行。如在炎热潮湿的地区，可考虑安排空调车。如路途比较长，可考虑安排有移动电视的车辆。如会场距离机场、车站较远，可考虑安排大型客车集中运送。

二是送站人员的安排。应根据与会人员的身份、职务、年龄和状况全面考虑，如果是身份地位高的贵宾，可安排有关领导或专人送行。

三是自带车辆人员的安排。应了解自带车辆人员的返回日程、路线等情况，帮助他们选好返程路线，处理好各种特殊情况。万一出现特殊情况，应尽力帮助解决。

四是暂留与会人员的安排。有时因工作需要或票务问题，有些与会者会暂时停留，这就需要安排住宿和餐食方面的相关事务。如果有特殊要求，工作人员应该在领导批准的情况下尽力帮助解决。

五是会务人员要有危机预防意识，无论是自有车辆，还是租赁车辆，会务人员都有责任保证其安全性，包括确认每辆车的合法承载量、各种安全检查以及对司机的安全教育等。对自带车辆的与会人员，要注意提醒安全驾驶，并做好电话回访。

二、清理会场

清理会场一般操作流程如下。

（1）取走会场内外的通知牌和方向标志，撤走会议现场的一些布置物品，如横幅、会徽、彩旗等，恢复场地的原有模样，以便归还租借的场地。

（2）根据会议筹备期间所准备的会议物品清单，列出在会场需回收的物品清单，然后根据清单一一清点所有物品，将收回的数量准确登记，对于缺少的应当注明原因。能再次使用的会议物品，如幻灯片、笔记本电脑、席卡等，要及时归库管理，一次性用具进行销毁。对会议期间出现故障的设备、器材，应及时维修，保证下次需要时能正常使用。

（3）清点并归还借用、租用设备。会议结束后，要将为布置会场特意租用或借用、安装的有关视听设备、器材及时还给租用或借用的单位，及时放回原处或办理归还手续，以避免丢失或归还不及时而带来的麻烦。如丢失设备或器材，应及时向领导汇报丢失情况并协商处理。如因特殊情况不能归还，应将其归库，并派专人保管。

（4）清点回收会议文件。会议期间会产生的文件、会议资料和财务报表，会议结束后,秘书人员首先要收回所有应该收回的会议资料,要将所有纸张进行整理、清点、归类,找出有用的资料,不能再利用的纸张要销毁。会议都有其保密性,会议结束后的剩余文件也要注意避免在无形中泄露公司的秘密,应仔细检查会议现场及各个房间,防止遗失泄密。在清理文件时要对文件进行密级分类,再及时销毁相关文件,这是会后工作中最重要的一个环节,切不可麻痹大意。

(5)清理会场内其他物品。包括与会人员丢弃的废纸或草稿纸,如果发现会场有遗失的物品,要妥善保管并与失主联系。

(6)清洁整理会场。将会场中搬动过的桌椅恢复原样,并组织人员将地面、门窗清扫或擦洗干净,临时放置在会议室的茶杯、桌椅、烟灰缸和其他用具要清点归好。

(7)会场清理完毕后要通知配电人员切断会场使用的电源,关闭会场,向会场、会议室管理部门做出使用完毕的报告,并办理付费的有关事宜。

三、文件资料立卷归档

文件资料的立卷归档是指会议结束后依据会议文件的内在联系加以整理、分类,组成一个或一套案卷,归入档案。这是将现行会议文件转化为档案的重要步骤。

文件资料的立卷归档工作有十分重要的意义。一是能够保持会议之间的历史联系,便于查找利用;二是能够保持会议的真实面貌,反映工作的客观进程;三是保护会议文件的完整与安全,便于保存和查阅;四是保证会议秘书工作的联系性,为档案工作奠定基础。

一般会议文件资料立卷归档的范围包括以下几个:

(1)会议的正式文件,如决议、计划、报告等;

(2)会议参阅文件;

(3)会议安排的发言稿;

(4)会议的讲话记录;

(5)其他与会议有关的,对日后工作有一定查考价值的材料。

会议文件资料立卷归档的工作步骤包括以下几个:

(1)对收集的文件资料进行登记;

(2)向上级总结、汇报情况;

(3)甄别整理、分类归卷;

(4)卷内文件排列、编号、编目;

(5)填写卷内文件备考表;

(6)拟制案卷标题;

(7)填写案卷封面;

(8)移交档案部门;

(9)清理、销毁不再利用的纸张。

如何做好会议文件资料管理工作

举办会议,特别是大型会议,一般需要做好日程安排、接送站、食宿、票务、会场布置等多方面的统筹协调管理工作,其中,主持词、领导讲话稿、主题报告等文件资料的管理工作,对会议的成败关系重大。如果将其简单视为材料发放工作,不从会议全局出发对待此项工作,忽视与之相关的印制交付、发放时间与范围以及会后的存档销毁等管理工作,就极易造成一些意外情况。会议按不同的性质划分,种类繁多,结合一般企业、事业单位年度工作会议,做好会议文件资料管理工作,可从以下四个方面着手。

一是要明确会议文件资料管理的负责人。年度工作会议,一般规模都较大,为保证各类文件资料从定稿到交付印制直至发放环节的顺利,会务组应指定文件资料管理的协调负责人,负责制定文件资料印发初步方案,细化各种资料定稿、印制的时间节点和督办人,以及印制发送要求等内容,并提供给会务组负责人审定,这既利于领导掌握此项工作情况,也便于其他工作人员协同配合。

二是要明确会议文件资料的种类和数目。会议筹备阶段,应掌握包括会务手册、主持词、主题报告、生产经营报告、交流发言材料、会议总结讲话及其他学习材料等文件资料的提供者、种类和数目等信息,并与会务组负责人及时沟通了解有无变化,以便制定印发方案。

三是要明确每种资料定稿和交付印制的时间与要求。许多会议文件资料往往是在会议前一两天才定稿,为此,需提前了解印刷厂的印制能力,根据文件印制要求,掌握印制文件资料所需的时间,并据此与文件资料提供者不断沟通,及时催促定稿。如果会议不是在单位所在地召开,应提前选择一家会场附近的印刷厂,并现场了解考察其印制能力,距会场的行程时间,以备会议召开期间的印制之需。关于印制要求,一般会议文件资料都应按照《党政机关公文格式》(GB/T 9704—2012)规定,使用 $60 - 80 \text{ g/m}^2$ 白色胶版印刷纸,双面印刷,页码套正,字面不花、不白、无断划,骑马订,印制格式自定。经验交流材料一般印单行本,不做合订本,以防会上更改发言顺序。

四是要明确文件资料密级,做好保密工作。由于企业年底工作会议上的文件资料一般都会涉及企业未来发展规划和企业年度生产经营数据等内容,因此,一定要明确文件资料密级,以便确定相应的保管和发放方式等。领导同志讲话的内部资料一般应按涉密文件管理,并按涉密程度,采取控制发放范围或是会后回收等方式管理。同时,应对与会者和会务工作人员(包括会场服务人员)进行保密提示,以便增强保密性。

四、撰写会议纪要

（一）会议纪要的含义

会议纪要是根据会议的主导思想和会议记录，对会议的重要内容、决定事项进行整理、摘要、提炼而形成的一种具有纪实性、指导性的公文。它以会议记录为基础加工而成，是对会议记录的抽取、概括和提炼。会议纪要是会后整理和总结阶段形成的会议成果性文件。

会议纪要适用于一些大中型的、比较重要的会议。这种会议往往具有方向性、专题性、专业性、形容性、学术性的特点，是为了解决当前工作中的某项实际问题。

其目的有二：一是向上级汇报会议情况，以获得上级及时的指导；二是向下级传达，以便贯彻执行。因此，研究一般性问题的会议，尤其是一些规模较小的事务性会议，一般不写会议纪要。

（二）会议纪要的内容

1. 会议的基本情况

会议纪要在开头部分简要介绍会议召开的形势和背景、会议名称、时间、地点、与会人员、主持者、会议形式、会议议题、会议的主要成果以及对会议的评价。

2. 会议主要精神和议定事项

这是会议纪要的核心内容，要从会议的客观实际出发，从会议的具体内容出发，忠于会议的实际内容，概括会议的共同决定，反映会议的全貌。凡没有形成一致意见的问题，需要分别论述并写明分歧所在。小型会议侧重于综合会议发言和讨论情况，并要列出决议的事项。大型会议内容较多，正文可以分几部分来写。

（三）会议纪要的写法

常见的写法有三种。

（1）集中概述法。这种写法是把会议的基本情况、讨论研究的主要问题、与会人员的认识、议定的有关事项（包括解决问题的措施、办法和要求等），用概括叙述的方法，进行整体的阐述和说明。这种写法多用于召开小型会议，而且讨论的问题比较集中单一，意见比较统一，容易贯彻操作，写的篇幅相对短小。如果会议的议题较多，可分条列述。

（2）分项叙述法。召开大中型会议或议题较多的会议，一般要采取分项叙述的办法，即把会议的主要内容分成几个大的问题，然后标上序号或小标题，分项来写。这种写法侧重横向分析和阐述，内容相对全面，问题也说得比较详细，常常包括对目的、意义、现状的分析，以及目标、任务、政策措施等方面的阐述。这种纪要一般用于需要基层全面领会、深入贯彻的会议。

（3）发言提要法。这种写法是把会上具有典型性、代表性的发言加以整理，提炼出内容要点和精神实质，然后按照发言顺序或不同内容，分别加以阐述和说明。这种写法能比较如实地反映与会人员的意见。某些根据上级机关布置，需要了解与会人员不同意见的会议纪要，可采用这种写法。

（四）会议纪要的格式

会议纪要由标题和正文组成。在结构格式上不用写主送单位和落款，成文时间多写在标题下方，也可写在文章最后。

1. 标题

标题通常由会议名称＋会议纪要构成，如"辰东公司职工代表大会会议纪要"。

2. 正文

正文由导言、主体和结尾三部分组成。

导言主要用来记述会议的基本情况，包括召开会议的名称、时间、地点、主持人、主要出席人、会议主要议程、讨论的主要问题等。

主体是会议纪要的核心部分，包括会议的主要精神、会议的议定事项、会议上达成的共识、会议上布置的工作和提出的要求、会议上的各种主要观点等。

结尾一般写对与会者的希望和要求，也有会议纪要不写专门的结尾用语。

📱 **知识扩展**

送客礼仪

一次，周总理到西郊机场为西哈努克亲王和夫人送行。亲王的飞机刚一起飞，我国参加欢送的人群便自行散开，准备返回，而周总理这时却依然笔直地站在原地未动，并要工作人员立即把那些离去的同志请回来。这次总理发了脾气，他严厉起来了，狠狠地批评道："你们怎么搞的，没有一点礼貌！各国外交使节站在那里，飞机还没有飞远，你们倒先走了。大国这样对小国客人不是搞大国主义吗？"当天下午，周总理就把外交部礼宾司和国务院机关事务管理局的负责同志找去，要他们立即在《礼宾工作条例》中加上一条，即今后到机场为贵宾送行，须等到飞机起飞，绕场一周，双翼摆动三次表示谢意后，送行者方可离开。事情看起来虽小，但周总理却将其写入了《礼宾工作条例》进行规范，可见其重视程度。原因是不起眼的礼数影响着整个中华民族待人接物、为人处事的形象。

中国人常说："迎人迎三步，送人送七步"。可见中国人是非常注重送客礼节的。客人来时，以礼相迎，客人告辞，还应当以礼相送，使整个接待善始善终。送客失礼，会大大影响接待工作的效果。因为客人离开后，会很自然地回味、品评整个待客情况，冷漠的送客，会产生长时间的不愉快，即使此前一直是彬彬有礼的，这时也会感到扫兴。因此，送客时，除了讲些告别的话外，还要讲究些送客艺术。

客人提出告辞,主人要挽留,如果客人坚持要走,则不必再三勉强。有时客人的告辞是试探性的,是对主人是否高兴继续谈下去的观察。所以,当客人提出告辞时,切不可急于起身送客。客人起身告辞时,主人再起身与客人握手告别,这时还要招呼家里的人,一起热情相送。送客要送到门外,叮嘱客人小心慢走,下楼注意台阶。如是初次来的客人,要告诉返回的路线;如遇下雨,要给客人拿出雨具。对远道的客人或带有重物的客人,要把客人送到车站,或安排交通工具,待客人乘车离去时,再挥手告别。分手时应说一些诸如"慢走""走好""再见""欢迎下次再来""常联系""感谢您给我们带来了新信息"等语句。如果是将客人送至门口,应在客人的身影完全消失后再返回。否则,当客人走完一段再回头致意时,发现主人已经不在,心里会很不高兴。同时,送客返身进屋后,应将房门轻轻关上,不要使其发出声响,那种在客人刚出门的时候就"砰"地关门的做法是极不礼貌的,并且很有可能因此"砰"掉客人来访期间培养起来的所有情感。

为了表达对客人来访的友好感情,在恰当的时候要给他们一定的精神回报,临别时别忘了告诉客人代表你向他们公司问好。例如可以这样说:"请向贵公司全体同仁问好!""祝贵公司生意兴隆,财源广进!"等,必要时还应为客人赠送一份土特产或纪念品,以表心意。

大型社交活动的送客工作要复杂些,应有专人组织。在活动结束前几天,就要了解客人的返程日期、车次、交通方式等,并及时预购好车票、机票、船票。活动结束后,主人应到客人住处表示欢送,询问客人离开前还有什么需要交代、办理的事。在客人离开时,主人要提前结算好各项费用,并帮助搬运客人携带的物品。并安排车辆将客人送到车站、码头、机场;对于贵客,应先联系好贵宾室,请客人在贵宾室候车。客人临别出发时,送行者应频频挥手告别。

送客礼仪是接待工作的最后一个环节。如果处理不好,就将影响整个接待工作,使接待工作前功尽弃。送客礼仪只是众多礼节中的一种,但要准确做到却实属不易。礼节虽是生活小节,但在某些场合却代表着个人、单位甚至民族、国家的形象,标志着一个国家和民族文明程度的高低,也是衡量人们教养和道德水准的尺度。我国一向有"礼仪之邦"的美誉,在日常生活和社会交往中,我们应该仪态大方、彬彬有礼、举止庄重、不卑不亢,表现出良好的精神风貌和礼仪行为。

📱 任务实训

千好公司承办了某省营销协会的年会,参加会议的有各行业的代表100多人,省相关部门领导也参加了会议。会议通知明确:①与会者需支付会务费500元,其他会议资料费50元,食宿费400元。交通费则由主办方千好公司承担。②由于会场离机场较远,会务组将统一安排接送。③对于因私需再停留的与会代表,千好公司将热情地为他们服务,费用自理。

会议圆满结束后,千好公司总经理安排张秘书处理送别和会场清理工作。如果你是张秘书,请你根据实际情况,合理安排相关工作。完成表4-6的填写。

第一步:掌握送别与会人员和会场清理的工作环节及内容,能够全面考虑相关情况。

第二步:根据会议实际,安排好与会人员的送别工作。包括引导与会领导和其他人员的离场,清算与会人员相关账目,订购车票,安排车辆和送站。

表4-6　任务评价表

评价内容	组间评价得分 (20%)	教师评价得分 (40%)	企业导师评价得分 (40%)
会议送别安排是否周到(40分)			
会议资料整理是否全面规范(40分)			
会场清理及文件处理是否妥当(20分)			

任务七　会议效果评估与总结

任务剖析

任务:根据会议目标对会议活动效果进行全面评估与总结,检查会议目标的落实情况,积累同类型会议组织与服务工作的经验。

目标:了解会议评估的内容;能根据会议评估的内容对会议效果进行全面评估;培养学生的经济效率意识。

任务流程

一、会议评估

一次会议议程的结束并不意味着会议组织管理工作的结束,会议的评估总结也是会务管理的重要环节,它关系到会议组织者的会议管理水平是否能不断提高。没有一个会议的组织是完美的,只有不断总结,才能不断提高。

(一) 会议评估的意义

1.检查会议目标的实现情况

会议组织者在做会议计划时都会制定会议目标,那么,这些目标是否实现了? 结果如何? 通过评估就可以确定。

2.确定与会者的满意程度

与会者对会议内容等各方面的工作是否满意以及满意的程度是会议成功与否的主要指标,它关系到以后同系列会议能否继续举办的问题。会议评估,可以对与会者的满意程度进行调查,作出量化表格,从而了解与会者的满意程度。

3.明确会议的成功与不足之处

成功的会议有一定的参考指标。会议评估的核心,就是看这些指标是否达成,如果达成,那么这次会议就是成功的,否则就是失败的。通过明确会议的成功和不足之处,总结会议的经验与教训,可以提高会议组织者对会议的管理水平。

4.为写会议总结报告准备材料

如果是帮助客户组织会议,那么在会议结束后,会议组织者必须写一个会议总结报告交给客户;如果是国际会议,会议组织者必须按我国主管部门的规定,按一定的格式要求提交国际会议的总结报告;如果是本单位组织会议,在会议结束后也需要一个会议总结报告来总结会议的得失。会议评估的结果是会议总结报告的重要内容,会议评估也为写好会议总结报告打下了基础。

(二)会议评估的参与者

所有参加会议的人——会议代表、陪同人员、参展商都应该是会议评估的参与者,而且他们应该是会议评估的主角。

1.与会者

(1)会议代表。会议代表(包括会议演讲者)参加了会议的主要过程,从会议的宣传促销、报到注册、住宿餐饮,到会议的演讲讨论、参观访问等,他们都亲身经历过,所以,他们对会议工作的好坏最有发言权,他们最应该对会议进行评估。

(2)陪同人员。陪同人员参加了会议的一些宴会等社交活动,参加了会议组织的参观、访问、旅游等社会活动,这些活动也是会议产品的组成部分,他们对这些活动组织工作的好坏有直接的感受,应该请他们对这些活动作出评估。

2.参展商(会议附设展览)

参展商参加了会议的附设展览,经历了会议附设展览从招展宣传、招展、报名、展品进场、展览开始到结束、撤展的全过程,他们最有资格对这一系列工作的组织安排和服务的好坏作出评价,所以,他们也应该对会议附设展览作出评估。

(三)会议评估的内容

会议评估是对会议从筹备到会议总结全过程的评估,因为会议的任何一个环节,都关乎会议的成功与否。以下分三个阶段探讨会议效果的评估因素。

1.会前效果评估

对会前筹备情况的评估,应考虑以下因素。

(1) 会议目标是否明确；

(2) 会议议题的数量是否得当(太多或太少)；

(3) 会议议程是否合理、完备；

(4) 每一项议题的时间分配是否准确、合理；

(5) 与会者人选、与会者人数是否得当；

(6) 会议时间、地点是否得当；

(7) 会场指引标志是否明确；

(8) 开会的时间是否得当；

(9) 开会通知的内容是否周详；

(10) 会议场地的选择是否得当；

(11) 会议设备是否完备；

(12) 与会者是否做了充分准备；

(13) 与会者的会前情绪如何；

(14) 参会人员的住宿、餐饮是否安排妥当。

2. 会中效果评估

对会议进行中各环节的评估,应主要考虑以下因素。

(1) 会议接待工作如何；

(2) 会议是否准时开始；

(3) 会议人员是否准时到会；

(4) 是否有会议秘书做记录；

(5) 会场自然环境如何,是否存在外界干扰；

(6) 会场人文环境如何,与会者之间是否有交头接耳现象；

(7) 主持人是否紧扣议题进行主持,是否离题；

(8) 会议是否由少数人垄断发言；

(9) 与会者发言及讨论是否紧扣议题,是否离题；

(10) 与会者是否能表明真正的感受或意见；

(11) 与会者之间是否有争论不休的现象；

(12) 与会者是否与会议主席有争论,情况如何；

(13) 视听设备是否正常,是否发生故障；

(14) 与会者是否热心于会议；

(15) 会场气氛是否热烈；

(16) 会议决策是否正确,是否符合实际,是否有偏颇之处；

(17) 会议议程是否按预定时间完成,会议是否按预定时间结束；

(18) 主持人是否总结会议的成果；

(19) 会议的欢迎宴会、欢送宴会是否得当；

(20) 参观、访问、游览活动安排的合适性、安全性如何；

(21) 其他因素。

3.会后效果评估

会议议程结束后,还有一系列工作要做,做得如何,也需要评估。会后效果评估主要考虑以下因素。

(1)会议记录是否整理好;

(2)是否印发会议纪要和会议简报;

(3)会议决议是否落实;

(4)对与会者的满意程度是否进行了调查;

(5)对会议的成败得失是否进行了总结;

(6)已完成任务的会议委员会或会议工作小组是否解散;

(7)其他因素。

(四)会议评估的方法

1.调查问卷

调查问卷是最常用且有效的会议评估方法。问卷设计者把要评估的各方面问题列举出来,每个问题后面给出几个评价性的术语,评估者只要从中选择一个或几个打"√",最后再写几句意见或评论就可以了。它对于会议评估者来说简单易操作,只需花很少时间就能完成,因而广受欢迎。调查问卷可以通过以下几种方式进行。

(1)现场手工填写,即把调查问卷印刷出来,在适当的时候发给评估者,请其现场手工填写。

(2)现场用电脑填写,即把设计好的调查问卷放置在电脑中,请评估者现场在电脑上填写,所有评估者填写完毕后,电脑即可统计出调查问卷中量化的部分。

(3)会后填写,会议结束后,把调查问卷链接发到评估者的邮箱或微信里,请评估者在规定的日期内填写,组织者利用问卷平台回收并处理问卷数据(如问卷星)。

若时间允许,调查要尽量放在会议现场进行。若无法在会议现场进行调查,如部分项目或部分与会者无法参与现场调查,可以安排会后再进行。

2.面谈

会议结束时邀请部分调查对象集中或分别面谈,征求他们对会议的意见和评价。这种方法只能对会议进行定性评估。

3.电话调查

会议结束后,打电话给调查对象,征求他们对会议的意见,并请他们对会议作出评估。这种方法也只能对会议进行定性评估。

4.现场观察

在会议现场或在各个活动场所派人观察会议和各个活动的进行情况,并观察与会者和活动参加者的反应,从而作出对会议的评估。

5.述职报告

会议结束后,要求每个会议工作人员对自己在会议整个过程中的工作做出述职报告。这种方法可以从侧面了解会议的情况,对会议进行评估。

以上方法结合使用,会使会议评估更全面、更具科学性。

(五) 会议评估时机

对一个事件评估的最佳时机应该是在该事件刚刚结束的时候。对于小型的会议,可以在会议工作全部结束时进行会议评估。但对于大型的会议来说,一次会议不仅有大会,还有多个分组会议,有会议附设展览和各种参观、访问、游览等活动,可能有些与会者参加完大会和某个分会或活动后就离开了,如果在会议全部结束后再进行会议评估,那么很多与会者就无法参加了。所以,大型会议的评估可以分阶段、分活动进行,在会议进行到一定阶段,大会结束或某个分会、活动结束后立即对刚刚过去的事件进行评估。这样,大型会议的评估结果就比较全面了。

(六) 会议评估表的设计

会议评估表要根据评估的目的和评估内容设计。由于会议评估的成本较高,所以,一般的工作会议都不进行评估,只是简单就承办情况做一个大致总结,如果有大的失误或不足,能够总结出来供以后改进即可。而作为会议服务公司,在承办专业会议时,要有能力出具会议评估报告,因此我们要学会各种评估表格的设计方法。

一般来讲,评估的目的就是为了总结会议组织方面的经验教训,以便以后改进。所以,在设计表格时,只考虑评估内容就可以。表格设计可以分两部分进行,一部分是会议整体评估表,一部分是会议服务者个人(环节)评估表。前者如会议情况反馈表(表4-7)、会议效果分析表(表4-8)、会议管理评估表(表4-9)等;后者如主持人的行为表现评估表(表4-10)等。表中内容要根据调查目的、调查对象、会议特征等进行设计。

表4-7　会议情况反馈

姓名: 性别: 工作单位: 职务: 电话: 电子邮箱: 公司类型: 单位性质:	你认为本次会议的亮点是什么? 你对本次会议的评价: □很好　□较好　□一般　□较差　□很差 你认为本次会议的节奏: □很好　□较好　□一般　□较差　□很差 你认为需要改进的地方: 你的整体满意度:

表4-8　会议效果分析表

（一）目标

1.此次会议的目标是什么？

2.会议目标是否达成？

3.哪些目标没有完全达成？说明确切理由。

（二）时间

1.会议目标是否在最短时间内达成？

2.倘若目标并非在最短时间内达成，说明确切理由。

（三）与会者

1.列举出每位与会者的姓名并评估会议结束后他们的满意度。

2.分析与会者"不满意"或"极不满意"的原因。

（四）假如再组织同样的会议，哪些事项将继续保持？哪些事项将有新的举措？

表4-9　会议管理评估表

一、整体安排

会议计划　　□很好　□较好　□一般　□较差　□很差

设施配备　　□很好　□较好　□一般　□较差　□很差

会议费用　　□很合理　□较好　□一般　□不合理　□很不合理

预订安排　　□很好　□较好　□一般　□较差　□很差

二、会议地点

交通　　　　□很好　□较好　□一般　□较差　□很差

会议室布置　□很好　□较好　□一般　□较差　□很差

住宿条件　　□很好　□较好　□一般　□较差　□很差

休闲实施　　□很好　□较好　□一般　□较差　□很差

商务中心条件　□很好　□较好　□一般　□较差　□很差

三、会议内容

内容是否实现目标：□是　　□否　　原因：_____

演讲内容与计划主题的符合度：□完全符合　　□部分符合　　□完全不符

研讨会的价值：_____

四、建议改进措施：_____

表4-10　主持人的行为表现评估表

行为	次数	引言或例句
组织、安排会议		
确定、检查目标		
遵守时间		
澄清事实		
引入正题或是离题太远		

续表

行为	次数	引言或例句
使人们对决策有责任感		
过早结束,结果未明		
会议速度的控制		
处理冲突的能力		
检查进程或作出总结		
结束会议		

二、会议总结

对会议评估的过程也是对会议进行总结的过程,评估工作完毕之后,会议组织者要根据评估情况,写出会议总结报告,总结出会议的成败得失。

会议总结的目的是分析会议组织过程中的经验和教训,对一些工作出色的组织和个人进行表彰,总结的结果可以为今后的会务工作提供参考依据。会议总结主要考虑以下方面。

(1) 会议的召开是否有必要,所提出的各项议案是否解决;

(2) 会议的准备工作是否充分,设备物品是否齐全,配套设施是否完备;

(3) 会议议程是否科学合理;

(4) 会议组织工作是否完善,有无明显疏漏或失误;

(5) 会议人数是否严格控制,有无超出预期规模;

(6) 会议主持人的水平能力是否符合要求,是否达到预期效果;

(7) 会议代表对会议的满足程度如何;

(8) 会议决议是否得到有效贯彻实施。

会议总结要以科学的绩效考评标准为指导,制定具体的量化指标,起到总结经验、激励下属、提高会务工作水平的作用。

现提供会议总结范本如下。

会议总结范本

1. 会议简介

会议简介包括会议名称、召开地点、主办单位、参加人员、会议议题、议程安排、召开的背景、会议预期效果等(个人总结着重写本人负责的会务内容)。

2. 本次会务工作要点

(1) 会务组成人员名单;

(2) 会务工作安排;

(3) 本次会务主要抓的几项工作;

(4) 本次会务关键要素(要针对本次会议的特点进行分析和安排);

(5) 本次会务与其他会务工作的不同之处;

(6) 本人负责部分的工作总结。

续表

3.会务满意度调查情况

即"会务组织满意度"调查反馈情况,对各要素得分进行统计,评价最好与最差的问题集中点等。

4.问题分析

参考会务满意度调查结果分析整个会议过程,归纳出本次会议存在的问题,以及从此次会议中得到的经验、相关改进意见等。

5.经验总结

(1)本次会务工作的成功之处;

(2)可以推广或可供他人借鉴的地方。

除此之外,还要对会议筹备期间的组织、营销宣传、资金筹措、资金管理等各项工作进行总结;对会议现场注册、现场接到、现场协调、会议专业活动情况、会议附设展览活动、会议社会活动情况、会议餐饮活动情况等工作进行总结;对会议结束后的收尾工作、会议评估工作、财务结算工作等进行总结。

📱 **赋能广角** ━━━━━━━━━━━━━━━━━━━━━━━━━━━━▶

企业年会效果评估

某公司是一家跨国企业,每年都会举办全球性的年度会议,邀请全球各地的员工和合作伙伴参与。为了评估今年年度会议的效果,该公司进行了一次综合性的会议效果评估。评估目标包括:评估参与者的满意度和参与度,了解他们对会议内容、组织和执行的评价;评估会议的知识传递效果,了解参与者对会议主题和议题的理解和接受程度;评估会议对员工团队建设和合作关系的影响,了解会议对团队合作和沟通的促进作用。该公司实施了以下评估过程。

(1)设计问卷调查:调查内容包括参与者的基本信息、对会议内容的评价、对会议组织和执行的评价等。

(2)进行访谈:选择部分参与者进行深度访谈,了解他们对会议的感受和看法。

(3)收集会议数据:在会议结束后,通过邮件发送问卷、电话访谈等方式收集参与者的反馈意见。

(4)数据分析:对收集到的数据进行整理和分析,总结参与者的反馈意见和建议。

(5)撰写评估报告:根据数据分析结果撰写评估报告,提出改进建议和措施。

通过评估,该公司了解到大部分参与者对会议的整体评价较高,认为会议内容丰富多彩,组织安排合理。但也发现部分参与者对部分议题理解不够深入,需要加强会议主题的传递和说明。另外,部分参与者提出了对会议交流环节的改进建议,希望增加互动性和参与度。

最后的结论是,通过会议效果评估,该公司深入了解了今年年度会议的实际效果和影响,找到了优点和不足之处,公司将根据评估结果提出改进建议,优化未来年度会议的策划和执行工作,提高会议的质量和效果,促进员工团队建设和合作关系的发展。

会议的效果能评估吗？

一位与会者在会议评价表上写道："会议开得很好"。另一位与会者说："发言很精彩"。肯定的回馈总是受欢迎的,可是他们的评价意味着什么呢？与会者参会后到底带走了什么？会议效果能展现时间和金钱的投资回报吗？展商不会仅仅因为竞争或者扩大知名度而参加商业展示会。他们需要量化投资回报(ROI)和目的回报(ROO)。假定会议能满足参会者的需要已不足以让会议组织者去办一次会议,会议室里挤满了人也并不能代表会议取得了巨大成功。参会者也不再满足于回到办公室后感觉会议开得还可以,但却不知道如何把所学到的东西用到现实中。

Ira Kerns 是会议效能评估方面的领头人。他说："大型的会议如果策划得对路,将会非常具有影响力,而且会推动变革。"但很不幸的是,许多会议并没有起到这样的作用。Kerns 说："许多会议错失良机,是因为这些会议的策划不能解决人们关注的焦点和重大问题,不能满足参会者的需求,因此往往不能产生可评估的战略性成果来推动自己所在的组织向前发展。"可是,怎样评估参会者从会议中取得的收益,以确定会议所产生的影响呢？Kerns 认为,这个问题的答案就是"会议衡量标准(Meeting Metrics)",即帮助会议策划者计算办会回报(ROE)的"尺度"。

Kerns 解释说："会议衡量标准的研究方法与技术,可以帮助会议策划者收集参会者和赞助商的具体信息。"参会者在网上填写的调查内容,反映出他们对会议的预期和需要,具体体现在会议内容和预期商业影响等方面。他说："会议策划者可以根据这些内容帮助组织者设计一次有针对性的会议,充分满足参会代表的需要,从而扩大会议的影响,将会议办得非常成功。"

据 Kerns 介绍,通过会议衡量标准的"核心七标准",会议策划者可以在会前研究会议的各种需要,并从中受益。这七个标准如下。

(1) 知识、理解、观念;

(2) 观点、态度、信仰;

(3) 问题、关注、感受;

(4) 需要、喜好;

(5) 能力;

(6) 目的;

(7) 行为、商业成果。

Kerns 认为,以上方法对会后研究也适用。会议策划者可以衡量一次会议的具体成果,也可以衡量会议可能产生的影响。

制定出会前和会后的标准,有助于确定参会者的理解、态度、观念、能力、信心、努力程度以及行为,即心理层面的 ROE。如果可以获得合理的量化信息并把这些信息和会议直接联系起来,就能很好地衡量会议在多大程度上成功实现了投资回报(ROI)。从最基本的层面上讲,ROI是会议主办者、参会者、参展商和赞助商所获得的投资回报,这是用会议净收益除以会议成本所得到的数额。

据Kerns介绍,会议衡量标准已经为众多领域的公司在会议方面带来了巨大的效益,包括削减会议成本和为所有会议利益相关者创造更高价值。会议衡量标准被设计得很易于使用,并有高层专业人士在使用过程中进行引导并提供咨询服务。随着会议策划者越来越熟悉"会议衡量标准"的使用流程,并相信这些法则的实用性,这些法则将会把新的能量注入你所从事的工作中,并使你的工作大为改观。

专业会议管理协会(PCMA)把"会议衡量标准"作为一项有用的工具提供给专业会议人士,协助他们提升自身在组织内的地位。

项目总结

● 项目案例分析

博鳌亚洲论坛在会议宣传推广、会议主题设置、会议组织接待等方面做足了准备,这是本次论坛成功举办的关键。首先在会议宣传推广方面,主办方专门召开筹备工作新闻发布会,介绍了本次论坛筹备工作进展、分论坛主题和亮点等相关情况,做好会前的宣传,引发关注。其次在会议主题设置方面,基于当今世界百年变局加速演进,世界经济复苏乏力,和平与发展面临严峻挑战,国际社会求和平、谋合作、促发展的诉求空前迫切,全球经济增长东快西慢的大趋势进一步增强,亚洲经济板块分量明显上升的大背景。"亚洲与世界:共同的挑战,共同的责任"这样的会议主题契合与会者的需求。再者,在会议组织接待方面,一方面落实好党中央过紧日子的要求,坚持勤俭办会。另一方面注重细节服务,提升服务质量,不因节俭而降低服务水准,在交通、餐饮、住宿等方面提供个性化、便利化服务。这些都是会议项目运营中重要且关键的环节。

项目实训

● 综合实操任务

请模拟举办为期两天的广东省会展专业年会,做好会议服务。会前服务包括制定会议计划,拟定会议议程、日程、程序,制发会议通知,准备会议物资,选择会场布置的形式等。会中服务包括提供会议接待、现场服务、配套服务、送别与会人员与清理会场等。会后服务包括收集、整理文件资料,会议评估与总结等。

项目自测

▼

项目四

项目五
节事活动策划与运营

项目解读

节事活动对于宣传地域优势,提升所在地形象,打造城市品牌,带动区域经济、社会、环境效益,强化对外交流,增进相互了解方面起到了重要的作用,它可以塑造节事所在地形象,也可以提升国家城市竞争力和促进经济发展,在文化传播、资源整合和城市建设中发挥着不可替代的作用。如何将节事以项目的形式放在市场背景下进行系统的、科学的策划、组织、实施和管理,是节事工作者亟待解决的问题。本项目以节事活动策划与运营为主要内容,针对节事活动策划和管理上的创新性、科学性和市场化运作方面等问题,从节事活动策划的基本理论和原理,到节事活动策划与设计、营销与推广、现场运营管理等具体内容进行梳理。对照国家技术标准、行业服务标准、会展项目管理岗位技能要求,结合会展管理职业技能等级证书(1+X证书),梳理岗位的技能及知识要求,参考全国高校商业精英挑战赛旅游与会展创新创业实践竞赛评分细则,设置教学内容,设计一体化项目,实现任务驱动教学。教学内容结合节事活动的策划与运营需求,创造和塑造节事活动的新形式、新路径、新业态、新品牌,发掘节事活动在区域和地方发展综合体中的新功能、新作用,培养能传承传统民俗文化,丰富人民幸福生活,创新节事活动策划与运营的应用型人才,为人民日益增长的美好生活需要作出贡献。

项目目标

- **知识目标**

(1)了解节事活动的历史变迁与发展趋势,特点及类型。

(2)熟悉节事活动策划与设计的原则和方法、节事活动风险的识别与评估。

(3)掌握节事活动营销与推广、现场运营与活动执行的方法。

- **能力目标**

(1)能明确节事活动的举办目标并对节事活动进行立项分析。

(2)能进行节事活动策划、营销推广、现场运营协调与管理。

(3)能对节事活动进行品牌定位及塑造。

- **素养目标**

(1)形成缜密的系统思维、统筹全局的意识。

（2）树立立足群众、服务人民的意识，传承民族传统文化。

（3）培养文化自信，铸牢中华民族共同体意识。

项目案例导入

广州国际灯光节作为大型公共文化活动，已经成为广州的一张靓丽城市名片，与广州的经济发展以及文化传播都有着密切的关系。第十二届广州国际灯光节以"炫美湾区·光耀羊城·智造未来"为主题，与不同领域品牌共同探索更多有趣、创新、体验感强的新玩法，其四大亮点如下。

第一，25组作品同时点亮开幕式：总计25组光影艺术作品分布于花城广场、海心沙亚运公园和广州塔三大板块内，通过灯光、LED、激光、视频影像、场景布置等多种形式，运用大型光影舞台装置、3D成像、全息投影、AR（增强现实）视觉等先进技术，全方位展示广州绚丽的城市夜景与文化魅力，打造集创意、艺术、科技、文化为一体的沉浸式灯光盛宴。

第二，AR技术展现湾区美好未来：开幕式演出分为《序：龙腾珠江》《第一篇：万里和风》《第二篇：海宇清宁》《第三篇：时代湾区》四个章节，以岭南深厚的历史人文底蕴与传说为基础，通过如梦似幻的光影艺术，讲述广州风云激荡的红色文化、源远流长的岭南文化、融通中外的海丝文化、敢为人先的创新文化。同时利用五羊、建筑、醒狮、广彩、广绣等独特的岭南文化元素，勾勒出一幅极具风采的岭南风情画卷。

第三，知名艺术家团队打造一流感官体验：本届灯光节由国家一级舞美设计师、广东省舞台美术研究会常务副会长赵海担任总导演，设计及艺术顾问团队囊括上海戏剧学院、中国戏曲学院、中国舞台美术学会等众多名家和教授。

第四，以光影为媒，促进文旅产业消费：灯光节结束后，一方面，充分运用本次灯光节艺术与技术相融合的经验，结合广州文旅夜间经济发展规划，推动杂技、歌舞、芭蕾、话剧等演艺活动与3D成像、全息投影等光影技术的深度融合，让更广范围的人民群众都能欣赏到诸如《化·蝶》《醒·狮》《白蛇传》等富有岭南特色的广州粤剧院团精品剧目演出。另一方面，也运用好灯光节这一标杆活动的影响力，结合即将召开的广州文交会等重要窗口，促进光影技术应用、舞台舞美制作等方面的文化创意产业，服务好广州接下来即将举行的各类大型活动，共创湾区美好未来。

思考：分析广州国际灯光节成功举办的因素有哪些？

任务一　节事活动项目立项分析

任务剖析

任务：根据节事活动所在地的相关情况对节事活动进行立项分析，以达到提升节事活动开展的可行性，提高节事活动的成功率及达成节事活动的预期效果等目标。

目标：了解节事活动的历史变迁、类型与特点；理解节事活动立项分析的内容，掌握节事活动的可行性分析；培养学生科学严谨的思维方式、全面思考问题的能力，以及服务人民群众的工作意识。

任务流程

一、认知节事活动

（一）节事活动的历史变迁

节事是节庆、事件等精心策划的各种活动的简称，其形式包括精心策划和举办的某个特定的仪式、演讲、表演和节庆活动，各种节假日、传统节日以及在新时期创新的各种节日和事件活动。通过节事活动可以扩大举办国的影响，提高举办城市的知名度，吸引成千上万的旅游者，为举办城市的旅游业、餐饮业等诸多行业带来无限商机。

各种节日风俗反映了各个民族生息、发展、进步的过程。节日风俗的形成过程是根据生活的需要，经历由不自觉到自觉，由不定型到定型，逐渐发展和补充的过程。从有记载开始，人类就用各种方法来标记他们生活中的重要活动。

20世纪60年代以后，世界的旅游业进入高速发展时期。节庆和重大活动越来越受到人们的青睐，每一个国家都有自己的多种节庆，不少国家如瑞士、印度等甚至被称为节日之国，德国的狂欢节经过七百多年的发展，成为充满世俗风情的欢庆大典，"让大家都来欢乐"成为节日的宗旨，每年吸引数百万人参加，各国游客大量涌入。国际节事活动的发展呈现出一些特点，一是政府重视，推动节庆，发展旅游；二是节事活动管理走专业化道路；三是赞助商、志愿者在节事活动中的作用越来越突出。

在我国，节事活动源远流长，有很多节日都来源于生活生产方面，如春节是一个综合性的盛大节日，每年农历正月，人们在一年辛勤劳动之后，把春节视为庆祝丰收、展示成绩、交流信息的日子。元宵节闹花灯，充分说明人们对生活的热爱。而少数民族的节日受地域性的重要影响，也体现出不同民族的特殊风貌和独特个性，如彝族每年的"火把节"。

从20世纪80年代后期开始，随着国内旅游业的发展，游客在观赏风景的同时，也可以体验民族风情。当地的男女老幼穿上节日的盛装，齐跳民族舞蹈。但由于当时对旅游资源和旅游产品的开发在认识上有局限性和片面性，还没有认识到节事活动和会展业的重要性，这一时期的节事活动发展缓慢。

1991年以后，我国借鉴国际上举办大型主题年活动的成功经验，举办系列旅游年活动，在全国各地推出的旅游专线中，配合举办了丰富多彩的文化节庆活动，很好地展示了我国世界著名文明古国的风姿，逐渐形成了在国际上有一定影响的节庆活动，如云南西双版纳的泼水节、哈尔滨的冰雪节、青岛的啤酒节、内蒙古的那达慕大会、广州的春节花市及少数民族的服饰、礼仪、民俗和民间竞技活动等。这些节事活动很好地推动了旅游业的发展，人们对节事活动重要性的认识在实践中不断得到提高和深化。

至此,我国进入一个有计划、有组织地主动开发节事活动的新阶段。

如今,我国节事活动已经步入相对成熟的阶段。首先,在主题上,节事活动的主题已经越来越丰富,如"文化""宗教""风景特色""特色农业、民俗"等,呈现出主题、功能综合化的发展趋势。其次,节事活动的规模和影响也越来越大,节事活动的规模和影响进入一个快速上升阶段。

(二)节事活动的特点

节事活动作为会展活动中的一个部分,除了具有会展活动的一般特性,还具有自身的一些特性,包括文化地域性、凝聚交流性、体验多样性、个性吸引性、保护认可性等,详见表5-1。

表5-1 节事活动的特性

特性	具体内容
文化地域性	节事活动本身就是文化活动,以民族文化、地域文化、节日文化和体育文化等为主导的节事活动往往具有极浓的文化气息。同时,节事活动都是在某一地域开展的,有明显的地域性,有些节事活动已经成为地域的名片,而少数民族节日更独具地方特色
凝聚交流性	节事活动有助于增强社会凝聚力和群体认同感。人们在共同参与节事活动的过程中,可以感受到团结、互助和共融的力量,从而加强社区、城市乃至整个社会的凝聚力。同时,它提供了人们交流情感和感受快乐的机会,人们可以与亲友一同参与活动,分享快乐和温暖,增进彼此之间的情感和联系
体验多样性	节事活动是参与性、大众性很强的文化、旅游、体育、商贸和休闲活动,是建立在大众参与和体验基础上的。节事活动的内涵非常广泛,其开展形式多元化,内容丰富多彩
个性吸引性	举办地必须有特别出色的节事活动产品提供给参与者和旅游者挑选。节事活动本身必须具备强大的吸引功能,给参与者非常好的感知印象,在心里产生非去不可的愿望
保护认可性	节事活动应该控制参与者的数量,保护当地旅游环境不受破坏,在当地居民承受能力之内,以当地居民认可并显示出友好的态度为准

(三)节事活动的类型

按节事活动的属性划分,可分为传统节日活动和现代庆典活动。

按传统节日的发展历史划分,又可分为古代传统型,如中国端午节的赛龙舟活动;近代纪念型,如国庆节。

按节事活动的影响范围划分,有世界性节事活动,如戛纳国际电影节;全国性节事活动,如青岛啤酒节;地区性节事活动,如浙江陆羽茶文化旅游节。

按节事活动的内容划分,有与生产劳动紧密联系的节庆活动,如泰国大象节;与生活紧密联系的节庆活动,如威尼斯狂欢节等。

按节事活动的组织者划分,有政府性节事活动,如五·四青年节等政府组织的联谊活动、纪念活动;民间自发性节事活动,如意大利狂欢节;企业性节事活动,如上海旅游风筝会等。

按节事活动的主题划分,可分为宗教类,如古尔邦节;文化类,如巴西嘉年华等主题节事活动。

按节事活动涉及的内容划分,有单一性节事活动,如法国香槟节;综合性节事活动,如上海旅游节。

(四)节事活动发展的趋势

(1)多样化与个性化。随着社会的进步和人们对个性化需求的增加,节事活动也越来越多样化和个性化。活动形式和内容更加多样,能够满足不同人群的需求,例如音乐节、文化节、艺术展览等。

(2)全球国际化。随着全球化的发展,国际节事活动也越来越受到关注和推崇。人们越来越愿意参与国际节事活动,体验不同地区的文化和风俗,促进跨文化交流与合作。

(3)数字化与科技应用。随着科技的进步,数字化技术在节事活动中的应用也越来越广泛。例如,通过智能手机预订门票、参与互动活动、分享活动照片等,这提升活动的便利性和互动性。

(4)绿色可持续发展。随着环境保护和可持续发展意识的增强,节事活动也越来越注重环境友好型发展和可持续性发展。例如,使用可再生能源减少活动对环境的影响,鼓励参与者采取环保行为等。

(5)线上线下结合。随着互联网的普及和发展,节事活动也越来越注重线上线下结合。通过线上平台宣传活动、在线购票、线下实体体验等方式,提升活动的影响力和参与度。

总的来说,节事活动的发展具有多样化、个性化、国际化、数字化的特点,并具有可持续发展和线上线下相结合趋势。这些趋势将进一步丰富活动形式和内容,提升参与者的体验和满意度。

📱 **赋能广角** ⟶

健身好时节,风筝飞满天——全民参与潍坊国际风筝节

第四十届山东潍坊国际风筝会在滨海国际风筝放飞场开幕。百米"巨龙"冲入云霄、"复兴号高铁"飞驰在苍穹、巨型"鲸鱼"遨游天际、艳丽的"牡丹花"盛放在云端……一时间,天空成了风筝的海洋。张华刚团队获得本次创新赛一等奖,他们的作品"潍坊复兴号"串式风筝长150米,由一个复兴号"火车头"和50节"车厢"组成,由制作团队6名成员耗时半个月时间完成。在比赛现场,26名成员协作将风筝成功放飞。他们的创作目的是想通过这种方式更好地推广中国高铁。

"儿童散学归来早,忙趁东风放纸鸢",放风筝是传统的民俗娱乐活动。潍坊国际风筝会历经40年发展,现已成为一个国际性文化体育盛会,促进了风筝运动

的发展与普及。开幕当天,超过10万名观众现场参与其中,从大学生到上班族、从黄发老者到垂髫孩童,都尽情地享受放飞风筝的乐趣。

作为"世界风筝之都"和国际风筝联合会总部所在地,风筝运动已经成为潍坊大众健身的重要运动项目之一,无论是专业的放飞场,还是街边的广场公园,总会看到市民放风筝的身影,风筝运动已成为全民都可参与的群众性健身活动。

二、节事活动立项分析

(一)节事活动的立项背景分析

节事活动立项背景分析是指综合考虑节事活动的政治、经济、文化、社会环境等因素的影响,找出当地具体的资源优势和产业优势,对节事活动所在地的经济基础、基础设施、服务设施、服务能力进行评估,为节事活动的策划提供依据。

1.政治环境

政治环境是指一个国家或地区的政治制度、体制、方针政策、法律法规等方面。这些因素常常影响主办方的行为,尤其是对可持续发展的重大活动有着较大影响。节事活动的举办,得益于地方政府的支持,政府的鼓励对节事活动的发展有着莫大的推动作用,如国务院办公厅印发的《节庆活动管理办法实施细则》,规范了节庆活动举办行为,加强了对节庆活动的监督管理,促进了节庆活动健康发展。

2.经济环境

经济环境是指那些能对节事活动产生影响的经济因素,如社会经济发展水平、产业利润的高低、市场规模的大小、产业进出口状况、产业结构状况等。发达的经济是节事活动举办的前提,节事活动对配套设施和基础设施的要求很严格,因此,发达的经济可以为节事活动的发展提供坚实的物质基础和发展动力,保障节事活动的高质量发展。而产业基础又是一个地区经济发展的基础,包括基础设施、人力资源、产业链、制度环境和资金支持等方面。良好的产业基础能够为节事活动的开展和发展提供支撑和动力,促进城市经济的繁荣和创新。

3.社会环境

社会环境指节事活动所在社会中成员的民族特征、文化传统、价值观念、宗教信仰、教育水平以及风俗习惯等因素,以及节事活动所在地的住宿、餐饮、旅游、交通等配套设施的完备程度等。这些因素从侧面影响观众参与节事活动的意愿。稳定的社会秩序和开放、包容的文化传统是节事产业形成和发展不可缺少的条件。一个具有开放意识的地区,往往能随着时代进步,鼓励开展彰显各种风格、不同文化的活动,实现节事经济产业化。良好的社会氛围是节事活动举办的又一前提,节事活动是建立在大众参与和体验的基础上的,高质量的服务水平,热情好客的友善态度,多元化的特质都会深深吸引旅游者和参与者,使他们成为回头客。

4.文化环境

文化环境是指一个节事活动的产生往往会依托于地方特色或民俗文化特色,别具特色的传统文化对节事活动的举办发挥着重要作用,所在地文化环境对节事活动的观众参与程度会产生比较大的影响。

(二)节事活动立项可行性分析

节事活动项目的可行性研究是指在活动启动之前,对节事活动举办产生影响的各种因素进行调研和分析。这些因素可能会给主办方举办节事活动带来市场机会,也可能会造成市场威胁。主办方在策划举办一个节事活动时,必须对其加以密切关注,并及时做出适当的反应,以便有效地识别和抓住市场机会,避开和减少市场威胁。对活动展开调查分析与资料收集分析,从而得出该活动举办的必要性和可行性,以及确认可行的投资建设方案,并预测活动项目的社会效益和经济效益,从而确定是否值得立项和投入资源。

1.市场需求分析

分析目标市场对该节事活动的需求情况,包括目标受众群体、市场规模、竞争对手、消费者需求和趋势等。这有助于评估市场潜力和活动的可行性,可以通过SWOT分析法,把举办节事活动所面临的宏观和微观环境等各要素综合起来进行分析,得出市场环境对举办节事活动所形成的优势与劣势、机会与威胁,以寻找适合举办节事活动的可行性战略和有效对策。

2.客源市场分析

客源是节事活动的主体,了解目标客群的需求、兴趣和参与意愿,从而进行精准的市场定位和营销推广。同时,也要不断改进活动内容和服务,提高客户满意度,从而吸引更多的参与者。节事活动的客源市场主要包括以下几个方面。

(1)本地居民。节事活动通常在当地举办,吸引当地居民参与。这部分客源市场主要由本地居民组成,他们对于当地的文化和传统具有较高的认同感,愿意积极参与节事活动。

(2)游客和旅行者。节事活动具有独特的文化魅力和旅游价值,吸引了大量的游客和旅行者。他们都是来自其他城市、其他国家甚至其他文化背景的人,对于当地的节事活动充满了好奇和兴趣。

(3)学生和学校。节事活动可以作为教育资源,为学生提供了解文化传统、培养兴趣爱好的机会。学校和教育机构可以组织学生参与节事活动,增加其教育价值。

(4)企业和机构。企业和机构可能会赞助或合作举办节事活动,以提升品牌形象、增加知名度和开展社会责任活动。他们可以通过赞助活动、提供支持或举办相关活动来吸引目标客群。

(5)社区组织和志愿者。节事活动通常需要大量的志愿者参与,社区组织和志愿者组织可以起到组织和动员的作用。他们参与活动可以增加社区凝聚力,也能够为活动提供必要的人力资源。

3.活动主办方分析

节事活动主办方需要具备组织能力、项目管理团队、资金实力、人力资源、专业经验、合作伙伴和资源网络等自身条件,并对以往举办同类节事活动的情况进行分析,还需掌握相关信息资源和能联系上的社会资源等。通过对节事活动机构内部环境的客观分析,准确地找出它们在所处产业以及自身所具有的举办节事活动的优势和劣势,并对这些优势和劣势进行客观的评估,分析节事活动机构是否具有举办该节事活动的能力,才能够成功地举办节事活动。

4.竞争对手分析

进行节事活动竞争市场分析可以帮助举办方了解当前市场的竞争情况和趋势,从而制定有效的竞争策略。一方面,通过对节事活动市场的规模和增长趋势进行分析,包括市场的潜力、增长速度、未来发展预测等,可以判断市场的竞争激烈程度和机会,为是否在该产业内举办节事活动提供决策依据;另一方面,通过对竞争对手的策略分析,可以了解他们的市场定位和推广重点,作为在该产业内举办节事活动时制定竞争策略的参考。在对竞争者进行分析时,不仅要分析具有竞争关系的节事活动和举办节事活动机构的现状,还要分析它们的变化,并及时提出对策。

5.风险评估分析

评估活动可能面临的风险和挑战,包括市场风险、技术风险、法律风险、经济风险、反响风险、环境风险等。评估节事活动的风险是为了识别潜在的风险因素,并采取相应的措施来降低这些风险发生的概率和造成的影响。

📱 **知识扩展** ┄┄┄┄┄┄┄┄┄┄┄┄┄┄┄┄┄┄┄┄┄┄┄┄┄┄┄▶

节事活动与会展的关系

关于节事活动与会展两者的关系问题,自会展专业诞生之日起,在我国的学术界就存在着争议。有人认为,会展的内涵远远大于字面意思,它不仅包括会议和展览,而且还包括奖励旅游和节事活动。也就是说,节事活动是会展的一个重要组成部分。

有人认为,会展也是一种活动。节事活动的内涵则更为宏观,它应该包括会展活动。也有人认为,活动业与会展业是两个完全不同的产业,其组织、运作和经营的模式以及参与的对象也完全不同。在国外,活动业的提法更为普遍,使用也更为广泛。不同的学者由于翻译不同,产生了"活动"和"会展"两个不同中文词意,而在国际上实属同一含义,都来自英文词Event。需要精心策划的节事活动不仅包括一般节庆、狂欢节、宗教仪式、遗产纪念等文化庆典,音乐会及其他表演、展览、颁奖典礼等艺术和娱乐活动,职业和业余的体育竞技,研讨会、学术会、说明会等教育科学活动,就职典礼、贵宾来访等政治活动等,还包括展销会、贸易展、博览展、会议、筹款募捐等商业及贸易活动。从广义上说,在短期内组织众多人参与的活动都可以称为活动或节事活动,会议和展览也同样符合这一定义。

📱 **任务实训** - ▶

以小组为单位,选择城市所在地的一个节事活动,为其做立项背景分析和立项可行性分析。完成表5-2的填写。

第一步:了解节事活动所在地的相关资源,分析该节事活动的类型和特点。

第二步:从举办该节事活动政治、经济、社会、文化环境等方面做立项背景分析。

第三步:从需求分析、客源市场、主办方实力、竞争对手、风险评估等方面做立项可行性分析。

表5-2　任务评价表

评价内容		组间评价得分（20%）	教师评价得分（40%）	企业导师评价得分（40%）
立项背景分析是否合理（50分）	政治环境分析			
	经济环境分析			
	社会环境分析			
	文化环境分析			
立项可行性分析是否客观(50分)	需求分析			
	客源市场			
	主办方实力			
	竞争对手			
	风险评估			

任务二　节事活动策划与设计

⚙ **任务剖析**

任务:根据节事活动的立项背景及可行性分析,对节事活动流程进行策划,对节事活动内容进行设计。

目标:了解节事活动的策划原则和方法;理解不同策划阶段所采用的对应方法与应用流程;掌握主题策划及内容设计技能,会撰写策划书;培养学生创新思维,丰富传统文化内涵。

🛠 任务流程

一、节事活动流程策划

节事活动策划是以一定的资源和市场为基础,经过调查、分析与研究,对主题、内容、举办形式进行事先分析,判断节事活动的变化与趋势,对整体战略和策略进行理性的运筹规划,从而形成正确的谋划和决策,指导高效的工作过程。节事活动必须经过事先周密计划、统筹安排,才能满足社会公众精神文化方面的需要。它是一项立足现实,面向未来的创造性活动。

节事活动流程策划大致可以分为四个阶段:前期筹备阶段、实际策划阶段、现场执行阶段、后期评估阶段,详见图5-1。

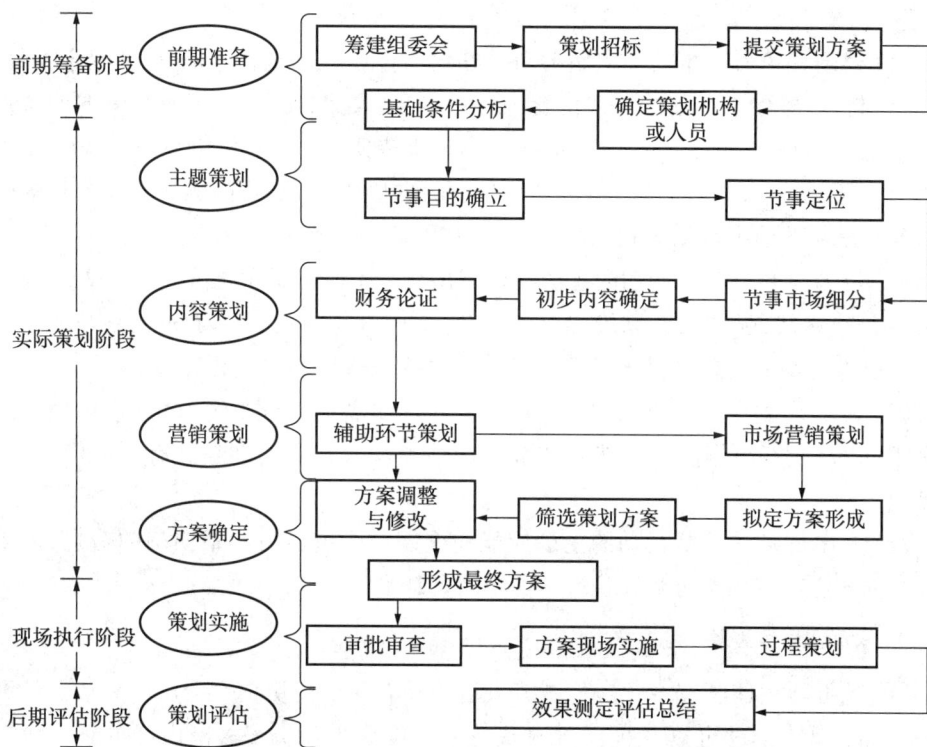

图5-1 节事活动流程策划的过程

(一)节事活动内容设计

在举办节事活动时都以立足本地特色为本,以弘扬文化和精神为宗旨,强调节事活动策划的参与度与创新性,优秀的节事活动策划方案层出不穷并且风格迥异。然而,策划内容是节事活动策划方案的实质性体现,也是节事活动策划方案的基本组成部分,其方案要点具有以下八点。

(1)节事活动举办的起因、背景和最终目标。

（2）节事活动举办的时间、地点、规模、风格、组织形式。

（3）节事活动的内容和目标受众。

（4）节事活动的主要对外合作方式和具体的运作方法。

（5）节事活动的盈利模式、资金来源、成本预算、收入预测。

（6）节事活动实施和管理中的重点和难点。

（7）节事活动主要的风险预测、评估，并提出解决方案和备用方案。

（8）节事活动效果评估和全面总结。

（二）节事活动内容主题设计

节事活动主题是节事活动的核心，有了主题，节事活动才会有鲜明的形象、生动的内容、高度的凝聚力和巨大的号召力。鲜明的主题是举办节事活动的关键。

1. 节事活动主题设计的要点

（1）体现特色。节事活动主题要和主办地的特点有机结合起来，更新观念，创新特色，因地制宜，抓住举办地的地理位置、政治、经济、自然、文化、发展等最鲜明的特点来确定主题，策划"独一无二"的节事活动项目。坚持独立性原则，实行错位竞争，以更为鲜明的主题、形式和内容，使节事活动产生更大的吸引力、更强的竞争力和更长的生命力。凡是成功的节事活动策划，都能体现独特性原则。

（2）以人为本。节事活动的主题应体现出对人类利益的关注和维护。人类是世界上最宝贵的财富，强调关注和维护人类的利益，归根结底就是为了人类更好地生存与发展。以人为本的主题是世界各国人民共同关注与感兴趣的主题。

（3）表示共性。节事活动的主题应该表示人民普遍关注的共性，这样能使人民尽管有不同的立场和利益，但仍然能从节事活动中获取共同的利益和有益的信息，并乐于参加。

（4）发布信息。节事活动的主题应能向全国或全世界发布最明确的信息，表明节事活动的核心内容和举办地关注并努力解决的问题。

2. 节事活动主题的选择

（1）挖掘与发展既有主题。传统节事活动具有深厚的历史文化沉淀和浓郁的民族风格。如长达一百多年历史的美国玫瑰花节在发展中经历了多次内容更新，由拔河、赛跑以及马术比赛等活动发展到橄榄球比赛，参与人员由俱乐部内成员发展到普罗大众，组织者由自发行为发展到由专门的组织单位来管理，由最初的手工花车到计算机动画制作，这些都体现了不断发展的理念。

（2）创造新主题。如乌镇戏剧节的核心竞争力在于国际化的办节模式，每年都能邀请到全世界殿堂级剧团来华参演。在节事主题上，每一届的乌镇戏剧节都匠心独运，力求个性与创新，通过设置个性鲜明的主题，赋予戏剧节不同的内涵。

3. 节事活动主题内容设计

节事活动组织者可以通过节事活动的主题向外界传达该活动的主要内容和意义。

作为节事活动的中心思想,活动主题是节事活动核心内容的缩影。节事活动举办过程中所有项目和内容的设置,以及活动场景的布置等,最后都要服务于活动的主题。鲜明的主题与朗朗上口且富有创意的宣传口号,往往能够潜移默化地将节事活动的形象根植到参与者心中,激发其产生参与节事活动的热情。

（1）主题物品。节事活动一般有与活动主题相吻合的具体实物,如潍坊风筝节的"风筝"、大连国际服装文化节的"服装",青岛啤酒节的"啤酒",余姚杨梅节的"杨梅"等,这些物品就是主题物品。

（2）主题吉祥物。吉祥物或象征图案是表达某种文化主题内容的物品或图案,其中的创意构图以及色彩组合都蕴含着丰富的内容,具有相对的稳定性。主要效用是标示活动、展示活动主题、烘托活动气氛和诱导公众兴趣。如"欢乐春节"自举办以来就逐步成为全球共庆共享的文化嘉年华;农历新年的"吉祥龙",彰显了喜庆的春节节日氛围,体现了中华传统文化中对平安喜乐、吉祥如意的美好期冀与追求。

（3）主题典故与趣闻。根据节事活动的主题,挖掘出相关的典故和趣闻,有利于烘托整个节事活动的氛围,提升活动的文化品位,增强活动的吸引力。如在湖北兴山昭君旅游文化节中,组织者策划香溪河河灯展的创意灵感就是来源于"昭君别乡"这个古老的民间传说。

（4）主题仪式。主题仪式设计一方面要融合民族文化,用文化眼光来对待活动的程序编排,从仪式上与民族文化仪式谋求融合,在活动的开幕及闭幕式上,编排一些国家性、民族性、地方性仪式;或在活动中间有意识地安排一些民族性文化娱乐项目,表现当地的民族文化风采;另一方面,要突出活动主题,在策划节事活动程序和仪式时,一是要设计相对稳定,寓意深刻,流程规范,能固定在每次活动中演示并通过演示还能影响公众文化性心态的主题仪式,二是要设计气氛活跃、娱乐性较强而又符合节事活动主题要求的节目,以影响公众的休闲性文化心态。

（5）主题氛围。节事活动的文化性表现于活动氛围,即基于某种文化理念而营造出来的场面特色,包括活动场地的基调、音乐音响和装饰色调等。节事活动是欢快喜庆的基调,同时突出文化性。在以节日文化魅力与欢庆为基调,开展节事活动的过程中,音乐、音响和装饰色调对于烘托节事活动的现场气氛和影响公众的欢快心态有重要的作用,所以在策划节事活动时,应高度重视音乐音响和色调的选择。

（三）节事活动日程策划

节事活动日程策划包含节事活动的时间、地点、形式、流程、经费预算、风险预案等关键信息。

（1）时间选择。包括确定节事活动举办的日期、持续周期及分阶段安排。这个时间包括开始启动宣传的时间、开始预热的时间、活动正式开始的时间、结束的时间等。如果活动要分几个阶段进行,还要写清楚每个阶段的时间,每个阶段的主题以及详细的时间安排。正常时间安排应该以天为单位。如果活动周期比较长,那么时间安排可以以周甚至以月为单位(一般为年度活动)。

（2）地点选择。包括举办地（destination）和举办场地（venue）两个层面的决策。选择活动举办地要考虑资源、自然条件、基础设施、交通运输、城市化程度、地方文化和环境保护等要素。选择举办场地时，要考虑公众分布情况、活动性质、活动经费以及活动的可行性等诸多因素，考虑选择符合可持续发展和环保要求的场地，提倡绿色环保的活动举办方式。

（3）活动流程。策划节事活动主题对应的系列活动，确定活动或组合活动的基本形式。包括活动的整体流程设计、每项活动的具体形式以及编制进程安排，且需对应到每个具体阶段。可以使用甘特图、横道图、里程碑计划等形式编排活动流程。

（4）活动预算。节事活动的预算根据不同的活动类型和规模进行具体、周密地计算后，再合理分配，并用清楚明了的形式列出计算表格，明确筹集经费的渠道和方式。确定预算并密切监控费用支出，确保活动的顺利进行。

（5）风险预案。内外环境的变化会给方案的执行带来一些不确定性的因素，因此当环境变化时，是否有应变措施，损失的概率是多少，造成的损失多大，应急措施有哪些等也应在策划中加以说明。

（6）媒体策略。制定有效的媒体策略对节事活动组织者至关重要，节事活动组织者根据有限的广告预算以及举办节事活动的需要和条件来选择合适的媒体。选择媒体时要综合考虑目标受众的媒体习惯、信息类型以及广告成本等因素。

（四）节事活动的赞助策略

节事活动的举办需要耗费大量的人力、物力和财力，为了取得更好的举办效果，节事活动的组织者往往会寻找与赛事理念相匹配的企业进行赞助。节事活动主办方在进行赞助策划时，需要攻破的难关就是如何吸引赞助商，想要得到赞助商的青睐，就要思考如何做好赞助策划。

1.抓住赞助商的心理

节事活动知名度、促进销售、观众互动性这三点是赞助商比较关心的问题。赞助商重视的是如何在此次活动里获取最大的利益，打响并提高大众对品牌的认知度。因此可以抓住赞助商的这种心理，站在赞助商的角度周全地考虑赞助的各个环节，注重整合营销，制定多个符合他们口味、可供选择的可行性赞助方案。如赞助商黑鲸在国际斗鱼直播节暨斗鱼嘉年华中获得了高度的关注度，吸引了大批的观众，斗鱼嘉年华主办方就是抓住了黑鲸品牌想要接触更多年轻消费群体的心理，让电竞选手身穿黑鲸服饰参加嘉年华和现场抽盲盒互动环节，增加品牌和年轻群体的互动，把品牌带入年轻人的圈内。

2.提供额外福利

节事活动的主办方想要吸引更多的赞助商赞助，还须考虑赞助商的额外福利。除了能够得到应有的投资回报外，还可以设置其他措施提高赞助商品牌的曝光率，这有利于他们实施整体的营销计划。例如购买媒体报道，让赞助商通过广告来宣传他们的促销活动;开展赞助商的答谢会,有助于吸引潜在赞助商;帮助赞助商进行品牌消费市场的调查等等。在广州国际灯光节开幕式上,传祺轿车现身舞台,成为开幕式的主要舞蹈"演员",在表演中融入了很多汽车元素,通过新颖的舞台展示形式,提高了赞助商的品牌曝光率,这就是赞助商获得的额外福利。

3.给予长期赞助特权

从赞助商角度来说,长期赞助一个活动,观众会对该品牌印象深刻,能够增强其经济效益。主办方可以利用这样用心态让赞助商拥有长期的赞助权,留住赞助商。坚持长期稳定的赞助,用较少的投资在长时间内取得良好的效果。总之,能够为潜在的赞助商提供的好处越多,那么得到赞助的概率也就越大。

4.建立完善的活动风险机制

对于赞助商而言,参与活动时最看重的便是活动的安全性与可靠性,这就要求活动举办方必须进行精细的活动策划,构建起完善的风险管理机制,以此保障赞助商的名誉与品牌形象不受损害。就像曾经轰动一时的某大型音乐节,该音乐节邀请了多位知名歌手参演,前期通过大规模宣传吸引了大量乐迷关注,众多赞助商也纷纷投入资金助力。

然而,这场看似前景无限的音乐节最终却以混乱收场。主办方在策划阶段,未充分评估场地的承载能力,仅根据理想预估售票,导致活动当天涌入远超场地容纳量的观众。现场秩序混乱不堪,安全通道被堵塞,消防设施配备不足,甚至出现踩踏事件苗头。同时,舞台设备的安装与调试也存在严重问题,演出过程中多次出现音响故障、灯光熄灭等状况,演出被迫中断。

赞助商原本期望借助音乐节提升品牌知名度,却因活动的失败,品牌形象遭到严重负面影响,投入的资金也打了水漂。这场音乐节的失败,正是由于主办方风险管理机制缺失,从前期的安全评估、现场管理到设备保障等环节均存在漏洞,使得看似美好的活动最终变成了一场危机,给赞助商带来巨大损失。

二、节事活动策划实施与评估

(一)节事活动策划实施

根据节事活动策划方案实施进度,适时进行反馈、调整和修改。节事活动从立项开始到大规模举办阶段,包括立项、定约、设计、筹备与施工、彩排、大规模举办等环节。将活动项目实施时期各个阶段的各个工作环节进行统一规划、综合平衡,从而做出经济合理又切实可行的进度安排。根据活动总体方案,编制活动实施计划和时间进度计划,确定利益相关者,召开新闻发布会,启动市场开发计划,开展宣传推广和招商、招展,落实赞助商、广告商、服务商,开展商品销售、门票预定等活动。对活动实施过程中的人员、资金、物资、设备进行合理调度,对活动项目、活动流程、现场秩序和安全管理等进行预先安排。编制应急方案,对活动组织实施过程中的突发事件进行控制和防范,加强对活动现场的协调和管理。

(二)节事活动策划评估

根据节事活动策划实施的情况和影响,对活动策划与组织实施情况进行总结和评估。旨在说明节事活动实施过程的控制标准,传递信息,强化节事活动运营管理的目标导向,这是评价策划是否达到举办目的,以及主题与产品和目标受众是否一致、对受众是否有吸引力的指标。从活动组织的各环节进行分析,对节事活动进行总结;从经济效益角度进行分析,由主办方、参与方和第三方对节事活动进行客观评价;从活动社会效果、活动知名度、活动品牌影响力等方面进行调研,评估节事活动策划与组织的效果。

节事活动策划不仅是一项十分复杂的系统工程,而且具有很强的创造性,在策划过程中,要求不断推陈出新,通过新颖别致的方法、周密的计划、精心的安排,来达到出奇制胜的效果。

📱 **赋能广角** ┄┄┄┄┄┄┄┄┄┄┄┄┄┄┄┄┄┄┄┄┄┄┄┄┄┄▶

西塘汉服文化周:一场锦绣汉服与千年古镇的双向奔赴

著名词作人方文山在西塘发起汉服文化周,开启西塘与汉服的情缘。

第十一届汉服文化周通过汉元素与非遗元素相结合的形式展示中华民族传统文化的一脉相承。汉服实景剧、剧本娱乐大赛、花灯巡游等新玩法为汉服爱好者开启沉浸式穿越之旅。国学、茶道、香道、琴棋书画、国风音乐舞蹈、汉服摄影、汉服体验馆、汉服剧本杀、汉婚、成人礼、开笔礼、拜师礼、及笄礼等多元化的传统体验,更新着西塘在汉服文化界的内在引力。

春秋十一载,汉服与西塘的默契始终如一。西塘推动着汉服文化的发展,汉服文化也让西塘更加璀璨。如今,在西塘可以感受到汉服已成为生活的一部分,传统庆典可以穿,日常生活也可以穿。西塘汉服文化周已成为西塘古镇乃至浙江省一张靓丽的文旅名片,先后入选浙江省十佳社科普及项目、中国文化和旅游推广创新优秀案例以及浙江省文化和旅游IP库。每年吸引来自世界各地的文化企业、汉服品牌、非遗传承人及传统文化爱好者等相聚西塘,同时为广大爱好者及从业者提供了交流与展示的平台。

在本届西塘汉服文化周开幕式上,西塘汉服梦工厂正式开工,"一园、一链、一场景"开启汉服体验3.0版本建设。围绕西塘汉服文化的"品牌化、常态化、产业化、国际化",西塘全力开启汉服全产业生态圈建设,从汉服设计研发、展览秀场、主题场馆,到线上直播、商业配套等丰富业态,打造长三角地区最大的"汉服梦工厂"。

承前、启后、守正、创新! 西塘这座千年古镇,正借助汉服向世人表达自己的态度,自觉成为汉服文化的宣传者和传承者。

📱 知识扩展

中国节事活动发展与创新

我国节事活动在策划创意方面仍有很大的提升空间。目前国内节事活动在主题和内容上存在严重的雷同现象。我国目前六大竞争性主题是"美食节""茶节""啤酒节""X花节""服装节""文化旅游节"。这些节事并未很好地立足于当地的文化基础,不仅在主题、内容上照抄照搬,甚至在形式上也缺乏新意,千篇一律,造成了资源的浪费和恶性竞争,应该从以下几方面进行创新。

(1)形式创新。在节事举办形式的创新上,目前面临两个方面的压力,这也是未来创新的两个重要方面,即低碳办节和还节于民。低碳办节要求处于这个时期的节事活动策划主题与此相关,举办形式更注重低投入、高产出的高效、简约的办节方式。还节于民是节事策划最基本的要求,节庆活动本来就是根植于民间的重要民俗,只有全民过节、全民参与的活动才是真正的节日。

(2)类型创新。传统节日和民族节日是类型创新的重要内容。从国家层面看,有两个与节事相关的举措:第一,对传统节日进行立法,2007年,国务院调整了1999年颁布的《全国年节及纪念日放假办法》,新增了清明节、端午节、中秋节三个传统节日,与春节一起成为重要的四大节日。第二,对非物质文化遗产的保护。2006年5月20日,国务院公布了《第一批国家级非物质文化遗产名录》,并明确指出,"非物质文化遗产是文化遗产的重要组成部分,是我国历史的见证和中华文化的重要载体,蕴含着中华民族特有的精神价值、思维方式、想象力和文化意识,体现着中华民族的生命力和创造力",其中名录中涉及很多传统节日庆典,如那达慕大会、彝族火把节、傣族泼水节、黎族三月三、祭孔大典、太昊伏羲祭典等都成为重要的文化旅游吸引物。旅游不仅让旅客实现身体的位移,更使其成为精神之旅。

(3)主题创新。产品产业类节事潜力巨大,这类节事既有当地的产品产业基础,又找到了市场休闲消费的切入点,随着都市休闲和乡村旅游的发展,其前景广阔,如西瓜节、啤酒节、龙虾节等都属于该类。时尚创意类节事受到追捧,文化创意产业方兴未艾,特别吸引年轻人群的眼球,与此相关的电影、时装、卡通、音乐等节事前景广阔。运动健身类节事也备受青睐,健康的生活方式成为都市人的追求,运动健身类节事具有一定的竞技性,满足了寻求健康、刺激的心理需求,也成为现代国际化生活方式的标志,如登山节、马拉松、摩托车赛事等。

(4)模式创新。从创办来说,市场化就是要根据市场决定节事活动要不要办、如何办。从内容来说,节事的内容和创意,要从自身意志转变为尊重市场需求。运作上要从政府组织运作转向市场经济中的企业组织运作,实行公司化的经营。节事的效果评估,要从政府总结汇报向第三方中立机构评估转变。

(5)管理创新。从我国的实践来看,节、事、展、演、赛不分家,很多节庆活动孕育了中国会展产业的萌芽。但从发展趋势来看,各类活动正在面临管理上的分野,在寻求更专业化的组织管理和行业认证、行业培训,这是管理创新的重要趋势。

任务实训

根据节事活动的立项背景和可行性分析,为节事活动做一份完整的策划书,要求活动安排合理,整体层次清楚,行文通顺流畅。完成表5-3的填写。

第一步:在立项分析的基础上,为节事活动确定一个主题,并阐述理由或予以分析。

第二步:形成一份完整的策划方案,策划目的明确,结构完整,至少要有活动主题、活动内容(不少于3项)、宣传推广、财务预算、实施评估等内容。

第三步:分小组展示并进行评比。

表5-3 任务评价表

评价内容	组间评价得分(20%)	教师评价得分(40%)	企业导师评价得分(40%)
流程策划的完整性(25分)			
主题策划的创意性(25分)			
内容策划的合理性(30分)			
策划实施与评估的全面性(20分)			

任务三 节事活动营销与推广

任务剖析

任务:根据节事活动的特点以及市场营销的内容和要素,为节事活动制定营销推广策略,以达到宣传和推广节事活动的目标。

目标:能根据具体的节事活动进行组合营销策划,并结合节事活动的特点进行传播推广策划,为节事活动制定合理有效的营销与推广方案;培养学生的法治意识与职业道德,树立诚实守信的价值观,确立积极正确的营销价值观,在依法经营中创新营销。

任务流程

一、节事活动营销

节事活动营销是指在节事活动举办期间,充分利用消费者的心理,综合运用媒体宣传、广告、公共表演、线下与线上交易等营销手段,进行的产品出售、品牌宣传活动,由此增强产品卖点,达到活动的营销目的。节事活动营销有两方面含义,一方面指节事活动是一种特殊的营销载体,另一方面指节事活动本身需要推广营销。

在节事活动营销中,市场营销战略应采用大市场营销观念,除了传统的4P(产品 Product、价格 Price、渠道 Place、促销 Promotion)之外,还必须加上IP,即"定位 Position"。节事活动市场营销组合不是"5P"的简单相加,而是对定位、产品、价格、渠道和促销等五个因素的优化组合。节事活动的市场营销组合是一个动态的组合,所以经营者在实际营销过程中必须根据各个因素的变化情况考虑到外部环境因素,适时调整营销组合的内容及结构。

(一)节事活动的营销定位

节事活动的营销定位是通过直觉、调查和评估来决定节事活动如何能比竞争对手更好地满足消费者的需求,定位不是局限于节事活动举办者要把自己的节事活动做成什么样子,而是思考潜在目标客户需要什么样的节事活动。节事活动营销要遵循市场导向、地域文化、与城市发展规划相协调等原则。节事活动形象定位是指社会公众和消费者(利益相关者)对节事活动整体的印象和评价,具有可识别性、可塑性、相对稳定性、可传播性等特点。其目的就是要以差异化形成竞争优势,并通过目标受众的感受和评价表现出来。

(二)节事活动的产品

节事活动向客户提供的是以服务为特征的产品。在节事消费过程中,核心产品表现为能够满足消费者特定需求的愉悦休闲体验;有形产品则通过活动场地选址、座位布局、场景装饰及现场秩序管控等具象元素,承载并传递核心体验价值;而延伸产品包含服务品质、目标客群属性、配套停车与交通设施,以及活动场所的可达性等要素,这些差异化特征构成了节事活动与竞品的竞争优势。节事活动产品可以分为三个层次:

(1)主体产品,即与节事活动名称直接相关的主题活动,是具有最基本使用价值的产品,也是客户购买的核心功能。例如,戛纳电影节的颁奖典礼和获奖影片展播活动;慕尼黑啤酒节的啤酒狂欢畅饮活动。在节事产业不断发展的今天,主体活动也有了很大的发展。节事主体产品的发展具有多样性、创新性、趣味性和知识性的特点,同时各主办方也都十分重视因地制宜,在主体产品的设计上充分发挥当地资源优势、产业优势并应用了很多当代最新的理念和科技辅助手段。

(2)支撑产品,即那些依托主题而衍生的经贸文化活动。"节事搭台、经贸唱戏"的理念源于20世纪80年代,但直至今天仍被广泛应用于节事活动。对于主办地而言,主体产品成形之后,节事期间开展的商贸洽谈、客户邀约和项目签约等环节的准备也相当重要,因为这类支撑产品能大量创收,例如,青岛啤酒节期间的经贸洽谈和科技研讨活动;北京国际旅游节的旅游商品展销会、旅游投资洽谈会;杭州国际动漫节的动漫产业高峰论坛、动漫产品商贸活动等都是支撑产品。现代节事活动往往融投资贸易、经贸洽谈、高峰论坛、文化交流、咨询推介五位为一体,可见支撑产品的重要性。

(3)辅助产品,即主办方与其他行业合作,为了满足人们在节事期间对于餐饮、住宿、购物、旅游等需求而提供的相应服务,这也是构成节事产品必不可少的要素。例如,青岛啤酒节主办方与当地旅行社、酒店、景区签订合作协议,联手为参加啤酒节的观众提供更完善的服务,包括旅游接待、景区票价优惠、啤酒节与景点直通车、指定酒店服务、场内平价餐饮服务等。同时,啤酒节期间的新闻发布会、网上宣传活动、市容整治、交通管理、志愿者服务等都属于辅助产品。优质的辅助产品对于提高节事质量和吸引观众参与有着极大的帮助。

(三)节事活动的价格

节事活动的价格是节事营销中重要的因素之一,是完成节事营销目标的重要工具。定价也不是一个简单的过程,有些活动是免费的,有些活动只收取一定的成本费,而有些活动的入场门票价格昂贵。定价不能盲从,要根据节事的举办目的来决定。定价取决于潜在客户的数目和选择场地的规模。如果门票价格、餐饮价格等制定不合理,便会影响观看或参加的人数。定价不能过低或过高,过低的价格往往会影响活动的形象与声誉,因为人们相信物有所值,"一分价钱一分货",过高又会造成大量空闲座位而导致亏损。如上海桃花节单人票53元,购买通票可免费乘坐巴士往返于自贸商城与桃花村,个人自驾车免费停车,旅游大巴车免费停车。

节事活动产品制定价格有六个步骤,一是选择定价目标;二是确定需求;三是估计成本;四是分析竞争者的成本、价格和产品;五是选择定价方法;六是选定最终价格。

(四)节事活动的地点

节事活动的地点既包括活动的举办地点或场所,也包括消费者可以买到票的地方。在不同地点举办活动,考虑的因素不同,其营销重点也应有所不同。如在一家世界著名的高档度假饭店举办的活动,对场地的布置应是营销的关键;而在一家新开业的公众场所举办的颁奖晚会,新场所里的新体验应该是这个活动的营销亮点。另外,节事活动还需要考虑设置批发商和代理结构的办法,方便消费者购票。是否使用代理商取决于活动的类型、其他可用的购票设施、目标市场是否愿意支付购票服务费以及目标市场相对的消费承受力。

(五)节事活动的促销

节事促销是通过一定的促销手段促进节事产品或服务的销售,是经营者为宣传自己主办的节事活动的优点,吸引人们参与,和说服企业、社会组织赞助等所采取的诸如广告、人员推销、商业推广及公共关系等一系列活动。以盱眙国际龙虾节为例,除了在本土,盱眙国际龙虾节还在全国多个城市联袂举行相关活动,让全国各地"虾迷"吃出了盱眙味道,加深了盱眙情缘。盱眙国际龙虾节召开推介会、举办农副产品展销会、举办纳凉晚会,采用在馆外与上海市民"零距离"互动的方式,吃龙虾、喝啤酒、听黄梅戏、赏越剧、看民间绝活,在轻松、愉快的氛围中宣传盱眙国际龙虾节,传播盱眙龙虾文化,提高盱眙的知名度。

二、节事活动推广

节事活动的参与者是节事活动成功举办的重要因素,节事活动传播与推广在执行手段上是多种多样的,应根据财力、人力以及节事活动本身的特性选择使用。节事活动的市场化程度越高,其宣传与推广工作对市场化运作方式的依赖程度也就越高,下面从政府引导、媒体资源、赞助推广、人际传播等方面进行介绍。

(一)政府引导

在节事活动传播推广的过程中,政府推介具有强大的功效,积极推进对节事活动的传播具有十分积极的意义。政府部门在节事活动传播中应发挥把关定向、整合资源和后勤保障作用。一是找准宣传方向,做好宣传报道的整体策划,提出定位、方向和目标,进行整体把握,确保传播方向和内容不脱离主流,符合时代精神,切实利用好节事活动传播城市品牌形象。二是整合各类资源,在短时间内广泛高效地收集信息,进一步积聚量变,从而引起参与人的关注。三是做好后勤支持保障工作,从宏观层面上,需要做好城市环境改善、基础设施完善、精神文明建设等工作,为城市形象传播创造良好的人文和社会环境。如第五届中国(重庆)火锅美食文化节暨中国(重庆)国际美食节,全新的国际定位,需要更多的海外推广,因此重庆火锅节有效地借助政府强大的推介力度和影响范围,传播重庆火锅节的特色活动,扩大了节事活动的影响力。

(二)媒体资源

媒介是节事活动信息到达受众的传输渠道,媒体在引导受众将其转变为节事活动消费者的过程中作用重大。因此在媒体传播的具体过程中,要建立以情感因素和认知因素为驱动力的交互式宣传模式,整合传统媒体和新媒体平台的资源优势,创新节事活动信息传播渠道,形成节事活动＋全媒体矩阵＋民众互动的网络体系。

(1)举办线上文化节事活动,形成线上线下深度互动。完善更加实时、多元的文化节事活动宣传生态链,构建多维立体的活动宣传模式。如通过宣传热门活动打卡、融合线上探访游览等活动,打通线上线下互动的宣传渠道。将优秀的节事活动在文化云平台进行直播或录播,扩大参与面与影响力。强化"社会热点"效应,有效追踪节事活动举办前、中、后的数据参数,及时抓取精彩瞬间,组织社群互动与传播并形成"热点",以此提升社群有效互动与传播能力,实现传播效果的最大化和最优化。

(2)建立有效的民众参与机制,激发民众自发参与的积极性。如邀请民众参与大型节事志愿活动,不定期地召开民众意见征询会;面向节事活动所在地的主要受众群体,举办大型节事图案、主题等征集活动和与大型节事相关的知识培训、竞赛等各项活动,建立长效机制,定期进行跨文化的价值观及节事活动相关信息的分享与引导等。

(三)赞助推广

赞助对节事活动的成功举办非常重要,是活动的重要财务来源。许多情况下,传统媒体广告费越来越高,活动赞助则成为对大小公司更有吸引力的传播方式。同时,节事活动的主办者应该注意到,赞助单位在为活动提供赞助物的同时,活动的组织者除了有义务履行对赞助商的宣传推广外,还可以与赞助单位更好地达成互动传播协议,以求共赢的局面。赞助商为节事活动提供了多方面的支持,提高了活动的规模和档次,保证了活动的顺利进行,节事方提高了赞助商的企业形象、品牌认知,并增加了产品销售的潜在机会。

(四)人际传播

人际传播在节事活动传播中扮演着非常重要的角色,消费者通过节事活动现场的互动和体验,对节事活动的内容和精神有着生动的感受,然后消费者将自己的体验感受传达给身边的人,为节事活动招揽更多的消费者。在人际传播中被传者和传播者之间的信任,更容易增加被传播者对传播信息——节事活动的信任度。让体验者真正了解该城市的风土人情、历史渊源以及传承至今的集体记忆,这是对外宣扬城市形象的重要举措。与主办方单方面的宣传相比,更有说服力的是体验者本身的传播,用一些在活动上的真实体验、接地气的文化故事、撼动人心的情感交流、满足文化需要的教育供给等,让受众触动。因此,拓展人际传播,能够有效地拉动节事活动的人气,为节事活动的品牌打造和再次举办奠定基础。在拓展人际传播的过程中,不能忽视节事活动本身的质量问题,因为活动本身的质量与服务是良好口碑的基础。

三、节事活动整合营销

节事活动的整合营销是有针对性地将节事营销主体、内容、渠道等进行优化整合,使节事活动营销实现"1+1>2"的效果,产生协同效应的组合营销方式,能起到延长节事活动的生命周期、为后续节事活动的开发管理及宏观调控提供支持、为节事活动举办地带来稳定规模效益的目的。节事活动整合营销可以从运营主体、营销内容、传播渠道等方面进行整合。

(一)运营主体整合

在节事活动运营中,主要的活动主体包括活动策划方、活动执行方、活动推广方、活动赞助方等。这些主体可能来自不同的机构或个人,各自负责活动的不同环节。为了更好地协调各个主体之间的工作,提高活动的效率和质量,可以进行主体整合,以便更好地管理和运营活动。举办节事活动,政府和企业必须明确分工,各司其职。政府在顶层设计、持续投入以及资源协调配合等方面需肩负其责任,组织、招商、管理、维护等具体运作方面则要交给专业公司,"两只手"协调发力,才有可能培育出经典的节事品牌。例如,青岛国际啤酒节的运营方是由青岛市人民政府和青岛啤酒集团共同承担的,青岛黄岛发展集团承担青岛国际啤酒节西海岸会场承办和青岛啤酒城运营主体职责,集团子公司啤文公司负责啤酒城日常运营管理工作。市政府负责整体策划和监管,青岛啤酒集团负责具体执行和运营。他们通过合作和协调,共同打造这一场具有影响力和吸引力的啤酒文化盛会。

（二）营销内容整合

任何一个城市和地区,要做好节事活动营销,首要的是做好节事活动的内容本身,内容整合是指在节事活动的主题、体验和组织上,做深、做实、做出特色,充分依托举办地的优势资源,确定具有鲜明地方特色的节事活动品牌定位,并且及时将节事活动的主题特点和优势等相关信息进行整合,面向消费者制定有针对性和差异化的整合营销传播形式。从节事活动参与者的利益需求出发,明确节事活动的主题,找准节事活动的定位,并将主题和宣传口号与各种营销工具相结合,这可以在很大程度上提升节事活动的整合营销效果。例如,作为亚洲最具影响力的戏剧盛宴"乌镇戏剧节",乌镇总设计师陈向宏在面对大量同质化的水乡古镇时,率先提出"一样的古镇,不一样的乌镇",从乌镇景区发展初期,就致力于挖掘乌镇的文化资源,对乌镇的文化产业谋篇布局。基于文化古镇的定位,乌镇也从单纯的旅游观光景区,跻身为集文化、会展、旅游休闲为一体的综合体。

（三）传播渠道整合

以节事活动参与者的需求为出发点,选择适当的营销传播模式组合,并以此为依据融入相关的营销传播内容,面向节事活动参与者进行针对性的营销传播。通过不同传播渠道间的交叉和互动形成营销传播网络,举办方可以将对节事活动的宣传传播到每个角落,并且针对活动参与者的生活轨迹进行全方位的营销传播,从而达到最好的营销传播效果。例如,为了进一步提升营销传播效果,中国杭州西湖博览会(简称"西博会")采用"线上＋线下"联动的多渠道整合营销传播方式。一方面,西博会举办方非常重视对官方网站的运营和维护,以便通过官网及时将西博会的重要活动及重点信息向新闻媒体和各利益相关者推送;另一方面,举办方还积极借助杭州会展电子政务网与微信公众号"杭州会展发布",及时发布西博会各类资讯和相关信息。为了提高自媒体时代的整合营销传播效果,举办方还另外设立了西博会微博、掌上西博、西博会App和微信公众号等,以便充分利用微博、微信朋友圈等社交媒体,对西博会开展全方位、立体化的整合营销传播,方便大家通过网络实时获取与西博会相关的各种资料和信息,从而有效提升人们对西博会的认知度和参与兴趣。

📱 **赋能广角** ▸--

创新冰雪节事营销新生态

节事营销已经成为我国当前冰雪旅游最主要的营销方式,并呈现出不断强化新媒体应用、深入挖掘当地文化内涵、面向国际传播等几大特点。如何将冰雪节事做到创新求变,让节事营销更贴合市场?黑龙江省第二届七台河冠军传奇冰雪嘉年华,实现了举办冰雪节事的六大创新。

（1)文化节事IP化。旅游强IP时代如何让节事活动和当地文化进行有效结合，摆脱同质化竞争，是成为文化节事活动长远发展的关键。此次嘉年华采用文化节事IP化的运营策略，围绕七台河的冬奥冠军精神和冰雪旅游资源进行主题化包装，通过"专业赛事＋冰雪节庆＋狂欢体验"的方式，助力七台河冰雪节事向品牌化、IP化、年轻化、体验化转型升级。

（2）构筑七台河旅游IP。发布了七台河新旅游品牌形象——神鹰酷噜IP，原型来源于中华肃慎（满族）族系的图腾——海东青，代表着激情、速度、追赶、超越的冠军精神。神鹰酷噜IP的发布不仅丰富了七台河旅游目的地内涵，拉近与游客的距离，同时也成为七台河旅游内容生产的源头，未来能在文旅产业链条上赋能流量、用户、产品整合一体化。

（3）量身定制，打通冰雪产业链。结合本次冰雪嘉年华活动和七台河旅游冠军文化、美食文化资源，以自驾优势资源贯穿七台河全域旅游，为七台河量身定制四大常规产品路线，即冰雪之巅、冰雪之毅、冰雪之趣、冰雪之味和四大节点产品路线，即冰之奇遇、冰之音潮、冰之萌年、冰之绽放，为游客出游提供实用出行指南和冰雪旅游玩法。

（4）旅游IP跨界音乐。打造了酷噜音乐节，为这座东北边陲小城冰雪游增添了又一文娱新亮点。不仅将音乐文化、城市文化、潮流文化、年轻文化融入了冬日里冰天雪地的七台河，也用无隔阂的音乐语言向市民游客充分展示了七台河冰雪旅游的魅力。

（5）构建"1＋5＋N"品牌节事体系。打造了一大核心开幕式、五大主题冰雪互动、N大系列展演活动，以主分会场联动带动乡村旅游、乡村振兴的全面旅游融合发展。

（6）从品牌到引流的品效合一式链路传播。在冰雪嘉年华的活动全周期内，以打造品牌影响力、创意内容输出和精准渠道渗透、达人体验种草、IP活化赋能四大阶段式传播策略组合，精准攻略七台河市核心本地人群，攻占周边城市客群，辐射全网增量市场。

📱 知识扩展

旅游节事营销的互联网发展趋势

互联网在旅游节事营销中具有相当重要的作用。而且今后其作用还会进一步增大，使旅游节事向着更加多元化的方向发展。

（1）旅游节事营销的分销渠道将会更短。旅游节事产品组织与消费的同步性决定了其渠道比较短，也就是说其分销渠道的中间环节比较少。网络营销极强的针对性与快捷性符合节事旅游营销活动的这一特点，因此将会得到更多的运用。

（2）旅游节事将向更加人性化的方向发展。传统的旅游节事需求多而供给少，消费者的需求长期得不到满足，这种状况与宣传营销手段的落后不无关系。而网络营销的出现为供给者与需求者提供了一个便利的交流平台。为满足消费者的需要，商家会提供更加人性化和全方位的节事活动方案，这已成为网络营销服务市场的发展趋势之一。比如对于旅游资源丰富的目的地,通过组织淡季旅游节,特别是针对那些具有竞技性和表演性特色的旅游项目,利用网络进行大力宣传,可以使淡季闲置的旅游资源得到合理开发和利用,有效调节旅游目的地经营活动的季节性波动,为消费者提供全方位的旅游节事产品。

(3)旅游节事将向着国际化的方向发展。网络营销的出现打破了旅游节事地域化的限制,除了向广阔的国内市场发展之外,还将走出国门,与国际市场接轨。这种发展趋势将为商家带来更大的利润与发展空间,今后中国的旅游节事市场将面临更加市场化的竞争状态,随着旅游节事市场的逐步扩大,中国旅游行业在快速发展的同时,也将面临更加激烈和严峻的市场竞争。在竞争面前,参与旅游市场的主体应该主动将旅游行业与互联网特性相结合,发现更多的节日事件卖点,全面满足消费者需求从而赢得更大的发展空间。

📱 任务实训

为小组策划的节事活动拟定一个营销方案,并制定详细的营销推广方案,从节事活动的定位、产品、价格、地点、促销等方面进行组合营销,通过政府、媒体、活动、互动、人际传播等方面分析推广策略,形成营销推广方案。完成表5-4的填写。

第一步:根据节事活动的制定组合营销策略。

第二步:为节事活动制定合理的推广策略。

第三步:制定营销计划并形成宣传推广方案。

表5-4 任务评价表

评价内容	组间评价得分（20%）	教师评价得分（40%）	企业导师评价得分（40%）
营销策略是否符合市场规律(30分)			
推广策略是否具有现实可行性(30分)			
整合营销方案是否合理(40分)			

任务四 节事活动运营与风险管控

⚙ 任务剖析

任务:根据活动组织者的预期目标,对节事活动现场进行运营管理并进行风险管控,以达到节事活动顺利开展并圆满举办的目的。

目标:了解节事活动现场运营执行的内容、流程和节事活动风险管理的构成要素,能对风险进行识别与评估,能根据主办方的目标和要求对节事活动进行统筹安排和现场运营管理;培养学生脚踏实地的工作作风、未雨绸缪的危机管理意识、临危不乱的应变能力,以及绿色节能的办节理念。

⬡ **任务流程**

一、节事活动运营

节事活动运营最大的特点就是灵活性、即时性和专业性。灵活性要求组织者既不能妨碍活动的正常进行,又不能过多打扰参与者的兴致;即时性要求组织者能迅速解决现场问题;专业性则意味着节事活动现场运营管理的各个环节都应交由专门的机构和人员操作。

(一)节事活动运营流程

不同节事活动运营的内容会有差异,但基本的流程是相同的,分为以下几个步骤。

(1)活动分析和规划。在活动执行阶段结束后,对活动的整体效果进行分析和评估,确定下一步的运营目标和策略。

(2)目标设定和策略制定。根据分析结果,设定具体的运营目标,并制定相应的策略和计划,包括更新活动内容、选择推广渠道、拓展合作伙伴等。

(3)资金和资源管理。根据运营策略,进行资金和资源的合理分配和管理,确保运营活动的顺利进行。

(4)宣传推广。通过各种渠道和媒体进行活动的宣传推广,包括线上和线下的宣传,以吸引更多的参与者并提高活动的知名度。

(5)反馈收集和处理。定期收集参与者的反馈意见和建议,并及时进行处理和回应,以不断改进活动的质量,提升活动的体验感。

(6)社群运营。建立和维护活动的参与者社群,通过线上和线下的互动,促进参与者之间的交流和分享,增强他们的参与感和归属感。

(7)活动效果评估。定期对活动的效果进行评估和总结,包括参与者满意度、品牌影响力等方面的评估,以指导后续活动的改进和优化。

(8)持续优化和改进。根据评估结果,对运营策略进行调整和优化,不断优化活动的品质和影响力,提升参与者的满意度和忠诚度。

以上是一个常见的节事活动运营流程,具体的流程可以根据实际情况进行调整和补充。关键是要保持对活动的持续关注和优化,以确保活动的长期效益和可持续发展。

(二)节事活动运营执行

执行阶段是为了正式完成节事活动项目而进行的活动,已涉及必要的行动,保证完成项目计划中的活动。在这个阶段,主要包括以下几个步骤。

（1）人员管理与现场布置。负责现场工作人员的安排和调度，包括工作岗位分配、工作时间安排以及工作任务的指导和监督；根据活动策划方案和设计要求进行现场布置和装饰，包括搭建舞台、摆放道具、设置展示区等；确保现场所需的设备和技术支持能够正常运行，包括音响系统、灯光设备、投影仪等。

（2）节事活动流程推进。根据活动策划方案，控制整个活动的流程，包括开场致辞、演出表演、互动环节、颁奖典礼等；与各个相关方保持良好的沟通和协调，包括演员、工作人员、合作伙伴、媒体等，确保各项工作顺利进行；负责与媒体的对接和宣传工作，确保活动的宣传效果和曝光度。

（3）节事活动安全管理。负责现场安全工作，包括消防安全、人员安全、食品安全等，确保现场的安全和秩序。

（4）节事活动动态管理。在活动进行中及时发现和解决问题，如设备故障、人员调度变动、突发情况等，保证活动的顺利开展。关注参与者的需求和体验，提供良好的服务，解答问题，提供帮助，确保参与者的满意度；收集参与者的反馈意见和建议，记录活动数据，如参与人数、参与度等，为后续活动改进提供依据。

结束收尾阶段是节事活动的最后一个阶段，指所有活动均已完成，或者虽然活动尚未完成，但由于某种原因而必须停止并结束的阶段。主要包括以下几个方面。

（1）费用决算。将从节事活动项目筹划开始到项目结束这一全过程所支付的全部费用进行结算与核实，并最终编制项目决算书的过程。

（2）合同收尾。对照合同的条款对合同的实施情况进行核实，逐项检查落实情况，检查合同标注的数量、质量等是否得到有效的实现，清算各种账款，解决所有尚未了结的事项。

（3）资料归档。节事活动项目资料包括可行性研究报告及相关文件、项目评估与决策报告；项目的各种计划文件；合同文件；项目实施过程的进度、成本、质量记录；各种变更记录；质量验收报告等。

（4）后期评估。包括经济效益、社会效益、环境效益三方面的评价和管理后评价，总结项目成功的经验或分析失败的原因，为以后的项目管理工作提供借鉴和参考。

（三）节事活动的数字化运营

节事活动的数字化运营是指将传统的节事活动通过数字技术和互联网平台进行策划、实施和管理的过程。数字化运营可以提高节事活动的效率、便捷性和个性化程度，同时也能够提供更多的交互和参与方式，数字化运营节事活动的具体方式包括以下几个方面。

（1）线上策划和预定。利用互联网平台进行节事活动的策划和预定，包括场地、餐饮、摄影、娱乐等方面的服务。用户可以通过手机或电脑进行在线预定，方便快捷。

（2）电子邀请函和报名。通过电子邮件、社交媒体等渠道发送节事活动的邀请函，并提供在线报名功能。参与者可以方便地确认参加，并提前了解活动的详细信息。

（3）虚拟现场体验。通过虚拟现实技术或直播平台，让无法亲临现场的参与者也能够身临其境地参与节事活动。比如通过VR设备可以参观婚礼现场,或通过直播观看演唱会。

(4)电子支付和结算。参与者可以通过移动支付完成对节事活动费用的支付,避免了现金支付的繁琐过程。同时,数字化运营还可以提供在线结算功能,方便各方进行费用结算。

(5)数据分析和个性化推荐。通过对用户的数据进行分析,可以了解用户的喜好和需求,从而提供个性化的服务和推荐。比如根据用户的口味推荐合适的餐饮服务,或根据用户的兴趣推荐合适的节事活动。

数字化运营可以为节事活动带来更多的便利和个性化体验,提高活动的质量和效果。同时,也为相关企业和服务提供商提供了更多的商机和发展空间。

📱 赋能广角

非物质文化遗产之传统庙会的传承与运营

随着时代的变迁,庙会的非物质文化遗产价值得到了认同,并且经济文化效益受到了重视,使其得到新的开发和发展。相比其他庙会,地坛庙会已经成为北京知名度较高、参与度较大的庙会。

节事活动运营过程包括前期分析、详细计划、具体执行、后期绩效评估四个步骤。在前期分析的过程中,地坛庙会能够准确定位市场,并且制定较好的完整实施计划,这是地坛庙会能够顺利完成分析过程的成功要素。在完成充分的前期调研分析后,主题、营销、销售这三点是制定详细计划的要素。在具体执行阶段,最主要的工作是确定内容形式和保障现场管理。评估和反馈则是保证有效完成后期绩效评估的两个要素。

地坛庙会的运营成功要素主要有以下六点。

(1)准确的市场定位。地坛庙会以本地春节娱乐市场为主体,试图吸引外地市场。本地市场广阔且消费能力强,准确的市场定位是地坛庙会取得成功的良好开端。

(2)鲜明有特色的主题。作为节事活动的理念和精神,地坛庙会延续并突出了历年的主题"民俗、民间、民族",并且以相关主题活动为支撑,完全满足了本地和外地市场的需求。

(3)广泛的宣传、招商手段。在宣传方面,广泛的宣传手段覆盖报刊、网络、广播、电视以及新兴媒介,吸引游客关注,使得游客提前对地坛庙会产生浓厚的兴趣。在招商方面,地坛庙会将全部摊位分为饮食和百货两种类型,并采取拍卖的方式出售。

(4)多样的形式创新。本届地坛庙会非常注重形式创新,突出民俗特色,紧扣当今社会热点,以丰富多彩的形式内容满足不同人群的需求。

(5)有序的现场管理。庙会的成功举办离不开井然有序的现场管理、周到的志愿者服务、细致的安保工作、有序的疏导工作以及及时的垃圾清理,这些工作为活动的顺利进行保驾护航。

（6）到位的后期评估。庙会结束之后,社会反映良好,从经济效益和社会效益两方面反映出了地坛庙会的成功,对日后能够更好地举办地坛庙会起到了积极的作用。

（来源:刘敏,刘爱利,袁梦.非物质文化遗产之传统庙会的传承与运营——以北京地坛庙会为例[J].企业经济,2011,30(11).)

二、节事活动风险管控

节事活动风险指的是节事活动过程中可能发生的危险,具体而言是人们在节事活动策划组织环节中,存在着对未来行为的决策以及客观条件的不确定性,而这种不确定性可能会使节事活动无法达成目标或偏离事先制定的目标,甚至可能引起节事活动的失败。节事活动风险管理是对突发的、非预期的特殊事件或故意侵权事件所造成的人员、财务的风险进行预测、识别、分析、评估、有效处理与控制,以最低成本为活动的顺利完成提供最大安全保障的科学管理办法。

（一）节事活动风险的构成要素

节事活动的风险大致由两部分组成,一是因外界的不确定性因素而导致的风险;二是由于组织内部管理和商业运作中存在的各种不确定性因素而引发的风险。具体可以将节事活动的风险划分为七个类别,即不可抗力风险、社会环境风险、技术风险、费用风险、进度风险、管理风险和健康安全风险(见图5-2)。

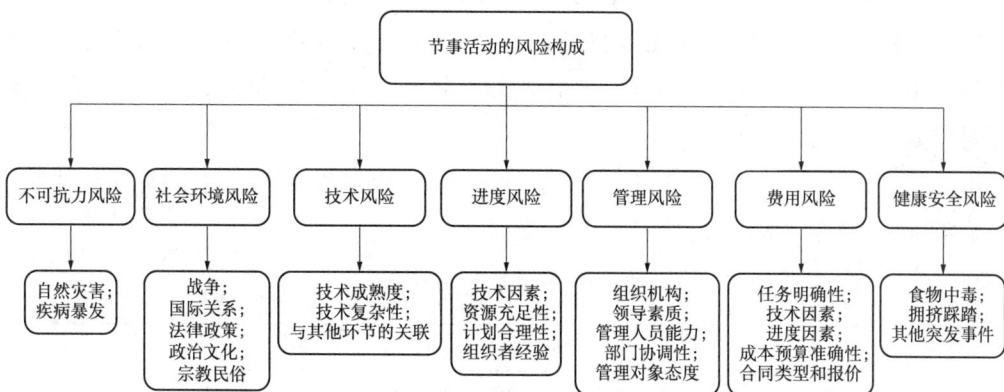

图5-2 节事活动的风险构成

（二）节事活动风险识别与评估

节事管理者应根据经验与技巧,对举办活动时可能存在的风险因素进行全面综合的考量,然后根据可能出现的危险进行可能性与后果分析,最后结合控制管理的方法与技巧降低风险。例如,造成19人死亡的2010年德国"爱的大游行"电子音乐狂欢节踩踏事件,起因是举办方在活动现场只设立了一个出口与入口。如果将风险识别工作详细具体到各个部门,并通过故障预测等方式对风险进行评估,可能就可以意识到出入口数量不够的问题,从而降低惨剧发生的可能性。节事活动风险识别与节事活动的其他环节一样,也是一个复杂且科学的过程,因此它有专门的执行流程,主要分为七个步骤。

(1)了解节事相关信息及历史上发生风险的情况。组织者可以通过查找历史档案收集历届节事活动的评估报告和风险发生的应对计划。如果是初次举办的节事,也可以通过公开发表的学术研究、数据库和其他研究成果来获取节事活动风险方面的经验教训。

(2)确认潜在的不安因素。在分析收集到的信息基础上,组织者应对照自身节事的特色和实际情况判断潜在的不安定因素,如资金不足、技术不完善、管理不当等。

(3)建立初步的风险清单。在之前分析的基础上,进一步明确可能由各种不安定因素而引发的风险,并制订初步的风险清单,以待审查和确定。建立初步风险清单是建立最终风险档案的前提。

(4)确定各种风险事件并预测后果。组织者应对各种风险可能存在的表现形式,即风险事件进行描述,同时还要找出所有可能受风险影响的任务。只有这样,才能预测出大致的后果。

(5)进行风险分级。对已确认的各种风险进行级别确定。风险分级要严格依据风险发生的概率和风险影响的程度两个指标。即风险值=风险发生的概率×风险影响的程度,风险值越高代表风险的等级越高。

(6)制定风险应对方案。掌握了风险的特征、等级和影响之后,最重要的就是找出应对风险的措施。首先,要清楚地找出会诱发风险事件的条件,即风险的触发点,争取在源头上扼制风险;其次,要找出应对风险的有效措施和策略;最后,制定完整的风险应对计划,以供执行参考。

(7)建立风险档案。风险档案包括档案编号、风险名称、标识、描述、可能性分级、影响程度、应对计划等(见表5-5)。

表5-5　节事活动风险档案

节事活动风险档案(编号)								
节事名称:			填表时间:　　年　月　日			填表人:		
风险名称	风险标识	风险事件描述	风险发生概率	风险影响程度	风险值(等级)	风险触发点	风险应对措施	风险应对计划

（三）节事活动风险的应对措施

节事活动风险的应对指为实现项目目标,减少失败的威胁而制订方案、采取对策的过程,它包括确认并指派相关个人或集体对已得到认可的节事活动风险应对措施担负起职责。制定风险应对策略主要考虑四个方面的因素,即可规避性、可转移性、可缓解性、可接受性。确定风险的应对策略后,就可编制风险应对计划,主要包括已识别的风险及其描述、风险发生的概率、风险应对的责任人、风险应对策略及行动计划、应对计划等(见表5-6)。

表5-6　风险管理应用的范围和解决方法

风险管理 类型	风险适用范围	风险解决办法
风险规避	风险潜在威胁发生的可能性很大,后果很严重;无法减轻、转移、接受风险弊端;丢掉了机会;压制了创造力	变更项目计划,以消除节事活动风险或条件,从而保护节事活动目标免受风险的影响,是一种最彻底的风险处置技术。如:在节事活动中不采用不成熟的技术
风险转嫁	发生概率小,但是损失的可能性大;项目组织机构很难控制	设法将节事活动风险的后果连同应对的责任转移到第三方,如:采取外包、上保险等方式
风险减轻	不愿放弃、也不愿转移风险(转移成本);对付无预警信息项目风险的主要应对措施	化解风险是指设法将某一负面风险事件的概率及其后果降低至可承受的限度,如:阴雨天在室内安排活动
风险接受	当采取其他风险管理方法的成本超过风险本身带来的损失时,或因主观或客观原因没有对风险进行事前控制,被动承担风险损失,一般损失额不大,不影响大局	节事活动主办方承担风险后果,并采取措施加以控制,以减少不利事件的发生。如:为已知的节事活动风险预留资金
风险预防	事前做好充足准备,将风险控制在最低和可控范围内,最大限度地避免风险发生	事先从管理、文化、环境上,培育企业核心竞争力,提高企业防御节事活动风险的能力
应对计划	项目进行期间发生的已识别的节事活动风险	针对在活动期间发生的已识别的节事活动风险而提出的对策,可以有效降低节事活动风险发生时采取行动的成本。如:制定其他备用方案,或预留备用资金

节事活动参与人群的潜在风险与控制方式

节事活动的本质是将人群召集在一起进行各种文化交流,因此通过适当的人群管理方法,控制活动参加者的情绪与行为是节事管理者需要面对与思考的问题。活动期间,由于人群中个人行为导致的事故常常造成严重的后果。因人流控制不当而导致的拥挤现象也是节事活动的风险之一,当节事活动现场出入口不能承载大批人流量时,常常酿成悲剧。

节事活动因人群聚集导致的风险包括:①摔倒、人口拥挤导致的踩踏事件;②个人煽动导致的人群恐慌;③游行、示威活动;④群体暴力、暴乱事件;⑤个人犯罪行为导致的群体危害,包括偷窃、纵火、酗酒、性骚扰、服用违禁药物等;⑥对表演者、嘉宾、活动设备造成的危害。

节事活动人群的控制方式包括以下六点。

(1)识别人群类型与标准行为,了解不同人群的性格,进而更好地对其进行管理(见表5-7)。可以通过雇佣、引导、监管等方式对人群进行控制。如摇滚音乐节吸引的人群相对于古典音乐会的人群来说会更容易发生酗酒、暴力行为,因此现场的饮酒与安全管理应更加严格。

(2)做好活动现场的指引与教育工作。为确保各个入口的人流畅通,活动现场应在具体服务设施、出入口等地方做好全面的标识工作,如搭建大幅标识牌、现场地图、指引牌等。在人流较多的地方安排现场指引员对人群进行指挥工作,给各指引员配备指挥用的哨子、喇叭、手举指引牌、对讲机等设备,以便更好地进行指挥与沟通。

表5-7 社会人群类别与特点

人群类别	特点
隐匿人群	行动隐蔽,很可能会发展成暴动
愤怒人群	为了一个具体的目的聚集到一起,目的明确
溃散人群	一旦感知到威胁就会逃跑,通常是惊慌而逃
叛逆人群	拒绝按要求去做,会选择遵从自己的意愿
颠覆人群	常常是无防备的,人群众多,通常会得到支援,从而取得控制权
宴会人群	目的是庆祝,想要度过一段美好时光

(3)通过广播与活动手册对现场观众进行安全教育,内容包括:①告知活动结束时间、出入口地点与方式;②提醒观众保管好随身物品;③告知吸烟、饮酒等相关规定,如吸烟与饮酒的区域与时间;④告知酗酒、暴力事件的危害性等。

(4)建立现场安保团队。节事机构通常可与活动场地安保部门、当地警察部门合作,在活动现场安排相应比例的安保与警察人员对现场观众的行为进行监管与控制。当人群中出现犯罪分子、暴力挑衅人员时,应对其进行及时控制,防止危害扩散。根据节事活动的安全级别与参与人数,可提供安全检查门、金属探测器、防暴车、高压水枪、警棍、直升飞机、警枪等相关设施设备。

(5)严格控制活动参加人数。节事活动预估的人数应与实际到达的人数尽可能接近,并结合场地大小搭建安全的可承载相应人数的看台,同时要确保出入口的数量与大小可以容纳实际到场的观众。通常通过售卖门票的方式对参加人数进行预测与监控,当门票供不应求或免门票入场时,应严格控制实际进场的人数,保证人群的安全。

(6)做好现场急救工作。为确保人群的安全,应根据活动类型,在现场准备救护设备、救护车,安排受训的救护人员为受伤的活动参加者第一时间提供急救,从而最大可能地降低人身安全的风险。

任务实训

为策划的节事活动制定相应的运营流程,并进行风险评估与风险管理方案。完成表5-8的填写。

第一步:分析本次节事活动现场运营的流程;

第二步:预判本次活动风险因素的构成,以及对风险进行识别与评估;

第三步:为本次节事活动制定风险应对措施,形成节事活动现场运营管理的方案。

表5-8　任务评价表

评价内容	组间评价得分（20%）	教师评价得分（40%）	企业导师评价得分（40%）
节事活动运营流程的完整性(30分)			
节事活动风险识别的准确性(30分)			
节事活动风险的应对措施的合理性(40分)			

项目总结

● 项目案例分析

广州国际灯光节是广州市每年举办的一项重要节事活动,旨在通过灯光艺术展示和表演,营造浪漫、热闹、欢乐的节日氛围,吸引游客和市民参与,促进旅游业和文化产业的发展。

可行性分析:评估广州国际灯光节的可行性。通过综合考虑市场需求、资源评估、风险评估和经济效益,决定是否继续立项并投入资源。

市场分析:广州国际灯光节能够满足市场对节日庆祝活动和文化旅游的需求。广州作为中国南方的经济和文化中心,吸引了大量的游客和市民。在灯光节期间,人们可以欣赏到精美的灯光艺术作品和表演,享受节日的氛围。

经济效益分析:广州国际灯光节需要大量的资源支持,包括人力、财务、场地、设备等。人力资源需要协调活动的策划、设计、组织和执行工作。财务资源需要投入活动的预算、场地租赁、设备购置和艺术表演等方面。同时灯光节也可以带来经济效益,包括增加旅游收入、提升当地商业价值、促进文化产业发展等。通过对预计的收入、成本和利润进行分析,可以评估活动的经济效益和投资回报。

风险评估分析:广州国际灯光节面临的风险包括天气因素、安全风险、竞争风险等。天气因素可能会影响活动的进行,需有应对措施。安全风险需要重视,确保游客和参与者的安全。竞争风险需要关注其他类似活动的竞争,以及如何通过创新和吸引力来区分自己与竞争对手。

●●● 项目实训

项目自测
▼
项目五

● 综合实操任务

根据所在地文化特色策划一次节事活动,并以小组为单位进行评比。每个小组由5~8名学生组成。内容包括活动背景调查、立项背景分析、可行性分析、活动设计、营销推广、活动预算、现场运营、风险评估与应对措施等内容。需提交小组讨论纪要、策划文本、汇报PPT,还应包括组织结构图,明确相应的责任分工。

项目六
奖励旅游策划与运营

项目解读

奖励旅游被称为旅游业"皇冠中的宝石"，属于高端定制市场，其消费能力与规格位于前列。作为现代管理的法宝，奖励旅游是达到企业管理目标、增强企业实力、促进其良性健康发展的重要管理手段。奖励旅游在形式上表现为特殊的旅游活动，同时又是与旅游相交融的会展活动形式。奖励旅游具有高端性、独特性等特征，对其操作机构、策划设计人员提出了更高的要求。本项目介绍奖励旅游策划与个性化活动设计、奖励旅游营销与运营、团队建设活动策划与组织等内容。项目对照会展管理职业技能等级证书(1＋X证书)在线实操项目的考点，参考全国高校商业精英挑战赛创新创业竞赛商务会奖旅游策划赛的评分细则，设置教学内容，设计一体化项目，任务驱动教学，把握岗位技能及知识的前沿性，以更好地适应行业发展的人才需求。教学内容结合个人、团队、企业的共生关系和发展需要，培养学生爱集体、顾大局、善合作的职业素养，形成对集体的责任感、归属感和荣誉感。

项目目标

- **知识目标**

  (1)了解奖励旅游的概念与作用。

  (2)理解奖励旅游与普通旅游的区别。

  (3)掌握奖励旅游的策划要点与流程。

- **能力目标**

  (1)能对奖励旅游进行策划与个性化活动设计。

  (2)能开展奖励旅游营销与运营。

  (3)能根据企业需求进行团队活动策划与组织。

- **素养目标**

  (1)培养爱集体、顾大局、善合作的职业素养。

  (2)培养爱岗敬业的职业素养。

  (3)培养集体意识及创新意识。

🌱 项目案例导入

天力集团自成立以来,始终重视企业文化的建设,不管是每个月的员工生日会,还是每年的户外拓展、旅游和年会,都体现了公司"以人为本"的企业文化。

为感谢年度优秀员工的努力工作和辛勤付出,增强员工的幸福感,让员工共享企业发展成果,天力集团组织了一场5天4晚的青岛之旅。整个旅游行程打卡了八大关、第二海水浴场、奥帆中心、五四广场、青岛天主教堂、刘公岛风景区、八仙渡风景区、张裕卡斯特酒庄等青岛及周边城市的著名旅游胜地,还安排受奖员工欣赏中国首创360度大型实景山水演艺等。

在这次旅游活动中,员工们互帮互助,团结友爱,充分展现了天力集团员工的良好精神面貌。他们在放松心情,缓解压力的同时,开阔了视野,增强了凝聚力和归属感。天力集团希望优秀员工们能再接再厉,再创佳绩,同时号召全体员工向优秀员工代表学习,以更加饱满的热情投入本职工作中,充分发挥自己的潜能,在平凡的岗位上做出闪光的成绩,为天力集团更加灿烂的明天贡献力量。

思考:此次天力集团优秀员工奖励旅游活动是如何从企业文化、员工特点、旅游目的地选择、特色活动等方面进行奖励旅游策划的。

任务一 奖励旅游策划

⬡ 任务剖析

任务:根据企业背景、企业文化,策划主题鲜明、具有特色的高质量、有创意的奖励旅游活动,达到激励企业优秀员工、维系商业合作伙伴关系、增强企业凝聚力与知名度的目的。

目标:了解奖励旅游的概念与特点、奖励旅游与传统旅游的区别;理解奖励旅游的流程策划;提升创新设计能力,树立积极进取的职业理念,培养为实现集体共同目标而努力的奋斗精神。

⬡ 任务流程

◥ 一、奖励旅游概述

(一)奖励旅游概念与特点

奖励旅游(Incentive Travel)是一种现代化的企业管理手段,目的在于协助企业达到特定的目标,并对达到该目标的参与人士,给予一个非比寻常的旅游假期作为奖励。

同时也是为各大客户安排旅游作为奖励,以开发市场作为最终目的的客户邀请方式。利用旅游这一形式作为奖励,可以进一步调动员工的积极性、维系经销商或合作伙伴的关系、宣传企业文化以及增强企业凝聚力。奖励旅游除了具有组团规模大、消费档次高、季节差异小、经济效益好等基本特点,还有以下特点。

1. 具有鲜明的企业文化特征

企业文化是企业员工在长期的生产经营活动中培育形成并共同遵守的最高目标、价值标准、基本信念以及行为规范。企业组织奖励旅游的目的是弘扬企业文化、树立企业形象、宣扬企业理念、提高企业经营业绩,因此旅游活动的安排要与公司的企业文化相适应,要将企业文化有机地融入旅游活动。企业高层领导与受奖者共商企业发展大计,也总是围绕着企业文化这一主题展开。

2. 团队整体素质高,约束力强

参加奖励旅游的旅游者不同于一般的旅游者,他们是企业中创造业绩的人、对企业有贡献的人,包括企业内部人员和品牌的重要消费者,他们通过特定的资格审核,整体素质比较高。他们对企业目标、行业规范以及价值观念的认同感强,从而自觉遵守组织中共同的价值观和行为准则,受到领导和群众的认同和赞扬,在心理上会有备受尊重的满足感。他们在参与奖励旅游的整个过程中,处处都表现出行动的一致性,随意性小。

3. 会、奖结合,目的性强

在奖励旅游的日程中,根据企业组织该活动的意图与宗旨,要安排诸如颁奖仪式、主题晚宴、先进事迹报告、企业发展战略研讨、工作计划讨论等会议活动,做到会、奖结合。负责承办旅游活动的专业机构,如旅游公司、会展公司等,对整个日程安排与活动布置都必须做出精心策划和设计,既要衬托出企业文化,又要营造出满足员工成就感和荣誉感的氛围;既要达到企业举办活动的目的并激发员工的积极性,又能给参加者留下终生难忘的美好回忆。

4. 旅游产品的多元化

随着社会经济的快速发展,人们对旅游的要求也日益提升,传统的旅游产品已满足不了人们的需求,这就要求旅游业界积极拓展旅游产品,改善旅游产品结构,逐渐从单一的观光旅游向多元化发展。在诸多旅游产品中,奖励旅游效益高、前景好,已成为国际旅游市场的热点项目。推进我国旅游市场中奖励旅游产品的开发,有利于我国旅游产品结构的调整,有利于旅游产品的升级换代和多元化发展。

(二)奖励旅游与传统旅游的区别

奖励旅游与传统旅游在旅游目的、消费群体、消费观念、目的地选择、时间和路线安排上有不同之处,下面从这四个方面来进行阐述。

1.旅游目的性不同

奖励旅游的目的是彰显良好的企业文化,表彰企业内工作出色的员工,增强企业的团队凝聚力,激励员工更加努力地工作,为企业创造更好的经营业绩;或者是增进企业和客户之间的良好关系,增加客户对企业的信任度,促进企业的进一步发展。而传统旅游的目的主要是为了满足游客休闲娱乐和精神享受的需要。

2.消费群体和消费理念不同

旅游业最重要的就是客源。奖励旅游的参与者大部分为高端旅游者,消费能力强,对服务质量要求高,且对价格不敏感,但传统旅游的参与者,大多为普通的公民,消费水平较低,对旅游产品的价格敏感。奖励旅游与传统旅游的消费者对旅游体验质量的追求也是不同的。奖励旅游更加的注重以人为本、客户至上的理念,会根据客户的需求量身定制,精心策划奖励旅游方案,而传统旅游是规范化的,其操作往往驾轻就熟,做到安全、周到就能使顾客满意。

3.旅游目的地选择不同

奖励旅游在目的地的选择上会结合企业的特定目标,如企业在当地的业务发展需要、企业整体的发展规划等,会兼顾旅游资源,选择旅游资源丰富、特色鲜明、有助于实现企业旅游目的的旅游地。同时在旅游配套设施方面要求较高,目的地需具有上乘的服务水准,例如要有舒适的酒店接待设施,选择入住的酒店一般在四星级以上且以国际知名酒店集团的酒店品牌居多。奖励旅游一般会选择飞机作为主要的交通工具,所以一般会选择综合接待能力较强的目的地。

4.时间和路线安排不同

传统旅游业受季节影响十分明显。但奖励旅游不同于传统旅游项目,受季节影响不明显,而且由于奖励旅游对服务质量的高要求,部分企业安排奖励旅游时,有时会有意避开旅游旺季和传统的旅游时间,选择旅游淡季出行,这样可以很好地落实旅游计划,达到激励的目的。在线路安排上,奖励旅游一般是由旅游公司针对企业的要求为其量身定做,将企业文化融入其中,具有鲜明的特色,而传统旅游活动的线路相对稳定,特色不明显。

📱 赋能广角

最佳员工激励方式——奖励旅游

员工的绩效奖励体系向来是企业的核心架构之一。而激励的形式除了奖金、期权、晋升这些“硬货”之外,还会提供奖励旅游这种“轻质”激励。在传统意义上的MICE里,“I”代表了奖励旅游,虽然直观上各类会展类服务有更多的“上镜率”,但其实无论是上游客户需求,还是下游DMC服务商,MICE行业中的奖励旅游也占据了相当大的比例。

从实际效果上来看,对于企业而言,奖励旅游不仅总体成本较低,而且员工覆盖面广,受众多,有助于增加员工对企业的认同感和忠诚度。所以无论从投资回报率的角度来看,还是从企业文化建设角度来看,奖励旅游对企业经营者的吸引力越来越大。

从市场近年的变化来看,几乎在所有企业里,各种员工奖励旅游的规模越来越大、频次越来越高。尤其诸如"万人游迪拜""六千人游美国"等直销、保险类行业的超大型奖励旅游团队,总能吸引社会和媒体大量的注意力。单一企业包机、包酒店、包度假村、包岛、包邮轮出行也已经屡见不鲜,这既满足了奖励员工的需求,同时又宣传了企业形象,从营销角度来看这是划算的投资。

作为企业管理和文化建设的一部分,无论是作为员工福利考核激励还是团队建设手段,奖励旅游相较其他激励方式,在提升员工满意度和雇主形象的效果上,都是非常好的方式。而且相对于良莠不齐的常规散客旅游,更正规化的奖励旅游市场,不仅为企业员工带来了定制化、品质化的旅游体验,而且也有益于旅游市场自身的升级和发展。奖励旅游成为企业激励员工的主流方式的时代即将全面到来。

二、奖励旅游策划流程

(一)项目调研与目标确定

项目调研与目标确定是策划奖励旅游活动的基础和依据。项目调研的内容是收集委托企业的相关材料,如企业的背景、文化、财力、举办奖励旅游的目的、以往奖励旅游的状况、受奖励人员的具体情况等,在对委托企业进行准确细致的评估与分析后,才能确立奖励旅游的主题和活动项目。通过项目调研,可以更好地确定奖励旅游的目标,为企业制订符合企业需求的奖励旅游活动方案,满足企业的需求。

不同类型的企业有不同的奖励旅游需求,通常情况下组织奖励旅游的目标可以归纳为以下几种。

一是提升销售或其他可量化的工作业绩。此种目标的奖励旅游需要与组织沟通并制订考核标准,根据组织的不同经营周期决定考核的时间与标准,如年初制订标准并宣传,年终进行考核,或者根据经营周期选择开始与结束的时间,终极目标是对达到了考核标准的优秀员工进行表扬与鼓励。

二是提升组织的凝聚力,宣扬组织文化。随着奖励旅游的普及,越来越多的组织以此为手段提升整体的凝聚力,奖励旅游者参加的范围逐步扩大,由可以量化业绩的销售岗位扩展到组织的各个不同岗位。

三是提升与经销商或合作伙伴的关系。为了加强与经销商或合作伙伴的合作关系,奖励旅游成了一个很时尚的奖励方式,组织全国各地的经销商或各类合作伙伴参加旅游,加强联系,建立商业合作机会,目前在奖励旅游市场成为重要的组成部分。

四是提升顾客的忠诚度。满意的顾客更有可能成为忠诚的顾客,他们更可能重复购买产品或服务,奖励旅游作为一种特殊的激励方式,能够激发顾客的忠诚行为。为了提升顾客的忠诚度与复购率,企业可以通过各种抽奖方式,组织被抽中的顾客参与奖励旅游活动。

(二)奖励旅游主题策划

奖励旅游行程需要有一个明确的、充满想象空间的主题来增加其吸引力。一个好的主题应能易于传播,让活动效果达到最大化。主题要与目标吻合,需要深度挖掘组织文化,并策划一个有张力、冲击力、想象力与激励性的主题名称,通过此名称既可以了解活动的主要目标,又确定了活动的基调,更主要的是能够体现企业的品牌与文化。如在小米公司赴西班牙的奖励旅游中,小米公司的"为发烧而生"的理念正好与西班牙热情奔放、自由率性的形象结合,策划确定了"易燃,易爆炸"的主题,燃即为"燃烧、热血",既呼应了小米公司"发烧"的狂热理念,又凸显其热情、朝气、青春的企业形象。"爆炸"则预示本次会奖旅游之旅将是"米团"在西班牙不同凡响的一次东西碰撞,是放飞自我的盛会。

奖励旅游的主题确定后,每一个行程也可以在总的主题下演绎成不同的分主题,共同凸显奖励旅游活动的吸引力与独特性。可以结合活动的特点、目的地资源、场地特征、参加者的喜好及预算进行设置。每个行程的分主题若能将主题细化为不同侧面并进行展示,将会使主题更加饱满,印象更加深刻。如农夫山泉企业的一次奖励旅游活动主题为"饮水思源",在此基础上进行了为期数日的探访公司水源地——昆明、吉林、哈尔滨的活动,并围绕"水"设计系列活动,突出"我们是大自然的搬运工"的理念。又如在一次佳能企业赴苏州的活动中,在"镜跃苏州·时空成像"的主题下演绎出"与水共生、与陆共生、与空共生、昨日重现"四个分主题来诠释总主题。

(三)奖励旅游目的地策划

1.目的地与场所选择

奖励旅游目的地有众多的观光胜地、文化景点、观光园及活动场地可供选择,企业可以选择该地极具代表性、特色的行程。同时,确保目的地和场所的选择与主题相辅相成,并受预算的限制。策划时需要注意以下几个方面。

(1)目的地知名度与组织需求方的认可。通过组织需求方以往的经历、决策者的预算,以及旅游目的地的知名度共同决定奖励旅游的目的地。基本原则是同等预算下,一般选择知名度高、不重复的旅游目的地。

(2)目的地的可达性。目前国内奖励旅游团的规模都较大,通常在100人以上,组织需求方为了彰显气势或方便管理,通常会要求一次性包专机前往目的地,因此需要充分考虑航空公司的承运力以及航班座位的安排等情况。

(3)目的地季节与当地大型节庆活动的时间。配合主题要选择目的地最佳时间前往,同时需要避开当地的大型节事活动,如春秋两季广交会期间,奖励旅团前往广州就并不合适。

（4）目的地支持与友好程度。高端商务会奖团是各国旅游界竞相争抢的对象,目的地的支持度,如签证的便利性、特殊活动的支持与居民的友好、安全等都成为影响因素。具体的场所选择,除了酒店与会议中心外（国际上大部分的会奖旅游活动在酒店与会议中心进行）,还可利用当地一些特色空间,如城堡、博物馆、民宿、大学宿舍、游船等,同时要深入挖掘当地具有历史文化底蕴或标志性的空间作为活动的场所,增强吸引力。

2. 目的地资源及要素梳理与分析

（1）季节。一是设计为体现目的地季节特色的产品,二是要留意那些看似对季节敏感性不强的项目,因为它们也会由于季节差异而给高端客人带来不同的感受。理想的会奖目的地,一方面需要做到每个季节都能让客人体验到目的地最美好的风土与人情,另一方面还要做到每个季节都不让高端会奖客人获得不良的旅游体验。

（2）时段。主要涉及白天与晚间、工作日与节假日等。会前、会后可以全天安排旅游体验活动,而晚间活动往往被忽略。例如行程中的会议需要持续两三天,可以在晚间安排一场体验性强的演出活动,同时也要考虑避开周末或节假日期间大众旅游比较拥挤的目的地。

（3）消费层级。即便是在中高端消费层面上,最好也要再设定两个或更多的消费层级,因为更多选项会激发人们的消费欲望。比如主题宴会或酒会、高端体验活动、演出活动等。

（4）体验层级与参与程度。不同的人群对于体验层级与参与程度的追求是不一样的。有的喜欢较为刺激的项目,有的则喜欢相对温和的。几乎所有人都愿意参与体验项目,只是参与的意愿程度有所不同。

（四）奖励旅游行程策划

在奖励旅游中,旅游是手段或者诱因,激励是根本目的。它要求旅游活动中的计划与内容尽可能与企业的经营理念和管理目标相融合。行程策划是整个奖励旅游方案的主体,将目标与主题落到实处是执行的依据。奖励旅游的行程安排除了常规旅游项目外,一般还包含企业会议、培训、颁奖典礼、主题晚会或晚宴、舞会及个性化奖品赠送等内容,有效将企业文化建设有机地融于奖励旅游活动。奖励旅游的行程依据组织需求方目标、参加者特征、目的地资源而丰富多样,策划中应该遵循如下原则。

1. 线路策划

个性化的奖励旅游路线设计需要根据旅游者的需求特点进行,要使旅游线路充满特色和吸引力,并结合企业文化的活动实现奖励旅游企业的目标,带给奖励旅游者最佳的享受。可以结合当下的时尚和潮流,针对年轻的群体设计冒险性和刺激性的旅游活动,或是结合目的地的旅游景观,使旅游活动设计多样化和主题突出。如佳能珠海有限公司的奖励旅游线路选择繁华都市东京,以"风雨同路22载,共生同行溯源煦聚"为主题进行线路设计。这条线路适合佳能企业文化的培养,路线设计有城市寻宝探险、日式传统温泉、天皇皇宫旧址,集现代、古代、活力、休闲于一体,在行程中还安排了特别的体验活动和培训讲座,胜景、民风、美食、人文尽领略,满足了不同级别和不同层次的旅游需要,行程安排全程摄像,并在活动之后制成光碟分发给顾客,同时附赠日本民族风格小礼品。

2. 时间选择

奖励旅游时间的选择既要考虑奖励旅游企业时间方面的需求,又要结合旅游目的地、活动内容来考虑时间是否合适,是否有利于企业目标的实现。如8月中旬到9月初为最适宜去敦煌的时间,此时温度较为适宜,并且瓜果成熟,特产丰富,所以华为公司以"探寻神秘敦煌"为主题的奖励旅游时间定为8月25—29日。

奖励旅游时间的选择要注意三个方面。第一,出行时间不能对企业的正常经营活动造成过大压力,如不安排在企业年末冲刺业绩销量的时间段出游;第二,选择旅游淡季,既能获得价格优势,又可以满足参与者出行不拥挤的诉求;第三,设计的旅游行程时间计划应具备足够的灵活性,可根据企业的临时状况更改调整。此外,策划团队也需要考虑预留充裕的时间进行策划及筹备奖励旅游。

(五)奖励旅游活动策划

奖励旅游的活动策划要围绕塑造企业文化,增加企业凝聚力,激励员工与客户,并最终达到提高企业业绩、促进企业未来发展的目的展开,因此旅游公司必须针对企业的特定需要进行活动策划。例如以目的地名称为主题,结合旅游景观进行活动策划,通过现场直播、学术交流等增加互动。可以安排公司高层与奖励者一起活动,参观公司总部,与公司领导层开座谈会。还可以设计紧扣企业文化主题的晚会,或是别具一格的颁奖典礼、主题晚宴等活动,让奖励旅游更具有纪念性。

1. 主题宴会类

主题晚宴或颁奖晚宴是经常使用的类型,此类活动可以充分运用各种声光电舞台等元素进行氛围渲染,同时增强参加者的仪式感,在一个舞台化的"神圣空间"里缩短上下级之间的距离、增强同事之间的亲切感,在此过程中,人们之间的关系不再是循规蹈矩、等级森严和冷漠疏远,而是亲密无间、彼此平等。如香港广之旅为某大型保险公司制定的年终奖励旅游策划了一场航海主题的颁奖晚会,在旅途中的豪华邮轮上,穿着船长制服的CEO及装扮成船员的其他公司行政人员主持了主题颁奖晚会。通过这场别出心裁的活动拉近了领导与员工的距离,增强了企业凝聚力,又使参与者获得了充满惊喜的旅游体验。

2. 培训学习类

奖励旅游是同行精英群体的集体活动,行业背景与知识交流必然是重要的内容之一,业界知名人士讲座、高峰论坛、行业前沿介绍无疑会增加参加者的兴趣,成为重要的有吸引力的活动。

3.挑战拓展类

以小团体为单位的带有一定挑战性质的户外拓展类活动受到越来越多组织者的青睐,一方面可以增加参与性,另一方面可以提升组织的凝聚力,促进组织文化的建设。随着对体验感的不断追求,越来越多的参加者青睐具有探险性质的活动。

4.社区参与类

原真性体验指旅游者在旅游过程中获得的真实和深刻的体验,这种体验与旅游者的主观感受密切相关。奖励旅游团走入当地社区,体验自然的生活、本土的文化,建立情感联系,与当地居民进行公益、捐赠等能体现组织社会责任的活动是国际奖励旅游的一个重要内容,同时还升华了奖励旅游的社会价值。

5.制作参与类

在一个创意空间内让参加者亲自参与制作各类手工艺品,体验各种科技手段带来的虚拟场景与时空转换,营造一种身临其境的感受。作为一种融合了艺术、创新与实践的活动,这不仅是表达个人创意与情感的方式,更是培养想象力、动手能力和审美观念的重要途径。

除了以上几种类型外,组织方可根据需求方的目标、特征进行不同类型的策划。

📱 **知识扩展**

奖励旅游与团队建设的融合趋势

随着企业对员工激励和团队凝聚力重视程度的提升,奖励旅游与团队建设活动的结合已成为现代企业管理的重要手段。这种融合不仅能够满足企业对员工激励的需求,还能通过精心设计的团队活动增强协作精神与企业文化认同。

1.奖励旅游中的团队建设元素

主题式团队挑战:在奖励旅游中融入定向越野、密室逃脱、城市寻宝等团队挑战项目,让员工在游玩中提升协作能力。

企业文化沉浸体验:结合企业价值观设计特色活动,如公益环保行动、文化探访等,强化员工对企业使命的认同。

高层参与互动:安排企业领导与员工共同参与团队任务,打破层级壁垒,增强归属感。

例如某科技公司在巴厘岛奖励旅游中设计了"海岛生存挑战",员工分组完成资源收集、搭建庇护所等任务,最终评选出最佳团队,并融入公司创新文化的颁奖环节。

2.团队建设活动的奖励化升级

积分兑换制:将团建活动与绩效挂钩,表现优异的团队或个人可获得额外旅游奖励。

高端定制体验:为优秀团队提供专属团建行程,如私人海岛派对、直升机观光等,提升激励效果。

长期激励计划:将单次团建扩展为年度系列奖励,如季度小团建＋年度大旅游,持续激发员工动力。

例如某销售团队将全年业绩目标划分为阶段,每达成一个里程碑即可解锁一项团建活动(如温泉日、帆船赛),年度冠军团队获得海外旅游奖励。

3.技术与创新赋能

虚拟与现实结合:利用VR技术设计沉浸式团建游戏,如线上解谜＋线下实景任务,适应远程团队需求。

数据驱动优化:通过问卷调查和活动数据(如任务完成率、参与度)评估团建效果,为后续奖励旅游提供改进依据。

行业动态:国际会奖旅游协会(SITE)报告显示,超60％的企业在奖励旅游中增加了团队协作项目,员工满意度提升35％。

奖励旅游与团队建设的深度融合,不仅丰富了员工激励的形式,更通过体验式学习强化了企业文化传播。未来,个性化、科技化与可持续性将成为这一领域的发展方向。

(来源:SITE全球会奖报告,《哈佛商业评论》团队激励专题)

📱 **任务实训** --▶

通过前期对委托企业和旅游目的地资源的调研,设计一份具有特色且独一无二的奖励旅游方案,包括目的地的选择、主题策划、行程规划、活动预算、组织流程等内容。完成表6-1的填写。

第一步:以调研企业相关背景及资料为基础,了解企业文化、员工构成、员工喜好和参与人数等,对企业奖励旅游的实质目的、特性与背景、特殊行程要求和预算分配进行分析。

第二步:根据前期调研,对奖励旅游进行主题策划、目的地策划、时间与行程设计、特色活动设计、经费预算规划等。

第三步:形成一份完整的奖励旅游策划方案。

表6-1 任务评价表

评价内容	组间评价得分（20％）	教师评价得分（40％）	企业导师评价得分（40％）
企业调研内容是否有针对性(25分)			
旅游目的地的选择是否合适(25分)			
奖励旅游策划是否有创意(25分)			
策划方案内容是否完整(25分)			

任务二　奖励旅游营销与运营

任务剖析

任务：根据市场特点和企业需求，制定有效的奖励旅游营销策略，确保奖励旅游活动的顺利运营与执行。通过定制化营销、目的地选择、执行流程管理、效果评估与售后服务，提升客户满意度。

目标：了解奖励旅游定制营销的核心概念及其在企业激励中的作用；掌握奖励旅游目的地营销的策略与方法、执行与评估流程；培养市场分析和客户需求洞察能力，提升营销策划与运营管理的实践技能。

任务流程

一、奖励旅游营销

在当前竞争激烈的市场环境中，企业需要通过创新的方式激发员工动力、增强团队凝聚力、提高公司形象、促进客户关系、拓展业务合作、增强社会影响力及提升品牌影响力。通过精心策划和组织奖励旅游活动，企业能够实现多重营销目标，为企业的持续发展注入新的活力。作为一种创新的激励手段，奖励旅游正逐渐成为企业营销战略中的关键组成部分。企业的奖励旅游营销具体可以从以下三个方面进行考虑。

1. 提高客户购买意愿，增加产品销售量

企业应充分发挥奖励旅游的潜力，根据目标客户群体的需求和喜好设计有针对性的奖励旅游方案。以某知名家电企业为例，该企业为了提高客户购买意愿和增加产品销售量，推出了"购买家电送旅游"的促销活动。在该活动中，客户只要购买一定金额的家电产品，即可获得免费的旅游机会。旅游路线涵盖了国内外知名景点，提供了高品质的旅游服务和体验。通过这次活动，该企业的销售额实现了显著增长，客户满意度也得到了大幅提升。

如何通过奖励旅游增加企业销售量，可以从以下几个方面分析。

一是设计有针对性的奖励旅游方案。企业应根据目标客户群体的需求和喜好，设计有针对性的奖励旅游方案。例如，针对高端客户，可以安排豪华旅游路线，提供高端酒店住宿和优质服务；针对年轻客户，则可以设计充满活力和创意的旅游活动。这将使奖励旅游更具吸引力，从而激发客户的购买欲望。

二是奖励与购买行为挂钩。为了让奖励旅游更具说服力，企业可以将奖励与客户的购买行为挂钩。例如，设立购买门槛，达到一定购买额度的客户可以获得奖励旅游的机会。这将使客户更加积极地参与购买活动，从而提高产品销售量。

三是加强后期跟进和服务。在奖励旅游结束后，企业应加强对客户的后期跟进和服务。例如定期发送感谢信、问候邮件或电话回访等，了解客户对旅游活动的评价和反馈。这不仅能够巩固客户与企业的关系,还能为未来的产品销售提供有力的支持。

2.深化品牌形象,提升客户忠诚度

奖励旅游作为一种独特的营销策略,不仅能让客户体验到企业的关怀与尊重,更能在轻松愉快的氛围中深化品牌形象,进而提升客户忠诚度。企业应充分利用奖励旅游的潜力,根据目标客户群体的需求和喜好设计有针对性的旅游活动。通过奖励旅游提升客户忠诚度主要体现在以下几个方面。

一是增强客户归属感。通过奖励旅游活动,企业可以让客户感受到自己的价值和重要性。这种被尊重和认可的感觉能够增强客户的归属感,使他们更加愿意与企业保持长期合作关系。

二是建立情感联系。奖励旅游活动为客户提供了与企业进行深入交流的机会,可以与企业代表建立情感联系,加深彼此的了解和信任。这种情感联系能够使客户更加倾向于选择企业的产品和服务。

三是提高客户复购率。奖励旅游活动能够激发客户的购买欲望,提高客户复购率。通过为客户提供独特的旅游体验,企业可以吸引客户再次购买产品,甚至带动其他潜在客户进行购买。这种良性循环有助于企业实现收益的持续增长。

企业通过奖励旅游传递企业文化与价值观、打造独特品牌体验以及提升品牌形象感知等方式,可以深化品牌形象;同时,还可以增强客户归属感、建立情感联系和提高客户复购率等,有助于企业在竞争激烈的市场环境中保持领先地位并实现持续增长。例如某高端汽车品牌通过举办"尊贵车主之旅"奖励旅游活动,成功深化了品牌形象并提升了客户忠诚度。该活动邀请了品牌的忠实客户前往欧洲著名汽车城市参观,体验当地的汽车文化和历史。在旅游过程中,客户不仅可以欣赏到美丽的风景和体验高品质的服务,还能深入了解品牌的历史和技术实力。通过这次奖励旅游活动,客户对品牌的认知度和好感度大幅提升,忠诚度也得到了显著提高。

3.建立客户数据库,为后续营销提供数据支持

奖励旅游还能为企业建立宝贵的客户数据库,为后续营销活动提供有力的数据支持。通过收集和分析客户的旅游偏好、购买行为等信息,企业可以更加精准地制定营销策略,提高营销效果。具体体现在以下几个方面。

一是收集基本信息。在奖励旅游活动中,企业可以收集客户的基本信息,如姓名、联系方式、年龄、性别等。这些信息是建立客户数据库的基础,有助于企业了解客户的基本特征。

二是确定旅游偏好。通过问卷调查、面对面访谈等方式了解客户对旅游活动的偏好,如旅游目的地、住宿类型、旅游方式等。这些偏好信息对于后续旅游产品的开发和推广具有重要意义。

三是反映购买行为。通过奖励旅游活动,企业可以关注客户的购买行为,如购买产品的种类、数量、频率等。这些数据可以反映客户的消费能力和购买习惯,为企业制定营销策略提供依据。

收集客户信息在后续营销中的作用体现在以下几个方面。

一是精准营销。通过对客户购买行为的分析,企业可以预测客户的潜在需求,提前制定营销策略。例如,当发现客户频繁购买某一类产品时,可以推出相关产品组合或套餐优惠活动。

二是客户关系维护。利用客户数据库中的信息,企业可以定期与客户保持联系,发送节日祝福、新品推荐等信息,增强客户与企业的联系和互动。当客户需要帮助或咨询时,企业可以迅速从数据库中获取客户的基本信息和历史购买记录,为客户提供更加个性化的服务。

三是产品优化与创新。根据客户数据库中的旅游偏好和购买行为信息,企业可以了解客户的需求和反馈,对产品进行优化和创新。例如,针对客户反馈较多的问题进行改进,或开发符合客户需求的新产品。

📱 赋能广角

如何加强奖励旅游的市场营销

国内日益增长的奖励旅游客源足以证明,中国的奖励旅游市场潜力是巨大的。然而,要想真正启动这块市场,还面临着许多困难,需要我们做出进一步的努力,从加强奖励旅游市场营销的角度分析策略,有以下几点。

1. 政府与旅游业界联手,加强国际奖励旅游营销

国际奖励旅游市场开拓仅仅依靠旅游业界的努力是远远不够的。奖励旅游的级别往往比较高,政府的支持将大大加重奖励旅游开拓市场的砝码,这已经在加拿大、澳大利亚等国家得到了很好的验证。在这一方面,北京市旅游局(现为北京市文化和旅游局)作了很好的示范,北京市旅游局曾邀请美国、加拿大、英国、新西兰等国家的二十六家颇具实力的旅游公司总裁、副总裁,在北京进行了为期一周的考察,这些旅行商长年致力于经营奖励旅游市场,掌握着世界大型企业奖励旅游的客户资源,这对北京开拓国际旅游市场具有十分重要的意义。可以说,政府和旅游业界联手,宏观支持与微观操作相结合将会使奖励旅游市场营销的效果更好。

2. 发挥展览会在奖励旅游营销中的作用

现代展览会作为高度开放的窗口、密集流畅的信息沟通渠道、高效灵活的交易中心、经济与社会发展的助推器,越来越受到了人们的重视,而专业性的展览会更受到人们的关注。积极参加国际上的一些大型专业旅游展,特别是奖励旅游展如EIBTM(欧洲会议与奖励旅游展)、IMEX(法兰克福国际会议及奖励旅游展)等,对于扩大中国奖励旅游的影响力有着积极作用。

3. 奖励旅游营销主题化

中国虽然是世界文明古国和世界旅游资源大国,但笼统的宣传并不利于人们形成具体的认识,也难以和东亚文化圈内的其他竞争对手区别开来。为了突出特色以形成更强的吸引力,中国的奖励旅游市场营销需要进一步具体化、主题化,并围绕相关的主题开展奖励旅游活动策划,进行奖励旅游产品组合。

二、奖励旅游运营

(一) 奖励旅游执行流程

奖励旅游的客户较传统的旅游团体更为特殊,需花更多的心思及更长的时间做好活动前的了解、规划、安排、设计等工作。因此,要办好一次成功的奖励旅游,需要充分且完善的规划,并且谨慎安排每一个细节,然后按计划认真执行,以下以旅游公司为例,介绍奖励旅游运营的流程。

1. 决定执行人员及工作分配

旅游公司是多部门机构,不同部门有不同的职能。一次奖励旅游任务的完成是各个部门团结协作、共同努力的结果。根据任务的具体情况,如奖励旅游人数的多少等,决定相应的执行人员及工作分配,以便分工协作、职责明确地分头进行准备。

2. 召开动员会议

在进行项目启动工作之前,召开有关人员的动员会议是必要的。在会上,就本次活动作具体说明,并就预定目标等提出要求。动员会议的召开,既是明确任务、鼓舞士气之举,也是任务大范围展开的号角。

3. 考量食宿交通及设备质量

根据行程设计与规划的要求,考量饮食、住宿、交通以及其他相关设备的质量及准备情况,看其是否符合本次奖励旅游的要求,这是旅游公司开展活动前的必备工作,它将影响到本次任务完成的质量。

4. 专案执行方式与条件

专案是活动全部行程除去行程设计与规划之外的部分,其中行程部分是每次奖励旅游活动必不可少的,而专案则需根据企业的不同需求制定。该部分主要由两方面组成,一是企业要求的特殊行程,二是特殊的活动安排,而后一方面更为重要。

5. 危机防范与管理

奖励旅游的安排还得体现危机的防范与管理。奖励旅游进行过程当中,有一些预先无法预知的意外发生,打乱规划的行程是在所难免的,如意外天气、交通事故、时间路线变更、旅游者意外事件等,这就要求临时对行程作一定修改,以保证本次任务能圆满完成。因此,旅游公司需要事先考量,才能临时应对突发事件,保证活动圆满完成。旅游公司组织人员应具有较高的随机应变能力、较强的专业素质以及相当丰富的经验,这样才能不动声色地化解危机,并争取达到或超过预期的效果。

(二) 奖励旅游效果评估

为了确保奖励旅游活动的有效性和可持续性,旅游公司需要对奖励旅游效果进行评估和监控。主要包括游客满意度、团队凝聚力、经济效益、市场影响力以及创新与个性化等方面。

1. 游客满意度评估

游客满意度是衡量奖励旅游效果的重要指标。通过问卷调查、面对面访谈等方式收集游客对奖励旅游的反馈，评估游客对行程安排、住宿条件、餐饮服务、旅游景点以及整体服务的满意度。通过收集游客的意见和建议，可以了解游客的需求和期望，为今后的奖励旅游服务提供改进方向。

2. 团队凝聚力评估

通过评估团队成员在活动中的互动情况、沟通协作情况以及任务完成效率等方面来评价团队凝聚力的提升程度。此外，还可以通过问卷调查或团队讨论会等方式收集团队成员对奖励旅游活动的感受和反馈，进一步了解活动对团队凝聚力的影响。

3. 经济效益评估

经济效益是评估奖励旅游效果的重要方面，具体可以从直接经济效益和间接经济效益两个方面进行评估。直接经济效益主要包括旅游活动的直接成本和收入，通过计算旅游公司在奖励旅游活动中的投入产出比，评估活动的盈利能力。间接经济效益则包括活动对旅游公司品牌形象的提升、客户满意度的提高以及未来业务发展的积极影响等。

4. 市场影响力评估

奖励旅游活动不仅是对员工的激励，也是旅游公司展示自身实力和品牌形象的重要机会。旅游公司通过奖励旅游活动在社交媒体上的曝光度、客户口碑传播以及行业内的认可度等方面来评估活动的市场影响力。此外，还可以通过收集客户反馈和市场调研数据来了解活动对旅游公司品牌形象和业务发展的积极影响。

5. 创新与个性化评估

在竞争激烈的旅游市场中，创新与个性化是奖励旅游脱颖而出的关键。旅游公司评估在奖励旅游活动中的创新元素和个性化服务，如独特的行程安排、专属的旅游体验、个性化的服务等方面，可以了解旅游公司在奖励旅游服务中的创新能力和个性化服务水平，为今后的服务提供改进方向。

📱 **知识扩展** --▶

影响奖励旅游体验的因素

奖励旅游研究基金会发布的参会者奖励旅游偏好报告显示，奖励旅游体验最重要的元素是让参会者有时间放松、可参加独特的体验活动、旅游全程有充足的旅游资金。调查发现，奖励旅游对于潜在参会者有相当高的吸引力，即便是最不受欢迎的目的地，对于参会者也具有吸引力并能起到激励作用。

影响奖励旅游良好体验的主要因素包括充分放松的休闲时间、独特体验、豪华住宿、获得可用来消费的额外奖励金、可携伴同行。参会者偏爱的住宿形式是在大型度假村里有私人客房。相对而言，能够自行开车前往以及有与众人交流的机会,并不能给奖励旅游体验加分。

　　奖励性质的团体旅游对于Z世代和千禧一代而言,吸引力仍非常高。而当前参会者追求的是能在度假过程中参加独特的体验活动以及下榻豪华的住宿场所,且最好能携伴分享此次难得的机遇。因为参会者希望能有放松的时间,所以有阳光沙滩的目的地持续受到奖励旅游市场的欢迎。此外,客人对邮轮旅游的兴趣经历短期下滑后,如今又再度回升。无论目的地为何地,邮轮旅游都令人向往。

📱 任务实训

　　为旅游企业制定完整的奖励旅游营销运营方案,包括从参与企业的角度和旅游公司的角度进行分析。完成表6-2的填写。

　　第一步:从参与企业的角度分析,在奖励旅游活动过程中如何促进营销,包括如何提高产品销售量、提高顾客忠诚度、收集客户数据等。

　　第二步:从旅游公司的角度分析,根据奖励旅游的营销特点制定营销方案,包括旅游产品设计、定价分析、宣传推广等内容。

　　第三步:根据奖励旅游策划方案制定运营计划,包括具体的执行步骤、客户维系、效果评估等内容。

　　第四步:形成一份奖励旅游营销运营方案。

表6-2　任务评价表

评价内容	组间评价得分 (20%)	教师评价得分 (40%)	企业导师评价 得分(40%)
参与企业的营销策略是否正确(30分)			
旅游公司角度分析的营销策略是否正确(30分)			
奖励旅游的营销运营方案是否完整(40分)			

任务三　团队建设活动策划

⚙ 任务剖析

　　任务:根据企业文化和团队特点,策划主题鲜明、形式多样的团队建设活动,以增强团队凝聚力、促进成员沟通与协作,并提升员工的工作满意度和归属感。

　　目标:了解团队建设活动的目的,能够根据企业需求选择合适的活动类型与形式;掌握团队建设活动的策划流程及现场执行;树立以团队为核心的管理理念,提升团队整体效能;培养创新思维和团队协作能力。

🔷 任务流程

一、团队建设活动概述

（一）团队建设活动的定义与目的

团队建设是指为了实现团队绩效或产出最大化而采取的一系列激励人员的团队优化行为。通俗地来说，就是设计一些需要通过协作完成的活动来加强成员的团队意识，并使其最终落实到实际行动。

（二）团队建设活动的类型

团队建设活动一般包括户外拓展活动、智力挑战活动、文艺活动、健身运动活动和主题沙龙活动。每种活动都有其特点和适用范围，企业可以根据自身的企业文化、活动的对象以及现实的条件来选择，并设计出最适合团队成员的团建活动，下面介绍几种常见的团建活动类型。

1. 户外拓展团建活动

户外拓展是一种让团队成员在自然环境中寻找活动主题，通过合作完成任务，锻炼个人和团队的认知能力、控制感、心理素质等，增强团队合作精神、传递团队价值的团队建设活动。这种活动通常包括趣味竞赛、模拟情景演练、定向越野、高空攀岩、漂流等。例如帆船是一项非常注重团队合作的运动，除了需要丰富的航海经验，娴熟的驾驶技巧，更重要的是整个团队的默契配合，需要团队精神、队员的执行力以及船长的领导力。

2. 文艺类团建活动

文艺类团建活动可以是歌舞晚会、话剧比赛、朗诵比赛、年会等形式，也可以是国潮京剧 Cosplay、美食 DIY、文艺体验等。这类团建活动适合特定人群，比如有相关爱好的参与者或文化类企业。通过比赛、表演等方式，展现每位团队成员的特长，并且还能提升他们在自己领域内的自信心，在活动过程中增加团队成员之间的互动和交流，提升团队凝聚力和向心力。

3. 音乐类团建活动

音乐类团建能传递快乐和激情，营造积极、乐观、向上的团队氛围。将音乐融入团建，可以打破团队沟通屏障，以乐队合奏模式诠释团队合作理念，在实现团队融合与凝聚力升华的同时，也将释放压力、收获快乐。如"非洲鼓"主题团建融入了演唱、舞蹈、表演等因素，在短短的时间内完成一段完整而震撼的音乐表演，富有激情的团队合奏，遥远而神秘的文化体验让大家经历了一场美妙的音乐之旅，大大提升了参与者的精神面貌，增强了团队的自豪感和归属感。

4.健身运动团建活动

健身运动团建活动是一种针对健康和身体锻炼的活动,例如棒球主题或皮划艇、桨板等水上主题,这些在日常生活中比较少玩的一些游戏、运动项目,可以有效地增强团队成员之间的友谊,提高团队的协作能力。

5.主题沙龙活动

主题沙龙活动是将一些团队成员共同感兴趣的主题作为活动内容,以便让团队成员之间互相交流和分享。有关主题可能是商业、技术、创造力、烹饪等方面,通常以讨论、演示、研究等形式展现出来。这种活动可以帮助团队成员增加新的知识和技能,增强团队成员之间的沟通顺畅度。例如"油画大师"团建活动,通过团队努力完成具有企业文化意义的油画,用视觉的感官直接呈现在大家面前,提升员工的企业归属感,同时在制作过程中,需要团队成员的相互协作,增进团队成员凝聚力,参与者要用画笔和颜料挥洒艺术才能,绘出一幅幅画作。最后每个人都把单幅油画拼凑在一起,展示一副史诗般的企业巨幅画作,令人印象深刻。

6.情景主题团建活动

剧本式情景主题团建是一种通过设定剧本情节和角色扮演的方式来进行的团建活动,让团队成员在虚拟的情景中展开合作、沟通和解决问题。这类团建活动通常设定情景情节,例如"明星大侦探""跑男""极限挑战"等综艺节目,根据历史、节日、社会热点去设定情景主题,通过情景主题+互动游戏的形式,在娱乐玩耍中达到团队融合的目的。

7.红色主题团建活动

选择红色主题的活动地点,如红色主题的酒店、游乐园等,让团队成员在特殊的环境中体验团建活动。例如"跑男"有一期节目是在黄河边上演绎《黄河大合唱》。精益求精、团结努力地完成一件有难度但又非常有意义的事,是一项值得团队成员共同追求的目标。

(三)团队建设活动的目的

团建的目的是通过一系列的游戏、活动、拓展训练等方法,提高团队之间的协作和凝聚力,让团队成员坦诚相待、尊重他人、彼此信任。在企业内部,团建活动通常需要花费一定的经费和时间,但它对公司的长期发展是非常重要的。

1.增强团队信任感

团建活动能够增进员工和团队之间的交流和合作,通过游戏、活动等方式,让团队成员相互了解,相互信任,以达到更好的合作,同时也能进一步提高工作效率,提升公司的信誉力和形象。

2.提升团队凝聚力

团建活动让团队成员更了解彼此,消除个人的孤立感,使团队成员相处更加融洽,有助于增强个人的团队意识,最终提高团队的凝聚力。在团建活动中,公司领导也可以以身作则,向员工们传达公司的核心价值观,并激励他们更加热情地投入公司的发展中。

3.改善团队成员沟通

很多公司认为沟通是他们面临的挑战之一。团建活动可以促进员工之间的沟通,打破沟通壁垒,让他们之间交流畅通无阻,还可以帮助公司招聘新员工。在招聘中,公司可以将团建活动作为一种优势,吸引有能力、有潜力的员工加入公司。

4.团队成员挑战自我

通过团建活动可以让团队成员挑战自我,拓展自己的技能,增强自信,激励自我超越,同时也能达到更好的团队合作效果。可以帮助团队成员发现自己的优点和不足,提高自我认知和情商,促进个人的成长和发展。

5.塑造团队文化和价值观

通过团队建设活动,可以强化团队的核心价值观和文化,建立共同的理念和信念,使团队更具有向心力和凝聚力。

团建活动是一种非常重要、非常有益的团队建设方式,它可以增强团队合作、培养人才、提高企业整体实力。因此,组织和策划团建活动,可以帮助企业提高工作效率,提升合作精神。

📱 赋能广角

丽江某公司生产部开展团队活动增强员工凝聚力

丽江某公司生产部、工艺部和质控部共52人在华坪县荣将镇狮子山开展了第二期团队建设活动。旨在让大家放松身心的同时,增强团队意识和团队凝聚力,提升集体荣誉感,加强团队融合及公司部门之间的沟通和协作能力,提升团队战斗力。

上午9:50,团建活动拉开帷幕,首先由生产部副经理杨兴给大家做安全提示,随后大家进行随机分组,迅速形成一支拥有共同使命感的团队。大家充分展示独有的创意与激情,选队长、起队名、画队旗、编口号,各部门员工迅速融合。随着主持人的一声令下,上午的登山比赛正式开始。尽管烈日当空,但是参赛队员仍个个精神饱满,"战神、战神,战无不胜""火箭必胜"等响亮的口号一路响起,大家你追我赶,体力好的男队员扶着体力稍弱的女队员不断地向前行,相互鼓励。通过一个小时的努力,最终"先锋队"全员最先到达山顶目的地,获得团队第一名。

下午进行了"链接加速""十人九足""顶球竞走""无敌风火轮"等一系列团队小活动。通过这些活动,让大家充分体会到了团队沟通、组织、协作、合理分工、配合的重要性,同时也让团队成员间的关系得到了进一步的升华。

游戏结束后,大家坐在一起享受当地美食,分享成功的喜悦,总结失败的原因,这一天,团队中的每一名成员都真真切切地感受到了突破自我的成就感。

本次活动达到了预期的目的,后期,大家会在工作和生活中相互鼓励、支持、团结协作,共同打造一个最优秀的团队。

二、团建活动策划

(一)企业团建目标分析

团建活动的目标应该是增强团队凝聚力、促进员工之间的沟通和协作,同时提高员工的工作满意度和归属感。在规划团建活动时,应该根据企业自身情况和员工需求,是提升团队凝聚力和协作能力,还是激发团队创新意识等,目标明确后可以有针对性地策划活动内容。

(二)团建活动的内容和形式

团建活动的内容和形式应该丰富多彩,应具有趣味性、挑战性和团队性。每一个团队对团建接受程度和需求都是不一样的,只有最大化地满足团队的需求,结合公司的团建目的,找到适合自己团队的活动,有针对性地策划团建项目,才能达到团队建设的积极效果。可以组织团队合作游戏、团队建设训练、团队分享交流等内容,让团队成员在活动中得到收获。如通过团队合作完成一些富有挑战性的任务,如登高、越障、绳索等,让员工在紧张而刺激的氛围中培养默契和协作精神。

(三)团建活动的标语口号设计

团建横幅标语、团建口号是团建文案的核心要素,一个好的团建横幅标语,可以提高团队的士气和战斗力。

1. 团建横幅标语设计

公司团建少不了的一环就是集体合照＋横幅,合照是企业宣传和团队记忆的核心,带上时间会更加有意义。不管是新来的同事还是公司的客户,看见团建横幅标语就可以了解公司团队的基本情况,从侧面传达出来的信息对公司来说是非常正面且积极的。以下是部分团建活动的横幅激励标语。

·高效运作,默契配合,精英团队,活力无限
·百川汇海可撼天,众志成城比金坚
·永不言弃,再创辉煌,团队协作,誓夺第一
·脚踏实地,打造金牌团队,放飞梦想,造就辉煌人生
·团结一心,其利断金,团结一致,再创佳绩

2. 团建口号(团建旗帜)设计

一般情况下,横幅只会在拍团队合照的时候出现,而团建口号(团建旗帜)可以全

程跟随团建整个过程,它不但可以非常好地带动团队氛围,而且可以让团队成员更加有归属感。团建口号(团建旗帜)的标准写法是logo(公司名称)＋团建标语(口号)。

三、团队建设活动的现场执行

在执行团建活动时,要注意合理分配任务、细心策划、充分沟通,这样才能确立团队成员之间的信任、提高团队效能、达到团队目标,下面从户外和户内两种场地来分析活动的执行与控制。

1. 户外活动的执行与控制

常规的户外参观旅游活动涉及的主体较少,与普通旅行团的运作相似。但非常规项目如租用当地特色建筑设施、组织探险活动、与当地社区深入交流等,需要组织方与目的地的供应方,如场馆、旅游公司、交通部门等充分沟通与协调。组织户外活动需要注意以下几点。

一是建立相应的现场沟通与应急机制,明确各类情况下各环节的联系人与职责,如天气、医疗、安全等意外情况下需要制订相应的应急预案。

二是与当地的目的地管理组织保持沟通,制订深度补救措施。

三是在行程安排上注意时间的充分性与活动类型的搭配,张弛有度,兼顾参加者的心理感受。

四是现场人员保持高度的警惕性,保持"内紧外松"的服务意识。

2. 室内活动的执行与控制

室内活动通常是依托酒店会议室展开,相对于户外活动需要关注更多细节,奖励旅游中间商需要对会场有尽可能多的控制权,所以前期考察必不可少。以下几点需要引起重视。

一是会议室的使用时间。会议室是酒店的宝贵财产,通常被分割使用,奖励旅游中间商要在合同中注明使用时间,若客户对会场有较大的变动需要得到认可,同时要注明会场内各种搭建与物品进驻摆放的时间。

二是会议室的空间、类型。不同的会议室类型与搭建风格决定了实际使用容量,奖励旅游中间商要注意室外空间的大小,如走廊客流的模式与大小、洗手间的数量、电梯的距离与数量等。

三是会议室设施的布置。对于有特殊活动的奖励旅游团队,需要一些特定的背景板设计、灯光搭配、音响调试、电源排布、礼品摆放、会议场所设计等,奖励旅游中间商需要与酒店方核对、检查,根据会议类型选择不同的会议室,每种不同类型的场所的容量与布设控制需要进行现场协调监督,并在会议开始之前进行检查。

📱 知识拓展

十个爆款团建主题

1. 探险寻宝主题团建

团队成员化身探险家,在设定的路线中通过解谜、合作挑战等方式寻找宝藏。此活动旨在提升团队协作能力,增强团队凝聚力,同时带来刺激与乐趣。

2. 复古运动会主题团建

以古代运动会为蓝本,设计一系列趣味竞赛项目。团队成员身着复古服饰,参与投掷、赛跑、拔河等传统运动,体验不一样的团建氛围。

3. 创意工坊主题团建

团队成员分组进行手工创作,如制作陶瓷、编织工艺品、设计团队logo等。活动旨在激发创新思维,培养团队成员的沟通与协作能力。

4. 城市定向越野主题团建

团队成员需在城市中完成一系列任务点打卡,通过团队协作和策略规划,以最短时间完成所有任务。此活动锻炼团队成员的应变能力和方向感。

5. 环保公益主题团建

组织团队成员参与环保公益活动,如捡拾垃圾、植树造林、环保宣传等。活动旨在提升团队成员的社会责任感,同时增进团队间的默契与合作。

6. 军事拓展主题团建

模拟军事环境,进行军事化训练和管理,如障碍穿越、战术配合、模拟实战等。活动旨在提升团队成员的纪律性和执行力,培养团队成员勇敢拼搏的精神。

7. 美食文化主题团建

团队成员分组进行美食制作,通过烹饪比赛、美食分享等方式,感受不同地域的美食文化。活动旨在增进团队成员的友谊,同时提升团队的凝聚力和创新能力。

8. 科技创意主题团建

结合现代科技元素,设计一系列创意挑战项目,如机器人编程、虚拟现实体验、科技产品制作等。活动旨在激发团队成员的创新精神和科技素养,提升团队协作能力。

9. 心理健康主题团建

通过心理游戏、放松训练、情绪管理等方式,关注团队成员的心理健康。活动旨在活跃团队氛围,增强团队凝聚力,同时帮助成员更好地应对工作和生活中的压力。

10. 文化体验主题团建

组织团队成员参观博物馆、历史遗址等文化场所,通过文化讲解、互动体验等方式,深入了解本地历史文化。活动旨在提升团队文化素养,增进团队成员的交流与了解。

这些主题团建活动涵盖了探险、运动、创意、公益、军事、美食、科技、心理、文化等多个方面,可以根据客户的需求和喜好进行选择和定制。

任务实训

为企业设计团队建设活动方案,包括团建活动的目的、人数、时间、团建活动主题策划、团队横幅标语、团建口号与旗帜的设计等内容。完成表6-3的填写。

第一步:团建活动策划的前期准备,包括团建活动的目的、人数、时间。

第二步:团建活动主题策划、横幅标语、口号旗帜的设计。

第三步:形成一份完整的团队建设活动策划方案。

表6-3　任务评价表

评价内容	组间评价得分（20%）	教师评价得分（40%）	企业导师评价得分（40%）
团建活动策划的前期准备是否合理充足(30分)			
团建活动策划内容是否有特色创意(30分)			
团队建设活动策划方案是否完整(40分)			

项目总结

项目案例分析

天力集团秉承"以人为本"的理念,通过奖励旅游的方式积极推广企业文化和品牌形象,增强员工对企业的认同感和归属感,同时也提高了企业在社会上的知名度和美誉度。此次奖励旅游在企业背景分析、旅游目的地与线路设计、文化体验与团队活动、特色定制与创新体验等方面都具有鲜明的特色和优势。

1.企业背景分析

天力集团自成立以来,始终重视企业文化的建设,不管是每个月的员工生日会,还是每次的中国节日,每年的户外拓展、旅游和年会,都体现了天力集团"以人为本"的企业文化,这让员工在忙碌的工作中体会到了集团的关怀,也领略了大自然的美景,愉悦了身心。

2.旅游目的地与线路设计

在选择奖励旅游的目的地时,此次以"越山看海,踏浪逐风"为主题的奖励旅游活动充分考虑了旅游目的地——青岛的自然风光、人文景观以及旅游资源的独特性。

3. 文化体验与团队活动

通过参观甲午战争博物馆和欣赏中国首创360度大型实景山水演艺等活动,天力集团员工们能够亲身感受青岛的城市文化魅力,在轻松愉快的氛围中体验文化之旅。在旅游过程中组织的团队协作游戏,增强了员工之间的凝聚力和团队协作能力,这不仅有助于员工放松心情、释放压力,还能促进员工之间的交流与沟通。

4. 特色定制与创新体验

根据员工自己的兴趣和需求选择旅游目的地、旅游活动和住宿条件等,提高员工的参与度和满意度,这展现了天力集团对员工的关爱和尊重。

●●● 项目实训

● 综合实操任务

项目自测
▼
项目六

根据企业需求策划一次有创意的奖励旅游活动,并以小组为单位进行评比。每个小组由5~8名学生组成。任务包括:①奖励旅游的企业文化与旅游目的地调研;②奖励旅游的策划流程与内容设计、个性化安排、目的地设计、人数、预算、行程规划等;③团队活动的具体设计方案等相关内容。形成一份完整的奖励旅游策划方案。

项目七
演艺赛事活动策划与运营

项目解读

　　演艺赛事活动的迅速发展证明了人民群众生活品质的不断提高,高质量的演艺赛事活动不仅能够给观众带来良好的视觉体验,丰富大众群体的精神文化生活,同时也能够推动我国文化体育事业繁荣发展。加快演艺赛事消费市场升级、促进演艺赛事产业高质量发展不仅能助推中国式现代化城乡建设,还能提升城市人民的幸福生活指数。本项目通过分析演艺赛事活动的基本概念、特点、类型、发展趋势和市场潜力,对演艺赛事活动进行策划、营销与运营,将理论与实践紧密结合,达到前瞻性与现实性的统一。同时对照国家技术标准、行业服务标准、会展项目管理岗位技能要求,结合会展管理职业技能等级证书(1+X证书),梳理岗位的技能及知识要求,参考全国高校商业精英挑战赛会展创新创业实践竞赛评分细则,设置教学内容,设计一体化项目,任务驱动教学。项目结合演艺赛事活动策划与运营岗位需求,培养新时代下能丰富人民精神文明生活、推进城市文体事业发展的演艺赛事活动策划与推广的应用型人才。

项目目标

- **知识目标**

  (1)了解演艺赛事活动的概念类型和发展趋势。

  (2)熟悉演艺赛事活动的具体策划流程和方法。

  (3)掌握演艺赛事活动运营推广及衍生品开发与营销。

- **能力目标**

  (1)能对演艺赛事活动进行市场调研与趋势分析。

  (2)能进行演艺赛事活动及衍生品的策划、设计、营销及推广。

  (3)能对演艺赛事活动的过程进行动态管理与运营。

- **素养目标**

  (1)形成艺术鉴赏能力和美学感知能力。

  (2)树立积极乐观的生活观念和安全防患意识。

  (3)培养热爱生活的心态,传播社会主义精神文明价值观。

项目案例导入

　　作为全国第一部大型山水实景演出，《印象·刘三姐》别具匠心地将刘三姐的歌、少数民族的情、漓江上的渔火等多种元素创意性糅合在一起，融入桂林瑰丽山水之中，文旅融合，成就了自然山水与民族文化共同孕育的经典。这部由"桂林山水""刘三姐传说""张艺谋"这三个具有号召力的品牌强力支撑的大型山水实景演出，通过360度纯自然、大露天观景舞台和原生态的沉浸式观赏体验，使其震撼人心，一面世就开启了一个空前的视听传奇。

　　《印象·刘三姐》不仅成为桂林文化旅游名片，更实实在在地带动了当地群众脱贫致富。这场约600人参加的演出，演员大部分是当地的村民和学生。白天打鱼、开餐馆、做民宿，晚上成为实景演出的演员。每年导演组都会到现场指导，根据不同章节、段落，对演员动作、音乐、舞美、灯光进行调试优化，确保演出始终保持高水准。2019年，由《印象·刘三姐》园区鼓楼改造升级的刘三姐文化印象博物馆开放运营，采用先进的虚拟现实技术，构建"刘三姐数字博物馆"，让外地观众零距离领略刘三姐文化的独特魅力，同时还为学生们打造集深度、宽度、广度于一体的学习与探究刘三姐文化和民族文化的研学之旅，实现青少年与刘三姐的双向奔赴。著名作曲家黄有异创作的歌曲《刘三姐也是我们家乡人》，将充满民间智慧的中国好声音——刘三姐赞美劳动、赞美自然、赞美爱情的和美歌声，唱响全国、唱响世界。

　　2024年《印象·刘三姐》入选首批"桂林经典"名录，肩负着弘扬民族文化的重要使命。桂林将推动《印象·刘三姐》迭代升级，以"一台戏"至"一座城""一场国际演出"到"一个国际品牌"为目标，建设印象刘三姐国际演艺小镇和刘三姐文化主题公园，促进夜间经济发展，为桂林打造世界级旅游城市添新彩。

　　思考：《印象刘三姐》在中国演出市场取得成功的原因有哪些？

任务一　演艺活动策划与运营

任务剖析

　　任务：根据演艺活动举办的标准和要求，基于演艺活动主办和承办方的角度策划并选择合适的活动场地，制定营销宣传、运营推广方案，达到成功举办演艺活动的目的。

　　目标：了解演艺赛事活动的概况、类型特点及产业链情况；理解演艺赛事活动策划的具体流程及内容，掌握演艺赛事活动的具体实施运营过程；培养艺术鉴赏能力和积极乐观的生活观念，为传播社会主义精神文明作出贡献。

◉ 任务流程

一、演艺活动概述

演艺活动指演出单位或个人在特定的时间、特定的环境下所举办的文艺表演活动。除了休闲活动配套的演出以外,还有诸如文艺汇演、喜剧表演、明星演出、歌舞晚会等专业性、商业性的演出,一般可以委托专业演出公司或演出团体承办,活动主办方主要是做好组织、配合与协调工作。

(一)演艺活动类型

1.音乐会

音乐会是由单独的音乐人表演或是音乐团体的集体演出,像管弦乐团、合唱团等。音乐会的形式有巡回音乐会、新年音乐会、live音乐会、交响音乐会,如每年的维也纳新年音乐会备受瞩目。

2.演唱会

演唱会是达到一定规模的现场音乐表演,由个人歌手或者团体演出,常在大型的露天场馆举行,如体育馆。演唱会对于歌迷来说是一个狂欢的盛会。世界上最震撼的演唱会是迈克尔·杰克逊的布加勒斯特演唱会,现场入座七万人,实际到场人数有十七万。

3.歌剧

歌剧是一种对歌唱功底要求很高的表演,主要或完全以歌唱和音乐来交代和表达剧情的戏剧,是将音乐(声乐与器乐)、戏剧、文学、舞蹈、舞台美术等融为一体的综合性艺术,通常由咏叹调、宣叙调、重唱、合唱、序曲、间奏曲、舞蹈场面等组成。著名的歌剧有《浮士德》《乡村骑士》《卡门》等。

4.音乐剧

音乐剧是由对白和歌唱相结合进行演出的戏剧形式。音乐剧熔戏剧、音乐、歌舞等于一炉,富于情趣和艺术色彩。它的音乐通俗易懂,因此很受大众的欢迎。世界四大经典音乐剧是《猫》《歌剧魅影》《悲惨世界》和《西贡小姐》。

5.话剧

话剧是一种以对话方式为主的戏剧形式,与传统舞台剧、戏曲相区别,话剧主要叙述手段为演员在台上无伴奏的对白或独白,但可以使用少量音乐、歌唱等。我国著名的话剧有《雷雨》《茶馆》等。

6.相声

相声是一种民间说唱曲艺,主要采用口头方式表演。表演形式有单口相声、对口相声、群口相声等,是扎根于民间、源于生活、又深受群众欢迎的曲艺表演艺术形式。它有说、学、逗、唱四大形式,特点鲜明。

7. 中国戏曲

中国戏曲主要是由民间歌舞、说唱和滑稽戏三种不同艺术形式综合而成。中国各民族地区戏曲剧种有三百六十多种,传统剧目数以万计。它起源于原始歌舞,是一种历史悠久的综合舞台艺术样式,由文学、音乐、舞蹈、美术、武术、杂技以及表演艺术综合而成。中国五大戏曲剧种分别是京剧、越剧、黄梅戏、评剧、豫剧。

8. 杂技

杂技是集合了柔术、车技、口技、顶碗、走钢丝、变戏法、舞狮等技艺。现代杂技特指演员靠自己身体技巧完成一系列高难度动作的表演性节目。

(二)演艺活动特点

在今天这样的时代环境下,与传统的演艺活动相比,当代演艺活动有着自身的特点。

1. 传统演艺和大众传媒的结合

演艺具有深厚的传统文化和现代文化的内涵、独特的艺术表现方式、真实形象的艺术感染力、视听兼备及现场互动性,这些特点使其在与当代大众传媒相结合方面具有独特的优势。大众传媒的介入,使得演出的受众数量大大增加,在演艺产业的融资、宣传、成本分摊等方面起到了巨大的推动作用。比如,《同一首歌》这一大型演出活动,真正到现场看过该演出的人并不多,正是因为电视媒体,《同一首歌》才会产生如此之大的影响力。

2. "娱乐"与"文化"的交融

如今是大众文化流行的时代,对于大众文化而言,娱乐是其主要的特征之一。当前演艺产业中,引人注目的一个现象便是"娱乐"和"文化"的交融。"娱乐"和"文化"联系密切,而且能够相互转化,交融发展。女子十二乐坊是"娱乐"与"文化"融合产生的经典案例。十二位具有演奏技巧的靓丽女性一改传统民乐含蓄内敛的演奏风格,使用二胡、古筝、扬琴等中国民族乐器,演奏出融合拉丁、爵士、摇滚等诸多流行音乐元素的乐曲,在国内外掀起了一股中国民族音乐的浪潮。

3. 演艺产业与其他产业的互动

演艺产业与其他产业的互动明显,演艺产业有利于其他产业的发展,其他产业则有利于实现演艺产业的范围经济效应。以旅游产业为例,演艺产业与旅游业结合,形成了旅游演艺市场。旅游演艺产品可以涉及表演艺术的各个门类品种,主题、艺术形象与该地方的自然与人文景观在历史文化上的联系密不可分,力求做到还原自然、天人合一。《印象·刘三姐》将广西桂林的民间传说、经典山歌、民族风情、漓江山水渔火等自然和人文元素创新组合,创造了中国演艺产品的奇观。

4.演艺对区域经济的拉动

演艺产业能带动产业链发展和城市整体形象的提升。在计算演艺活动所产生的经济效益时,必须认识到演艺活动对区域经济的整体拉动作用。这些与演艺活动相关的连带开销往往不会引起人们注意,却是一个不应忽视的消费增长点,它无形中拉动了周边的消费市场,提供了更多的就业机会,为当地经济发展注入了活力。

(三)演艺活动产业链

根据演艺项目筹备制作过程,可将演艺产业链划分为策划出品、主创制作、宣传宣发、票务回收四个环节(见表7-1)。策划出品环节由制片人牵头筹集资金,邀请导演、编剧等主创班底进行内容创作。主创制作环节包括场地协商租赁与团队排练。宣传宣发环节是通过发布会等方式进行项目推广。产业链的最后一个环节是票务回收,现阶段回收成本主要靠票款收入和票务平台返点等方式。以上海线下剧场为例,千人以上级别剧场(文化广场、上海大剧院)演出项目门槛达到400万—500万元,近千人级剧场(共舞台、人民大舞台等)演出项目门槛约为250万元。现阶段,演艺活动产业链各环节的参与者业务纵向布局趋势明显,其中掌握戏剧人才资源的剧院集团涉足上游策划出品环节,借助团队优势打造项目,比如北京演艺集团、中国广播艺术团等国有文化企业。宣传宣发与票务回收环节在剧院经营业务中占有重要地位的大型企业也有向上游创作环节发展的动向,比如保利文化。

表7-1 演艺活动产业链情况

策划出品	主创制作	宣传宣发	票务回收
筹集资金	场地租赁	发布会	院线合作
组建剧组	技术磨合	推广投放	平台返点
内容创作	演员排练		演员分成

(四)演艺活动的数字化发展

在演艺活动中,艺术家或者设计者通过数字技术的营造,引导观众进入虚拟情境中,体验前所未有的虚拟艺术和感官刺激。从感官虚拟体验、互动虚拟体验到情感虚拟体验,这些艺术体验和互动都是基于人们对虚拟世界的幻想和憧憬。

1.渲染偶像,美化表演意境

虚拟体验从纯粹的感官体验到交互体验再延伸到情感体验,逐渐呈现出体验融合的趋势,虚拟艺术体验的逼真度和沉浸感也进一步提高和加强。艺术工作者可以在演唱会场景设计上营造多个偶像同时演绎的各种酷炫效果,对观看者的视觉、听觉造成震撼冲击,同时也满足观看者对自己偶像的崇拜心理。

2. 重塑经典，赋予艺术强大生命力

虚拟技术为艺术体验提供了新的机遇。在科技条件支持下，可以为观众再现那些值得怀念的经典，虚拟世界的感官真实性、互动性、情感化特性正逐渐体现。例如，"复活"历史上的巨星，令其完成与当代明星同台对唱等的现场表演，或是弥补某位巨星不能到场的遗憾，还可以把某个不能实际再现的经典为观众重现，带给观众视觉与心灵上的震撼。

3. 展现场景，营造真实环境

用全息投影来展现一些现实中很难做出的场景效果，或是为某些歌舞表演营造配套环境，其方式并不是用于整场演出的舞美效果，而是作为演出的某个亮点出现，在希望引起观众高潮的某些节目或时间点使用，这样达到的效果最佳。

4. 打造虚拟偶像，衍生虚拟情感

虚拟艺术体验是调动了视觉、听觉、触觉、嗅觉及肢体行为互动等多种感知体验，也可以是意识心理的思维沉浸。虚拟偶像是基于语音合成、虚拟现实、增强现实、人工智能、全息投影、实时传输等数字技术设计出的仿真偶像明星，在运营团队的运作下，可以像真实艺人一样在线上和线下场景中进行才艺演出活动。越来越多的虚拟偶像会随着人们的不同需求而产生，并且延伸到情感体验的高度。

赋能广角

深入生活、扎根人民——艺术温暖生活，百场公益演出深入基层

国家大剧院百场公益演出自推出以来，始终坚守"深入生活、扎根人民"的宗旨，精彩纷呈的演出让百姓能够接触艺术、感受艺术带给生活的魅力，不断丰富着市民的精神文化生活。

近年来，国家大剧院公益性的艺术普及活动以不断满足人民日益增长的精神文化需求作为出发点和落脚点，致力于推进全民美育、丰富广大市民精神文化生活，努力提高市民文化艺术素养，把艺术的真善美展现给观众。通过"演讲结合"的特色形式，让群众体验到专业性、知识性、普及性、趣味性的优质演出，打造市民与艺术"零距离"接触。

演出伊始，一首莫扎特《G大调小夜曲》拉开了音乐会的序幕。随后，来自德国作曲家舒曼《童年情景》中的"梦幻曲"等作品给观众带来了不同的音乐审美体验，让大家随着音乐放松心灵、静享惬意。音乐会对中国音乐作品的演绎也同样富有多样性，取材于民间故事的《梁祝·化蝶》引发了观众们的情感共鸣，具有浓郁民族风情的新疆维吾尔族音乐《快乐的萨利哈》欢快轻松，展现青年爱情的蒙古族音乐《森吉德玛》宽广抒情，展现节日氛围的《步步高》和观众耳熟能详的《瑶族舞曲》将现场氛围推向高潮，赢得观众阵阵掌声。演出过程中，艺术家还向现场观众介绍了所演奏曲目的创作背景、艺术风格，以及室内乐的相关知识和不同地域音

乐创作的特点。"演讲结合"的方式让观众不仅收获了美的享受,还让大家感受到高雅艺术距离生活其实并不遥远。这正是国家大剧院百场公益演出活动的出发点和落脚点。临近尾声,《花好月圆》《我和我的祖国》两首耳熟能详的经典作品再次点燃了在场观众的热情,引发大家的情感共鸣。

艺术温润心灵,精品奉献人民。国家大剧院百场公益演出将继续在新时代新征程的奋进之路上鼓舞斗志,为人们精神文化生活品质的提升注入新时代的活力。

二、演艺活动策划与运营

演艺市场策划与运营需要综合考虑市场调研、目标定位、品牌建立、推广策略、资源管理和合作伙伴关系等因素,以实现演艺商业目标和艺术价值的双赢。

(一)主办单位与组织机构

演艺活动主办单位是演出的主要发起者、领导者和组织者。如政府机关(文旅局等)、文艺团体、新闻机构(电台、电视台、报社、杂志社等)、群众团体或企业。协办单位是指协助主办单位完成演出的单位。承办单位是指承接、承担或承包主办单位的演出任务,对演出进行具体筹划和组织实施的单位。赞助单位是指以实物、资金、义卖、义工等形式资助演出的单位。

演艺活动组织机构根据演出规模成立演出组委会或演出领导小组,对演出总体负责、总体计划,把握整个演出原则与主题。演艺活动组织机构下设立公关部、会务部、节目部、安全部等部门。演艺活动组织机构主要职责包括直接领导、指导或监督演出的全过程,编制演出总体计划,确定演出活动的宗旨、主题和原则。

(二)场地选择与安排

场地的选择与安排需要根据演出的规模、节目类型、演出预算、演出物质条件和设施情况以及演出的预期效果等因素进行比较后确定,场地包括影剧院、音乐厅、体育馆、体育场、大会堂、露天广场等。一场演唱会的场地选择应该考虑以下几个方面。

(1)场地的看台和舞台的基本设置是否能够满足演艺活动的功能需求;

(2)场地现场的音乐效果是否达到要求,回音大的室内场地不适合举办演唱会,回声大、共鸣大的场地令声音混浊,音乐层次感不清楚,歌声清晰度不足,乐器伴奏的明晰度也不足;

(3)场地安全出口的设置对于大型演唱会是非常重要的,一定要保证场地有足够的安全出口以及方便不同人员进出的通道;

(4)场地在城市中的地理位置、交通线路以及场馆的周边设施环境对观众来说也很重要,便利的交通能够给观众提供更多的选择,会增加观众去场馆看演唱会的可能性。

（三）节目内容与阵容

演出内容是线下演出的核心环节，直接决定了演出的品质和观众的满意度。目前，演出内容提供方主要包括各大剧院、音乐厅、剧场等演出场所，以及一些知名的独立演出机构。他们根据市场需求和观众喜好，策划并编排各类演出节目。演出制作与排练是确保演出品质的关键环节，演员的选拔、培训和排练也是非常重要的环节，直接关系到演出的最终效果。

（四）舞台设计与制作

演艺活动的制作方需要根据演出内容提供方的要求，进行舞台搭建、整体风格设计、背景和灯光音响效果设计等工作。

1. 舞台搭建

舞台搭建包括设计演唱会的舞台布置、灯光效果、特殊效果等，确保舞台符合主题和艺人需求，并与供应商合作制作所需的道具和装置，在设计和搭建演出舞台之前，需要考虑多个因素，如场地大小、表演要求、灯光音响设备以及观众视角等。

2. 设计舞台风格

如果是摇滚或流行音乐，需要更多的动感元素，如跳台、乐队演奏区和烟雾特效等，而对于舞曲或电子音乐演唱会，一个宽敞的舞池和色彩斑斓的灯光效果是必要的。

3. 设计舞台背景

幕布背景也是不可忽视的部分，可以根据不同曲目的风格选择合适的背景图案或视频投影，以增强音乐表演的氛围，还可以通过设置大屏幕或LED显示屏，在观众台上播放演唱会现场的实时画面。

4. 设计灯光和音响效果

灯光音响能够为演唱会增添层次感和戏剧性，以更好地展现音乐的感染力，音响设备则需保证音乐能够清晰地传达给观众，为了保证音响效果的高质量，可以考虑设置大型的音响扩音器并完善音响调试工作。

（五）观众的构成、演出性质与经费的预算

观看演艺活动的观众一般来说由特殊观众和普通观众构成。特殊观众主要指各级领导、重要来宾和劳模英雄等特殊人物，来宾主要指贵宾和嘉宾；普通观众又可以分为自由观众和团体观众等。演艺活动的性质主要是指营利性或非营利性。公益性演出的经费来源一般有三种，即政府拨款、社会集资或企业赞助、广告招商补偿。商业性演出主要靠门票收入、冠名收入、广告收入。

（六）宣传与推广

演艺活动是一个充满机遇和挑战的行业,需要艺人、演出团队和策划人员共同努力,通过精准的市场定位和创新来进行推广策划。

活动宣传是提高演出知名度和吸引观众的重要手段。宣传方需要根据演出内容提供方和制作方的需求,制定相应的宣传方案和营销策略。包括利用各种媒体平台进行广告宣传、组织票务销售、开展线上线下互动活动等。

演艺活动的推广策略包括宣传、广告、演出巡回、社交媒体营销等多种手段。通过在不同的媒体渠道上进行宣传,提高知名度和曝光度,吸引更多观众的关注和参与。同时,通过社交媒体等新兴渠道,与受众进行互动和沟通,增加粉丝数量和忠诚度。

演艺市场的商业模式在不断变化和创新。传统的商业模式包括唱片销售、票房收入等,而随着数字化时代的到来,音乐、影视等内容的数字化和在线发行已成为主流。此外,还出现了订阅服务、线上直播、虚拟现实等新的商业模式,这为演艺市场带来了更多的机遇和挑战。

（七）票务销售与现场管理

票务销售是确保观众能够购买到门票的关键环节。票务平台需要与各大演出场所和独立演出机构合作,提供多样化的票务产品和服务,满足不同观众的需求。同时,现场管理也是非常重要的一环,制定详细的安保计划,包括人员配备、紧急事件应对方案、医疗服务等,确保观众和艺人的安全。

（1）演艺活动开始前。安保人员要进行全面的检查,确保舞台、音响、灯光等设施的安全性,以及消防设备的完好性,同时也会对观众进行安全检查,确保他们不带危险物品进入场馆。

（2）演艺活动期间。安保人员会在场馆内巡逻,随时处理任何可能出现的问题,如果发现有观众违反规定,安保人员会立即采取行动,以确保现场秩序良好。

（3）演艺活动结束散场时。为可能发生拥挤和踩踏事件的场馆内设置安全栅栏和警戒线,以确保观众的通行安全,同时,也会有专门的导引人员来引导观众入场就座,并组织观众按区域就座,避免出现混乱和拥挤的情况。

（八）反馈与评估

演出结束后,需要对演出进行反馈与评估,以便改进和提升。反馈方需要收集观众的意见和建议,对演出的各个方面进行评估和总结。这包括对演出内容、品质、视觉效果、听觉效果等方面的评估,以及对营销策略、票务销售、现场管理等环节的评估。

从线下演出市场格局和产业链来看,演艺活动具有较大的发展潜力,但也面临着激烈的市场竞争。为了在市场中取得优势,各参与方需要不断优化和提升自身的核心竞争力,包括提高演出内容品质、加强制作与排练、做好宣传与营销、加强票务销售与现场管理、收集反馈信息并进行评估等。同时,也需要关注消费者需求的变化,不断调整和创新以满足市场的变化和需求。

知识扩展

演艺经纪人的素质要求

一位优秀的经纪人对于艺人的发展来说十分重要。经纪人除了洽谈工作业务和照顾艺人的日常之外，还需要维护艺人的公共形象，为艺人拉取优质资源。那么一位优秀的经纪人需要具备什么样的能力和素质呢？

1.眼光精准，具有艺术鉴赏能力

经纪人必须拥有独到精准的眼光，具备较高的艺术鉴赏能力，因为给艺人选择角色的重任往往落在他们身上。一旦经纪人的眼光出现差错，很可能会给艺人带来巨大的损失。为了更好地帮助艺人成为佼佼者，经纪人应为其量身定制一套演艺发展路线，找准艺人的定位。

2.具有灵活处理危机的公关能力

危机公关的能力可以说是经纪人的"必修课"，当遇到危机事件的时候，经纪人要有公关意识，什么情况下说什么话是很有讲究的，怎么样才能够化解危机，扭转局面。在艺人遭受公关危机时，经纪人要善于运用危机公关的规律性，帮助艺人解除危机，最好能借此给艺人树立一个讨喜的形象。

3.过硬的身体素质

经纪人表面上光鲜亮丽，实际上工作内容复杂。除了要有强大的心理素质，体力上同样面临巨大考验，经纪人需要陪同艺人一起出差，赶行程，这就需要过硬的身体素质。在记者采访的多位经纪人中，在被问到什么最辛苦时，他们不约而同地回答："赶飞机"。艺人的工作时间是不固定的，而且很多时候都是连轴转的，作为经纪人需要过硬的身体素质才能抵挡住强大的工作量。

4.强大的人脉圈

娱乐圈的很多演员能够跻身当红一线，除了自身实力以外，经纪人的作用也绝对不可忽视。好的人脉关系就像一个助推器，会让人成长，使事业发展走上快车道。作为一名成功的经纪人应该具备强大的人脉圈，这样才能更好获取更多的资源。

任务实训

选择所在地的一场演艺活动进行调研分析，了解该活动的基本要素和策划流程。完成表7-2的填写。

第一步：了解该活动的背景、主题(名称)、主办方和组织单位、举办时间、举办地点、舞台设计与制作、观众的构成等基本要素。

第二步：调研该活动观众的构成、活动的特色亮点、宣传推广方式、票务销售和现场管理、观众满意度等基本情况。

第三步:分析该活动举办是否成功,并对其进行优化和提出建议。

表7-2 任务评价表

评价内容	组间评价得分 (20%)	教师评价得分 (40%)	企业导师评价得分 (40%)
演艺活动基本要素分析正确(30分)			
演艺活动策划流程判断准确(30分)			
优化建议具有合理性和可操作性(40分)			

任务二 赛事活动策划与运营

任务剖析

任务:根据赛事活动举办的标准和要求,基于赛事组织者的角度策划并选择合适的活动场地,制定营销宣传计划,完成运营推广,达到成功举办赛事活动的目的。

目标:了解赛事活动的类型、特点及作用,能根据赛事活动的具体流程与步骤,对赛事活动进行策划与运营,提高办赛质量;培养组织协调能力,为丰富群众体育文化生活,营造拼搏团结的社会氛围作出贡献。

任务流程

一、认知赛事活动

赛事是各类文体项目比赛的总称,其目的是增强人民体质和丰富社会文化生活。赛事活动是以争取优胜为直接目的,根据比赛的规则要求,进行个人或集体的体力、智力、技艺、心理等的相互比拼活动。赛事活动由参与者、物质条件、组织管理三大因素构成。赛事活动的参与者包括赛事组织者、参赛者、裁判员、管理服务保障人员和观众;举办赛事活动的物质条件包括比赛场地、器材和有关赛事的其他用品;赛事的组织管理包括组织编排、竞赛规则、竞赛规程、竞赛管理等方面。

(一)赛事活动的类型特点与作用

1.赛事活动的类型

赛事活动的类型详见表7-3。

表 7-3　赛事活动的类型

赛事标准	赛事类型
按赛事规格的标准	国际赛事、洲际赛事、国家级赛事、地区性赛事等
按赛事规模的标准	综合性大型赛事、大型单项赛事、一般赛事和小型赛事等
按参赛区域的标准	世界性赛事、地区性赛事等
按赛事项目设置类别	综合性赛事和单项赛事
按比赛目的意义的标准	竞技性赛事和群众性赛事
按赛事性质	营利性商业比赛、非营利性公益比赛和交流与友谊性质比赛等
按参赛选手的专业性标准	职业比赛与业余比赛
按参赛运动员的年龄作标准	少儿比赛、青少年比赛、成人比赛以及老年人比赛

2. 赛事活动的特点

（1）多样性。众多赛事活动呈现出多样性的特点，既有传统的体育比赛，也有新兴的科技创新大赛，涵盖了各个领域和行业。多样性为参与者和观众提供了更丰富的选择，也为社会带来了更多的创新和活力。

（2）参与性。赛事活动通常具有较强的参与性，参赛者们在赛场上竞技，展现自己的才华和能力，而观众们也可以通过观赛来体验竞技的乐趣，增加社交互动。参与性强的赛事活动对于推动大众参与体育运动、培养人才和促进社会交流具有重要意义。

（3）规模化。随着赛事活动的不断丰富和多样化，一些大型赛事活动也逐渐成为社会关注的焦点。这些赛事活动在规模和影响力上逐渐扩大，吸引了全国乃至国际范围内的参与者和观众，成为推动经济发展和文化交流的重要平台。

3. 赛事活动的作用

（1）经济效益。大型赛事活动对于当地经济具有明显的带动作用。赛事活动的举办会带动相关产业的发展，如餐饮、住宿、旅游等。赛事活动的举办会吸引了大量的观众和参与者，增加了商业活动和经济交易，为当地经济带来了可观的收益。

（2）社会效益。赛事活动通过竞技和表演，提高了人们对于体育、文化和科技的认识和兴趣，推动了相关领域的发展。赛事活动也为观众和参与者提供了展示自己才华和能力的平台，促进了社会的多元化发展和交流。

（3）教育意义。赛事活动在推动青少年体育、科技和文化教育方面发挥着重要作用。通过参与赛事活动，青少年可以培养团队精神、竞争意识和创新能力，提升综合素质和竞争力。

（二）赛事活动的数字化发展

随着技术的发展和应用的不断深化，赛事的数字化将呈现出更加全面和深入的发展趋势。首先，虚拟现实和增强现实技术将与赛事结合，为观众提供身临其境的观赛体验。其次,人工智能在赛事数据分析和比赛策略制定中的应用将更加普遍,这能帮助教练和队伍提高竞争力。此外,数字化技术还将进一步推动赛事的商业化发展,通过数据分析和个性化推荐,为赞助商和广告客户提供更精准的营销和推广渠道。

1.赛事活动的数字化创新

数字化技术对赛事策划与运营产生了深远的影响。通过互联网、移动应用等工具,可以实现赛事信息的便捷传播和管理,提升赛事的效率和影响力。在赛事活动中,科技可以为赛事提供更好的数据分析和实时转播,增强观赛体验,通过虚拟现实和增强现实技术,可以让观众身临其境地感受赛事的魅力,而人工智能技术的应用也能够为赛事活动提供更加智能化的服务。赛事活动需要积极拥抱科技创新,推动赛事活动与科技的深度融合,为赛事活动的发展注入新的活力。赛事活动可以从以下几个方面进行创新。

(1)资源创新。数字化转型需要赛事数据、赛事数字技术、赛事ICT(信息与通信技术)人才、创新资金等资源要素发挥基础支撑作用。

(2)主体创新。从事数字化相关赛事技术研发、赛事规划、赛事承办、赛事运营以及赛事品牌营销等业务活动是数字化转型行动主体。

(3)产品创新。赛事活动数字化转型的价值创造着力点和落脚点在于为消费者提供充足的线上观赛型和线下体验型等智慧赛事产品。

2.赛事活动的数字化应用

随着科技的不断发展和应用,在运动员训练结果检测、比赛结果的统计和分析,以及观众体验和赛事传播的方式上,数字化技术正深刻地改变和影响着体育赛事活动。

在运动员训练结果检测中的应用。数字化技术为运动员的训练结果检测提供了更加准确和全面的数据。例如,体育器材和装备上的传感器可以实时记录运动员的运动轨迹、速度、力量等指标,运动员可以通过这些数据调整训练计划。另外,虚拟现实技术的应用使得运动员可以在虚拟环境下进行训练和模拟比赛,提高训练效果。数字化技术的应用不仅提升了运动员的训练效率,也使得他们的表现更加精确和出色。

在比赛结果的统计和分析中的应用。数字化技术为比赛结果的统计和分析提供了更高效和准确的手段。传统的纸质计分方式已被逐渐取代,数字化计分系统可以实时记录比赛的得分、时间、罚球命中率等信息。这些数据可以用于实时的战术调整和比赛分析。同时,通过大数据和人工智能的应用,赛事数据可以进一步深入分析,挖掘出更多有价值的信息,为教练和队伍提供更科学、合理的训练计划和比赛策略。

对观众体验和赛事传播的应用。数字化技术极大地改善了观众的体验,为他们提供更加丰富和便捷的赛事观看方式。通过在线直播和流媒体技术,观众可以实时观看比赛、回放精彩瞬间,无需到现场就能享受赛事的乐趣。另外,相关数字化平台为观众提供了比赛结果、运动员资料和赛程安排等信息,使得观众可以更加全面和及时地了解赛事信息。数字化技术还为观众提供了互动的方式,他们可以通过社交媒体平台与其他观众和运动员进行交流和讨论,增加了观赛的社交性和参与感。

📱 **赋能广角**

让群众赛事多起来、热起来

近年来,各地因地制宜打造群众体育品牌赛事,村BA、村超等体育赛事人气火爆,各具特色。中央一号文件明确表示,坚持农民唱主角,促进村BA、村超、村晚等群众性文体活动健康发展。这不仅让更多群众参与到体育运动中来,也让体育经济不断激发消费潜力,可谓一举两得。

办好群众赛事必须群众唱主角。这些赛事在当地都有着悠久的传统和文化底蕴,具有很高的群众基础。正是这种先天优势和特色,才能让这些赛事一朝突破,形成品牌效应。赛事虽然赋予了运动的竞技性,但是普适性、贴近性才是群众赛事的特色和本质。要让群众赛事真正回归群众,通过比赛让群众收获满满的参与感和荣誉感,借助赛事让比赛成为群众沟通的桥梁,通过宣传让健康理念深入人心,让运动成为生活的一部分,不断扩大比赛的参与度和影响力。

办好群众赛事政府要因势利导,因地制宜。利用体育赛事带动乡村文化振兴是好事,但跟风模仿、重营销轻内容,容易出现同质化、良莠不齐的问题。在举办群众赛事方面,地方政府不能盲目跟风,而是要选取那些具有丰富群众基础和文化基础的体育运动,因势利导来帮助群众把赛事办得更好,充分发挥自身组织、协调优势,统筹各方面资源,让更多群众参与进来,扩大本地体育品牌影响力。

办好群众赛事要在完善"硬设施"上下功夫。基础设施到位,才能方便群众参与。一些农村地区由于缺少场地设施,不具备举办群众比赛的条件。一些地方即使有场地设施,利用率也不高。这就给地方提出了新课题,以举办群众赛事为契机,完善基础设施,补齐短板,盘活资源,高效利用。

随着人民群众对休闲放松、健身康养需求的日益增长,更多群众体育运动场景等待开启,更多群众性体育赛事活动等待唤醒。为更多人参与体育、享受体育创造条件,现象级群众性体育赛事必将持续涌现,赛事的综合效益也会越来越明显。

◤ 二、赛事活动的策划与运营

赛事策划与运营是指对赛事活动进行全面统筹、协调和管理的过程。这一过程涵盖了赛事策划、组织、执行和评估等各个环节,以确保赛事能够顺利进行并达到预期的效果。赛事策划与运营作为文体产业中不可或缺的一环,对于一个成功的赛事来说至关重要。通过合理的策划和精心的运营,可以不断提升赛事的品牌价值和影响力。同时也需要适应时代的发展和变化,不断创新和改进,以应对新的挑战和机遇。

(一)赛事活动策划与组织

赛事策划是赛事运营管理的第一步。大型综合赛事的筹备阶段通常为3~7年,如奥运会筹备期7年,洲际运动会筹备期4年,全运会3~4年。小型单项赛事、学校运动会一般筹备期为半年,社区运动会一般提前1个月以上筹备。在这一阶段,需要对赛事项目设定、时间安排、场地选择、参赛队伍或个人招募等工作进行规划。主要包括以下几个方面内容。

(1)赛事目标确定。明确赛事的目标,如提高赛事知名度、促进产业发展、推动文化体育交流等。根据目标确定赛事的具体项目,包括比赛项目类别、规模等。

(2)赛事形式与规模。根据目标确定赛事形式(如单项赛事、综合性赛事等)和规模(如小型、中型、大型赛事)。确定赛事的时间节点,包括报名截止时间、比赛日期等。选择合适的场地用于比赛,包括赛事举办城市的选择,以及赛事场地的选择,如室内或室外场馆、体育场地等。

(3)赛事流程设计。其包括赛程安排、竞赛规则制定、参赛资格确定等。参赛队伍或个人招募是指确定参赛队伍或个人的招募范围,并进行相应的招募工作。

赛事组织是赛事运营管理的核心环节。通过细致的组织工作,确保比赛各环节的协调和顺利进行。主要包括以下几个方面内容。

(1)参赛队伍管理。对报名的参赛队伍进行管理,包括审核报名资格、发放参赛通知等。

(2)赛事规程制定。制定赛事相关规程,包括竞赛规则、裁判标准、奖励办法等。

(3)赛事风险管理与应急预案。风险识别与评估,对可能出现的风险进行识别和评估,如安全事故、自然灾害等。风险应对策略制定,针对不同风险制定相应的应对策略,如预防措施、应急预案等。应急预案实施,建立应急指挥体系,确保在紧急情况下能够迅速响应并采取有效措施。

(二)赛事活动营销与推广

赛事营销是由赛事主办方或由主办方委托的商业机构、专业团体采用的一种不同于传统营销及媒体广告的新型营销策略及其组合,主要是通过赛事冠名、指定产品等手段,扩大赛事声誉和提高赞助企业品牌影响力的一项"双赢"活动。

从主办方的角度出发,赛事营销是赛事组织者通过灵活运用多种营销策略,面向参赛者、观众、目标客户开展市场营销活动,包括向参赛者介绍赛事,吸引观众前来观看比赛或关注有关赛事的媒体报道,吸引赞助商,争取政府部门的支持,欢迎专业服务商为赛事提供优质、高效的社会化服务等。从参与方角度出发,通过参与赛事活动来宣传推广自己的品牌形象,扩大自己的社会影响。尤其是赛事活动的赞助方(包括现金、产品和服务赞助)更需要通过赛事活动来大力宣传本企业的形象,扩大本企业产品的影响力,通过赛事活动来推广自己的产品,在社会上进一步树立品牌形象。合理的赞助回报政策需要主办方认真考虑。具体的赛事活动营销需要从以下几个方面进行考虑。

（1）品牌定位与形象塑造。明确赛事的品牌定位,并通过视觉识别系统、口号、宣传语等方式塑造品牌形象。

（2）营销渠道拓展。利用各种媒体和渠道进行赛事宣传,如电视、广播、报纸、网络等。

（3）赞助商与合作伙伴关系管理。大型赛事市场开发的主要来源是商业赞助、门票收入、电视转播权的销售、特许经营权、社会捐赠等。寻求与赛事相关的赞助商和合作伙伴,建立互利合作关系。开展赞助商的招商工作,并对赞助商进行管理和协调。

（4）赛事宣传推广。赛事的宣传推广工作包括在公众媒体上发布相关信息,吸引更多的参与者。其指的是赛事运作管理机构通过宣传报道来聚集人气,增强赛事影响力,树立赛事品牌形象,在创造社会效益的同时,为赛事创造更好的经济效益,营造良好的氛围。

赛事营销本身就是一项宣传推广活动,通过赛事活动营销,让更多的人关注赛事、参与赛事,欢迎更多的本地居民和外地旅游者通过赛事活动体验休闲生活。同时赛事活动孕育着巨大的营销商机,树立正确的赛事营销理念,并且使其各个职能充分发挥,才能够成功实现赛事活动经济效益和社会效益的统一。

（三）赛事活动运营执行

赛事执行是赛事运营管理的关键阶段。赛事运营人员需要负责赛事的整体规划和设计,制定详细的执行计划,协调各方资源,确保赛事按照预定方案实施和落实,确保赛事的顺利进行,并及时解决出现的问题。同时,他们还需要对赛事的效果进行评估和总结,为未来的赛事提供经验和参考。赛事活动的运营执行主要包括以下几个方面内容。

（1）比赛组织与监管。对比赛进行组织和监管,包括赛事现场布置、比赛秩序维护等。

（2）裁判与计时。安排裁判对比赛进行评判,并进行计时工作,确保比赛的公平和准确。

（3）人员协调与安排。协调赛事相关的工作人员和志愿者,确保比赛各项工作有序进行。

（4）安全保障。确保比赛场地的安全,包括消防安全、急救设施等。

（5）赛事收尾管理。负责赛事相关文档的管理和存档,包括报名表格、成绩单等;回收器材与设备,做好赛事财务决算;人员转移与赛事机构的撤销;向赛事审批者提交赛事总结报告,财务审计报告;做好赛事表彰与答谢,以及工作总结等。

（四）赛事后期评估

赛事评估是赛事运营管理的最后一步,通过对赛事过程和结果进行评估,总结经验,改进赛事管理工作。主要包括以下几个方面内容。

（1）参赛者反馈收集。收集参赛者的意见和建议,了解他们对赛事的评价和改进建议。

（2）赛事数据分析。对赛事相关数据进行分析,包括参赛人数、成绩情况等,评估赛事效果。

（3）经验总结与改进。总结赛事管理过程中的经验,提出改进意见,为后续赛事管理提供参考。

赛事运营管理的流程主要包括赛事策划、赛事组织、赛事执行和赛事评估四个阶段。通过对每个阶段的细致管理和协调,可以确保赛事的顺利进行和取得良好的效果。同时,优秀的赛事管理还需要考虑公平性、安全性和创新性等方面,以提升参赛者的体验感和赛事的影响力。

📱 **知识扩展**

全球十大体育赛事

世界上有各式各样的体育赛事,吸引着全球范围内观众们的目光。无论是足球、篮球、网球,还是自行车赛、电子竞技,都有自己的粉丝群和观众基础。

（1）世界杯(FIFA),这是无可争议的全球影响力最大、关注度最高的足球比赛,它是足球赛事的最高荣誉。

（2）奥林匹克运动会,这是全球四年一度的综合性运动盛会,源自古希腊,从青少年奥运会到大型奥运会,参与的国家和地区覆盖全球,影响力不可估量。

（3）温布尔登网球锦标赛,拥有一百多年的历史,是最古老、最富有声望的网球赛事,每年的6月或7月举行,吸引全球的网球爱好者关注。

（4）环法自行车赛,这是一项著名的自行车赛事,自1903年以来,在每年的夏天举行,主要在法国举办,是自行车运动的一大盛事。

（5）欧洲冠军联赛,这是一项跨年度的赛事,也是欧洲足球俱乐部进行的质量最高、奖金最丰厚的赛事。至今已经诞生了23支冠军球队,证明了其竞争的激烈程度。

（6）世界一级方程式赛车锦标赛(F1),这是世界最高水平的赛车比赛,与奥运会、世界杯并称为全球三大体育赛事。

（7）终极格斗锦标赛(UFC),这是世界上规模最大、最高级的综合格斗锦标赛。在八角形的战场中,各种格斗技术的碰撞和交融,让人眼前一亮。这项比赛在全球145个国家进行了转播。

（8）斯诺克世界锦标赛,又称为障碍台球,是世界上历史悠久的体育赛事之一,各种精准的击球技巧和策略布局,吸引了大量的观众。

（9）美国职业篮球联赛(NBA),这是世界上最高水平的篮球联赛,它在全球范围内拥有极高的影响力,是社交媒体上广受欢迎的体育赛事之一。

（10）世界电子竞技大赛（WCG），这是一项于2000年创立的全球性电子竞技比赛，旨在促进世界人民在网络时代的交流与互动，是电子竞技的一大盛事。

📱／ **任务实训** ┈┈┈┈┈┈┈┈┈┈┈┈┈┈┈┈┈┈┈┈┈┈┈┈┈┈┈┈┈┈┈┈┈┈┈┈┈→

对城市所在地的一场体育赛事活动进行调研分析，了解该活动的举办过程与影响力，分析该活动的优点与存在的不足。完成表7-4的填写。

第一步：了解该活动的背景、主题（名称）、主办方和组织单位、举办时间、场地与地点、观众的构成等基本要素。

第二步：调研该活动观众的构成、活动的特色亮点、宣传推广方式、票务销售和现场管理、观众满意度等。

第三步：分析该活动的举办效果，并对其进行优化。

表7-4　任务评价表

评价内容	组间评价得分（20%）	教师评价得分（40%）	企业导师评价得分（40%）
赛事活动基本要素分析正确（30分）			
赛事活动策划流程判断准确（30分）			
优化建议具有合理性和可操作性（40分）			

任务三　赛事衍生品设计与营销

⬢／ **任务剖析**

任务：根据赛事衍生品类型特点及市场需求，结合赛事活动特色设计符合市场需求的赛事衍生品，借助赛事活动进行营销与推广，丰富赛事活动周边，达到提升赛事衍生品的增值空间，助力赛事活动产业发展。

目标：了解赛事衍生品的类型特点与作用；理解赛事衍生品设计的理念与创意；掌握赛事衍生品开发与营销的方法；培养审美意识与创新能力。

⬢／ **任务流程**

一、赛事衍生品概述

赛事衍生品是指与体育赛事相关、具有知识产权特点的商品或服务，包括但不限于体育赛事门票、体育纪念品、体育文创用品、体育服装、体育饮料、赛事食品、赛事传媒服务、赛事广告位等。这些衍生品通常具有特定的品牌、图案、标志等知识产权,是体育赛事品牌价值和知识产权的体现。

(一)赛事衍生品的类型

(1)纪念品。这是最常见的赛事衍生品类型,包括赛事徽章、纪念币、纪念贴纸等,用于纪念该赛事的举办。

(2)服装和配饰。这类衍生品包括赛事 T 恤、帽子、围巾、手表等,以及与赞助商合作推出的特别定制款式。

(3)文化创意品。这类衍生品通常是将赛事元素与当地文化或艺术相结合,如画册、明信片、手工艺品等,具有较高的艺术价值。也可以是玩具和模型,适合儿童和年轻粉丝,包括小型模型赛车、玩偶、拼图等。

(4)数码游戏产品。随着科技的发展,赛事衍生品也可以是与电子产品相关的物品,如手机壳、耳机、充电器等。还可以是与赛事相关的游戏、手机应用、卡牌等,粉丝可以通过游戏方式来体验赛事的乐趣。

(5)收藏品及数字藏品。这类衍生品通常是限量版或特别版的物品,如签名球衣、签名赛车模型等,具有较高的收藏价值。赛事数字藏品是指与某项赛事相关的数字资产或数字收藏品。这些数字藏品可以是虚拟卡片、虚拟球员、虚拟球场等,通过区块链技术进行发行和交易。赛事数字藏品具有独特的属性和价值,它的市场价值取决于其稀缺性、稳定性和流通性等因素。随着区块链技术的发展和赛事数字经济的兴起,赛事数字藏品已成为一个新兴的市场和投资领域。

(二)赛事衍生品的作用

赛事衍生品作为与赛事直接相关的产品,可以增加赛事的品牌价值和知名度。通过赛事衍生品,可以让更多的人了解和关注赛事,进而起到提高赛事影响力的作用,它不仅能满足体育迷和粉丝纪念和支持赛事的需要,还能为相关产业带来商机和发展机会。

(1)提供额外收入来源。赛事衍生品的销售可以成为赛事组织或相关机构的额外收入来源。通过合理的定价和销售策略,可以获得一定的利润,进一步支持赛事的运营和发展。这既带来了经济收益,同时也丰富了体育产业的多样性。

(2)满足粉丝情感需求。赛事衍生品是粉丝们表达对赛事的喜爱和支持的方式之一。通过开发各种类型的赛事衍生品,可以满足粉丝们对于赛事周边产品的需求,增强他们对赛事的参与感和归属感,创造消费者与赛事之间的情感联系。忠实球迷购买赛事衍生品,不仅是为了支持自己喜欢的球队或运动员,更是为了表达自己对赛事的热爱和归属感。

(3)提升合作品牌价值。赛事衍生品与知名体育品牌或赛事品牌合作,并使用其标识或商标,赛事组织者、赞助商和参与方可以利用这些产品来提高品牌知名度和影响力,这为赛事衍生品赋予了更高的知名度和认可度,吸引了更多的消费者。

（4）扩大赛事的影响力。赛事衍生品可以成为赛事传播和推广的媒介之一。通过将赛事的标识、口号等特色元素融入产品中，可以达到扩大赛事影响力的目的。例如一些知名的赛事纪念品在推广过程中会出现在各种媒体渠道和平台上，进一步宣传赛事。

二、赛事衍生品设计

赛事衍生品作为承载了特定功能和意义的产品，其设计首先应考虑它的实用性和纪念性功能，要以人为本，从消费者的需要出发，充分体现人性化设计理念，切实把握好人、文化、设计三者之间紧密相关的联系。赛事衍生品可从功能、文化、艺术、符号四个方面进行设计创意。

（一）衍生品功能设计

任何产品的功能设计都应该从满足人们的某种或多种需求出发，赛事衍生品更应该通过自身的功能承载和传递赛事的核心概念。赛事衍生品在功能设计上可以划分为实用功能、认知功能、审美功能三个方面。

1. 实用功能

衍生品实用功能包括技术性能、环境性能、使用性能三个方面。技术性能包括产品的质量、耐用性、功能性等，例如球队球衣的质量和耐用性决定了球迷是否可以长时间使用和保留球衣作为纪念品，其他赛事衍生品如电子游戏、VR设备等也可以通过技术性能提供更好的使用体验；环境性能指反映产品与环境的协调状况，主要涉及生态和环保方面，例如使用环保材料制作的球队周边产品，生产过程和包装材料也可以考虑环保因素，以减少对环境的污染；使用性能指的是产品的易用性和舒适性，例如球迷服装应该舒适透气，方便球迷在观看比赛时穿着，还应考虑用户的使用习惯和需求，为用户提供更便捷的使用功能。

2. 认知功能

造型语言是传达各种信息的符号，每一种产品都以特有的符号组合向人们传递着各种信息，使产品的流通成为一种文化的传播方式。赛事纪念品的造型语言不仅可以使商品及纪念品发挥它的认知功能，而且能使消费者明确了解这个商品及纪念品的出处，给人亲切温馨的感受和对生活意义的感悟等。北京冬奥会冰墩墩设计以熊猫为原型，熊猫是世界公认的中国国宝，形象友好可爱、憨态可掬，深受各国人民的喜爱，通过3D设计的拟人熊猫，体现了人与自然和谐共生的理念，进一步向世界宣传了中国的国宝形象及冬奥会的理念，让大家更好地通过冬奥会认识和了解中国。

3. 审美功能

审美功能是通过产品的外在形态给人赏心悦目的感受，唤起人们的生活情趣和价值体验，使产品对人具有亲和力。赛事纪念品的审美表现应与赛事活动特色相协调，围绕实用和认知功能展开,并最终通过对其造型语言的设计来获得。以北京冬残奥会梅兰竹菊"四君子"诗画系列徽章为例,徽章在审美设计上借鉴了中国工笔花鸟画风格,系列徽章融汇了锌合金铸造、漆烤等多种工艺和巧思灵动的创意设计于一体。

（二）衍生品文化设计

赛事衍生品设计的实质是一种文化设计。尤其要把握各种文化的独特性与时代性。不同的国家和地区会形成不同特色的文化,每一种文化类型都有特定的构成方式及其稳定的特征。以北京奥运会吉祥物设计为例,福娃造型融入了鱼、大熊猫、藏羚羊、燕子以及奥林匹克圣火的形象,代表了梦想以及中国人民的渴望。他们的原型和头饰蕴含着海洋、森林、火、大地和天空的元素,其形象设计运用了中国传统艺术的表现方式,展现了中国的灿烂文化,将祝福带往世界各个角落。

（三）衍生品艺术设计

赛事衍生品设计也要重视艺术创造。其设计在一定意义上是技术和艺术的有机结合,要在符合科学技术规律的基础上,发挥产品的物质功能和形式的审美表现力。以淮阳泥泥狗的设计为例,淮阳泥泥狗是河南省周口市淮阳区的形象代表,淮阳泥泥狗的设计具有夸张大胆的造型特征与妙趣天成的装饰特征,能使民众在心灵深处产生共鸣和震撼,充分体现了它所传达出的神秘主义、超现实主义和浪漫主义的艺术风格,同时又结合了淮阳的特色,是具备淮阳独特艺术的形象。

（四）衍生品的符号设计

赛事衍生文创产品的内在形象符号设计也不容忽视。设计创作者们应运用好赛事相关的具有高辨识度、高使用率的文化符号,结合中国传统文化底蕴与时代特征,依据受众需求,赋予符号表征以深刻意涵,同时进行创新阐释,丰富符号的媒介呈现形式,从而达到赛事活动对内聚民心、对外展形象的传播目的。比如,第六届亚洲沙滩运动会以海南特有物种坡鹿为原型的吉祥物"亚亚",除了以琼岛精灵坡鹿为主体外,裤子上的黎族图腾以及鞋子上的海浪元素,都彰显着丰富的海南元素,体现着强烈的文化自信。黎族图腾是黎族文化中常见的符号,在织锦或民族建筑中都有出现,体现了举办地三亚的民族特色。而海浪的意向更为直观,在传播上体现了三亚这座滨海城市的地理特征,同时还有中国文化里踏浪而来、乘风破浪的美好寓意。

三、赛事衍生品开发与营销

赛事衍生品通常能够带来一定的经济效益,赛事组织者、赞助商和销售商可以通过销售这些产品来获取利润,并为相关产业链带来增值效应。

(一) 赛事衍生品市场价值

赛事衍生品市场价值主要由三个方面的因素决定。一是体育赛事知名度与影响力的大小,这个要素直接决定与它相关的标志物或符号的市场价值,进而影响与它相关的商品的市场价值;二是具体赛事的系列标志与符号设计的艺术水准与美学价值;三是符号设计所形成的文化与情感价值,这个因素可以使这类特殊商品给消费者带来无形价值或利益。近年来各城市举办的马拉松赛事,不仅仅是一场关于跑步的赛事,它的背后还关联着一个巨大的消费市场。这个"跑"出来的风口,一年带动消费近300亿元。如一套专业的"跑马"爱好者装备包括跑鞋、跑步T恤、短裤、腰包、运动袜等实用产品,手表、手环、心率带等智能产品,还有头巾、腕套、髌骨带、盐丸等个性化需求产品。

(二) 赛事衍生品市场开发

在赛事衍生品开发方面应坚持体育赛事与衍生品开发的连续性与全面性,重点挖掘与开发大型体育赛事衍生品产业生态链的经济与社会效益,不断扩充体育赛事衍生品的增值空间,最终实现大型体育赛事产权以及衍生品的潜在市场经济价值。赛事衍生品的开发需要考虑以下几方面。

1. 研究市场需求

在开发赛事衍生品之前,首先需要深入研究市场需求。了解当前流行的体育赛事、受众喜好、消费者群体和竞争对手情况,以确定开发哪些类型的赛事衍生品。

2. 设计与创意

赛事衍生品的设计和创意是吸引消费者的重要因素。根据市场需求和目标受众,进行设计和创意,确定赛事衍生品的外观、功能和特点。可以考虑与赛事相关的标志、运动员形象、赛事场馆等元素,以及创新的设计理念和材料。产品的外观、材质、颜色等都需要与赛事的主题和品牌形象相符合,同时具有吸引力和独特性。

3. 生产与质量控制

赛事衍生品的生产需要考虑成本、生产周期和质量控制等因素。合理的生产计划与供应链管理涉及与供应商或制造商的合作,确保产品的质量和生产效率,产品的及时交付和质量可控等流程。同时也要关注产品质量的环保和可持续发展的问题,选择符合可持续发展理念的材料和生产方式。

4. 销售与推广

赛事衍生品的销售与推广需要考虑渠道、定价策略、促销活动等因素。可以利用赛事的官方渠道、线上平台、零售商和专卖店等进行销售。同时,通过广告宣传、赛事现场销售和社交媒体等手段进行品牌推广。通过线上线下的销售渠道和各种推广活动,可以提高产品的曝光度和销售量。

5. 版权和授权

赛事衍生品的开发需要注意版权和授权问题。确保产品的设计和创意不侵犯他人的知识产权,并与赛事组织或相关权利人达成合作授权,确保合法性和权益的保护。

6. 市场反馈和改进

在赛事衍生品上市后,需要关注市场反馈和消费者的意见。根据市场反馈和销售情况满足消费者的需求并提升产品的竞争力。

赛事衍生品的开发需要考虑到设计、生产、销售和版权等多个方面的问题。合理的开发和推广能使赛事衍生品成为赛事传播和推广的有力工具,同时也可以带来经济效益和提升粉丝的满意度。

(三)赛事衍生品市场营销

1. 赛事衍生品营销的类型

(1)授权营销,赛事可以与知名品牌合作,授权其使用赛事相关的元素和形象,推出特别定制的衍生品。这样可以借助品牌的影响力和渠道资源,提升赛事衍生品的曝光度和销售量。

(2)联名营销,赛事可以与其他相关行业的品牌进行合作,共同推出联名款的衍生品。这样可以借助不同品牌的粉丝群体,扩大赛事的曝光度和影响力。通常赛事组织方可以自行设计、生产与销售这些商品,也可以通过合同的形式将这些业务外包给其他企业。在市场分工越来越细的环境下,后一种形式正在被各类赛事主办组织所采用。

(3)特许营销,对于一些有自己独特文化和品牌价值的标志性体育赛事,组委会更多的是把带有赛事专用特殊标识(赛事名称、会徽、吉祥物、会歌、口号及理念等)作为经营资源授予被特许的企业使用,并有组织地从事一系列经营性活动,或由组委会指定,为组委会提供专项服务。这种经营性活动即赛事特许产品(或称为特许商品、特许纪念品)经营。

(4)委托营销,这种策略是指将商品的销售委托给某些零售商并同意后者在销售收入中提取一定的佣金,同时没有销售的商品还可以退回给赛事组织方。这种商品销售收入的获取方式对赛事举办方来说有一定的风险性。但是,在一些零售商不愿意成批一次性买断赛事商品的情形下,这种合作方式也不失为一种灵活实用的策略。

2. 赛事衍生品营销渠道

赛事衍生品营销是指利用赛事的品牌影响力和热度,推出相关的衍生产品或服务,以增加赛事的商业价值和品牌曝光度。赛事衍生品营销可以通过多种方式实施,包括以下几个方面。

(1)现场或官网销售,赛事主办方可以通过在赛事现场自行销售这类商品,也可将一些空间租赁给厂商设立摊位以销售他们的商品。还可以通过赛事官方商店、线上平台等渠道进行销售,增加赛事的收入来源。

（2）赛事活动营销，赛事主办方可以组织一系列与衍生品相关的营销活动，如发布会、签售会、赛事主题促销、线上线下互动、抽奖活动等，以吸引粉丝和消费者参与并购买相关产品。

（3）社交媒体营销，赛事衍生品可以依托包括微信、微博等官方主流新媒体渠道发力，整合其他媒体渠道，形成联动效应，打造赛事衍生文创产品传播的多元媒体矩阵。例如，冰墩墩的营销主要采用了"PGC ＋ UGC模式"，PGC是指官方发布引导内容，UGC是指用户自己产生内容，通过二者的结合进一步引导更多受众参与。随着消费市场的年轻化，消费者对于此类产品的消费更趋于情感化，受众对于冰墩墩的狂热不只是物质消费，更是受众共同参与的情感消费，强社交性和高互动性已然成为其重要吸引力。

赛事衍生品营销的目的是通过推出赛事相关的衍生品，增加赛事的商业价值和品牌曝光度，同时为粉丝和消费者提供与赛事相关的产品和服务，满足他们的消费需求。这种营销方式可以实现赛事的商业化运作，并为赛事带来更多的收益和发展机会。

📱 **赋能广角**

"五羊为型、木棉为色"——广马吉祥物设计理念

第十届广州马拉松赛首次迎来赛事吉祥物。广马吉祥物的设计团队艺术总监谭慧丽带领20位设计师参与了吉祥物的设计，前期做出多达几十版的设计稿，先经过内部筛选，再经过组委会选定，本次设计从六个备选方案中脱颖而出，整个过程历时一个月。

广州"市花"木棉花，以木棉为色，传承的是敢为人先的人文精神。木棉花是英雄之花，而马拉松源于古波斯与希腊的一场战役，一位希腊士兵从马拉松平原出发，长跑40多公里将捷报送至雅典，随后永远倒下，用生命书写了英雄精神。马拉松是有英雄精神的比赛，传达超越极限的精神，所以用木棉花的元素表现，包括红色的主色调和木棉花的图案。

羊的形象则与羊城有关，"五羊献穗"的千年传说令羊成为广州最深入人心的形象符号。在中国传统文化中，羊是吉祥、繁荣、幸福，是勇敢、合作、适应力的代表。以羊为原型打造吉祥物，体现永不放弃的体育精神，寓意广州城市发展"领头羊"的时代特色。设计团队使用了小羊的不同形象、不同的状态，它可能会坐在地上休息，也可能是很快乐的样子，希望它是亲切的，而不是高高在上的。

在谭慧丽看来，马拉松为城市带来了无限的朝气与活力，因此在构思吉祥物的神态时，团队融合了欢乐、活力、奔跑等特点，设计出多个令人喜爱的动态、表情，展现出亲切拟人的灵动形象，洋溢奋发蓬勃、积极向上的运动风采。

📱 **知识扩展** ┄┄┄┄┄┄┄┄┄┄┄┄┄┄┄┄┄┄┄┄┄┄┄┄┄┄┄┄┄┄┄┄┄◆

赛事空间营销

　　赛事的"空间"营销包括所有在赛事现场观众与媒体受众眼界范围之内的空间,包括物质空间与虚拟空间。在"注意力经济"时代,这些空间均可以被企业或组织利用来进行营销活动,或展示它们的产品与企业形象。这种潜在的价值是这些空间得以销售的基础,也是赞助商对体育赛事进行赞助的利益诉求。具体来讲,这些空间通常有以下三种形式存在。

　　(1)举办场地空间。这类空间不仅存在于活动场地的物体之上(比赛场地周边围墙、记分牌与计时牌、边界障碍物、告示牌、座椅靠背),也常常利用员工和服装来制造广告机会。

　　(2)印刷品空间。这类空间的载体包括门票、宣传单、海报、有公司题头的纸张、记分牌、零售和分发的袋子以及媒体信息袋等。

　　(3)虚拟空间。这类空间包括互联网空间与移动通信客户端空间两大类。赛事有机会在网站上出售广告空间。网站的价值在于它的长期性,网点可以整年运作,而不只是在赛事举办时。网站也是赛事的资产,合伙者与赞助商也可以利用。互联网可以向目标顾客发送及时的新信息,持续吸引观众。

　　随着信息技术、互联网技术以及移动通信技术的快速发展,各类虚拟空间作为销售收入和利润来源的作用也越来越突出。

📱 **任务实训** ┄┄┄┄┄┄┄┄┄┄┄┄┄┄┄┄┄┄┄┄┄┄┄┄┄┄┄┄┄┄┄┄┄◆

　　选择一款赛事衍生品进行分析,通过分析类型,观察外观设计与理念,分析其与赛事活动的关联性,同时了解市场销售渠道与情况。完成表7-5的填写。

　　第一步:观察赛事衍生品的外形设计,分析它的设计理念。

　　第二步:结合赛事活动,从赛事衍生品与赛事活动之间的关联性,如品牌价值、情感价值、衍生品的形式等角度进行分析。

　　第三步:分析市场销售的情况,从销售平台、宣传渠道、销售量等分析这款衍生品的市场热度情况。

表7-5　任务评价表

评价内容	组间评价得分(20%)	教师评价得分(40%)	企业导师评价得分(40%)
赛事衍生品的外形设计要素分析是否准确(30分)			
赛事活动与衍生品的关联性分析是否合理(30分)			
赛事衍生品销售情况分析是否正确(40分)			

项目总结

● **项目案例分析**

《印象·刘三姐》是具有极强的视觉冲击力和心灵震撼力的大创意、大制作,被各种文化背景、教育层次、审美趣味的观众所欣赏和接受,它的成功离不开以下几个方面。

(1)丰富的文化内涵与桂林旅游产业的完美融合。它是阳朔旅游资源与"刘三姐"文化创意的有机结合,不仅促进了文化传承保护、利于文化价值提升、推动文化资源保护和优化,还使"刘三姐"文化焕发出独特的魅力。这种山水实景演出的模式,对环境破坏少,而产生的效益辐射范围却很大,这是旅游业与文化创意互动融合的极佳经济模式。

(2)精心设计的灯光和舞美效果。舞台布置、服装设计、灯光效果等都经过精心设计,使得整个演出更加真实、细腻和具有冲击力,增强了观众的沉浸感。演出采用了水上舞台和水上灯光技术,将传统剧目与现代舞台技术相结合,打破了传统舞台的限制,展现了水乡的浪漫和神秘感,给观众带来了全新的视觉和听觉体验。

(3)本地群众演员和专业演员的联合演出。主演由一批具有出色演技的演员担任,通过精湛的表演技巧和情感的传达,将观众带入了刘三姐的世界,使其更好地理解和感受剧中的故事情节,参加演出的600余名演员,全部由周边五个村落的村民,以及张艺谋漓江艺术学校的在校师生构成。

(4)强大的制作团队。剧目由著名导演张艺谋执导,他在剧目的创作和演出方面具有丰富的经验和独特的艺术眼光。同时,制作团队也包括了一些国内外一流的舞台设计师、灯光设计师等,他们的专业素养和协同合作使得演出获得了成功。

项目实训

项目自测

▼

项目七

● **综合实操任务**

根据校园文化策划一次校运会,并以小组为单位进行评比活动。每个小组由5~8名学生组成。任务包括:运动会形式与规模及流程策划;会徽的logo设计、相关纪念品的设计;营销赞助方案、校园宣传方案、应急预案制定等相关内容。

03

第三篇
会展职业
目标

项目八
会展项目品牌管理

📚 项目解读

　　国内会展项目的发展已经由传统的数量型增长转入质量型增长阶段,会展业也进入了高质量发展阶段。主要表现为会展项目品牌化发展,好的会展品牌项目往往意味着好的市场吸引力、好的市场表现、旺盛的生命力。本项目通过会展项目品牌塑造与品牌运营,针对品牌调研、品牌定位、品牌塑造、品牌传播、品牌营销环节,介绍会展项目品牌管理的基本思路和方法。项目对照国家技术标准、行业服务标准、会展项目管理岗位技能要求,结合会展管理职业技能等级证书(1+X证书),梳理岗位的技能及知识要求,参考全国高校商业精英挑战赛品牌策划大赛评分细则,设置教学内容,设计一体化项目,任务驱动教学。教学内容结合会展项目的品牌发展需要,培养学生运用品牌建设、品牌管理的思维运作会展项目,提升我国具有民族特色、地方特色、行业特色的会展项目的品牌价值与品牌效益,打造会展项目的民族品牌。

🏠 项目目标

- **知识目标**

　　(1) 了解会展项目品牌塑造的意义。

　　(2) 熟悉会展项目品牌的形象定位与塑造方法。

　　(3) 掌握会展项目品牌传播、品牌营销的手段与策略。

- **能力目标**

　　(1) 能根据市场与环境对会展项目品牌进行调研分析。

　　(2) 能运用品牌塑造的方法对会展项目进行品牌塑造。

　　(3) 能对会展项目进行品牌传播与营销管理。

- **素养目标**

　　(1) 形成竞争意识与品牌管理思维。

　　(2) 树立文化自信与民族自豪感。

　　(3) 培养家国情怀,建设品牌强国。

项目案例导入

中国国际机床展览会品牌之路

　　中国国际机床展览会(以下简称 CIMT)是中国机床工具工业协会为了行业的发展与振兴,从国家和行业发展的长远利益考虑,于1989年在我国境内创立的一个世界级的国际机床品牌展览会。

　　CIMT 是一个站在世界高度、国人立场,完全由中国人在本土自主举办的国际性展览会。在创办之初,中国机床工具工业协会便有效地组织起国内外制造企业和用户,以整体阵容参与到展会的各项活动中去,通过举办高水平、权威性的展览会,搭建有形市场与无形市场的大平台,促进了我国的相关产业进入国际经济大循环,为掌握世界商情、推动出口、促进内销做出了正确导向。

　　"交流技术、加强合作、扩大贸易、共同繁荣"是 CIMT 的办展宗旨。"集结世界机械制造技术与装备之精华,展示机械制造领域技术的新高度,汇合世界机床市场多方位信息的大潮汛,以此推动中国机械制造业和机床工具业的技术进步与生产力发展"是 CIMT 的办展目的。在20年的办展历程中,每一届都由主办者中国机床工具工业协会结合行业需要、用户需要、国家政策导向、时代和市场变化的需要精心策划,使 CIMT 能够常办常新,具有领先意识和深层内涵。

　　1993年,国际展览联盟接纳 CIMT 为会员。国际展览联盟认为 CIMT 是一个具有国际影响力的展会,在全世界展览行业中占有重要位置。从此,CIMT 与历史悠久的欧洲 EMO、美国 IMTS、日本 JIMTOF 三大展会并列,被国际同行誉为世界四大国际机床展之一。迄今为止,CIMT 的展会规模一直居中国各类国际专业工业展会前列,备受国家领导人的关注。国内外新闻媒体(如知名报刊、工业权威杂志、广播电视的记者)对 CIMT 也给予了极大的热情和关注,现场采编的一手报道源源不断地刊出。

　　30多年来,CIMT 一直伴随着中国机床工具行业的发展而不断进步和壮大。现在,CIMT 已成为国际先进制造技术交流与贸易的重要场所,成为我国机械制造技术进步和机床工业发展的推动力量。

　　思考:拥有自己的展览品牌是展览企业在激烈的市场竞争中保持不败的根本。如何理解展览品牌的含义? 界定展览品牌的标准是什么?

任务一　会展项目品牌塑造

任务剖析

　　任务:根据会展项目的品牌化目标和发展方向,找准会展项目的品牌定位,聚焦品牌建设,提升会展项目的知名度、美誉度和影响力,以达到增强市场竞争力的目的。

目标:了解会展项目品牌塑造的意义;理解会展项目品牌调研与定位策略;掌握会展项目品牌塑造的方法,树立品牌意识,培养民族自信,建设品牌强国。

⬡ **任务流程**

会展项目品牌塑造对于提升会展项目的市场竞争力,振兴区域经济发展具有重大意义。在全媒体时代背景下,会展项目品牌发展呈现出规模性、互动性、联动性等特点。会展项目应充分开展品牌调研,明确品牌定位,塑造良好的品牌形象,为会展项目品牌建设赋能。

一、会展项目品牌定位

会展项目品牌定位是为会展项目找到合适的标签,找到具有价值的品牌意义,为会展项目品牌树立特色形象,寻找合理的市场切入口,并不断重复传播,让会展项目参与者形成心理惯性。

(一)会展项目品牌调研

会展项目品牌明确定位之前需要开展充分的调研,运用科学的方法,有目的、有计划地收集、整理和分析会展项目有关的各种情报、信息和资料,把握会展项目的供求现状和发展趋势,为会展项目品牌策略制定提供正确依据。

1.客户满意度调研

随着消费者的需求日益多样化和个性化,对会展项目的服务与质量也越来越挑剔。会展项目调查团队通过向目标群体发送满意度调查问卷的方法,了解他们对会展项目品牌、活动品质和服务质量等各方面的反馈,以此获取关于会展项目的受众群体更为全面客观的认知和推断,并不断进行调整和优化,从而收获更多忠实的会展项目参与者。调研团队利用参与者画像、KANO、层级满意度等核心商业分析模型,从心理、行为、体验等维度综合全面构建参与者体验满意度光谱,形成影响参与者满意度的优劣势矩阵,协助会展项目品牌找到进一步提升参与者满意度的因素切入点。

2.市场行情调研

会展项目在营销推广、品牌传播上的支出往往是一笔巨大的开销,因此,会展项目在制定品牌营销传播计划之前,需通过市场调研的方式了解同类的会展项目市场规模、竞争对手关系、参与者的关注点与利益点等信息来辅助会展项目决策,找到准确的发力方向,避免会展项目品牌决策失误,浪费不必要的成本支出。调研团队要摸清会展项目所涉及的行业状况,了解会展项目的市场规模、目标参与者市场、会展项目覆盖的产品定价等关键信息,明确自身的竞争定位,利用全链路分析、NPS分析、竞争对比分析等方式,在每一个关键链路节点找到会展项目品牌与主要对手的竞争优劣势,为会展项目品牌提供未来竞争力发展的SWOT矩阵。

3.品牌与声望调研

面对多元化的核心目标用户及消费者,会展项目需要塑造一个内外一致的品牌形象,赢得项目参与者的信赖,继而使其对会展项目所营销的产品及服务买单、复购,这是会展项目品牌管理的核心要义。会展项目调研团队通过对品牌认知度进行调研,了解目标用户和潜在用户对会展项目品牌形象、相关产品及服务的看法,以此帮助会展项目对自身品牌的健康度及市场美誉度有更加清晰、客观的认知,从而及时根据市场反馈调整自身品牌形象,升级革新。调研团队全面客观地协助会展项目了解其在消费者心中的声望,描绘基于消费者视角的会展项目品牌形象。调研团队利用品牌漏斗、品牌健康度等分析模型,为会展项目品牌提供包含知名度、市场渗透率、品牌忠诚度、品牌美誉度等指标在内的核心KPI数据。

4.市场细分与市场定位调研

为避免毫无章法、拍脑袋式的市场决策和不必要的成本投入,会展项目需要做细分市场和市场定位的调研,找出不同细分市场存在的差异,了解目前潜在市场的规模、利润空间,确定合理的目标市场,从而制定契合会展项目利益最优化的策略。调研团队根据会展项目覆盖的产品和服务在NPD(New Product Development)中所处的位置,为项目品牌量身定制市场调研方案,以会展项目关联产品的全生命周期为视角,协助会展项目品牌找到关联产品的目标消费者,促进关联产品的市场拓展,并在市场持续经营中不断精进优化。

(二)会展项目品牌定位策略

会展项目品牌定位是项目主办机构根据自身内部的资源条件、外部的环境条件及市场行情,通过建立和发展项目差异化优势,在受众心目中形成鲜明且独特的形象的过程。品牌定位有多种策略,会展项目应选择适合的品牌定位策略加以应用。

1.USP策略

USP策略(Unique Selling Proposition)即"独特的销售主张",根据品牌独一无二的特点来定位。USP策略包括四个方面,一是强调具体的特殊功效和利益;二是竞争对手无法提出的主张;三是足以影响成数量级的社会公众;四是能通过强有力的数据证实品牌的独特性。例如主办机构依托云南昆明东川区壮美的泥石流景观、广袤的红土地、奇美的雪山,提出了"不畏艰难、勇于突破、敢想敢做"的独特活动主张,成功打造了国家级泥石流汽车拉力赛的体育赛事品牌。

2.档次定位策略

档次定位策略是一种根据品牌在消费者心中的价值高低,将品牌分为不同的档次,如高档、中档和低档,从而带给消费者不同的心理感受和情感体验的定位方法。档次定位策略的核心在于识别目标市场的心理需求和价值观。例如台湾某旅游公司针对高端企业客户策划的奖励旅游项目,就是采用高档次定位策略。在设计该奖励旅游项目的行程内容、交通工具、旅游体验等方面,均配合高档次定位策略具体实施,包括在悉尼附近海面的豪华游轮上举行欢迎仪式,让奖励对象坐着敞篷跑车参观悉尼近郊的野生动物园,还花大手笔包下悉尼歌剧院,邀请明星歌手演唱以表达对员工的致谢等,参与者的高度评价使该项目成为高档次奖励旅游的标杆,形成了品牌效应。

3. 消费者定位策略

消费者定位策略是对品牌潜在的消费者从心理和购买动机上入手,找到能够真正满足消费者需求的品牌定位方向。会展项目运用消费者定位,一是寻找市场空白,分析项目受众的需求或理解空当并积极填补;二是创建新的项目类别或服务类别,来引导消费者需求。例如,福州举办的"迎春家用赏车会"选择在温泉公园举行,提出"让有品位的人赏识有品位的车"的口号,与汽车文化相融,举办以"家有爱车"为主题的少儿汽车绘画展,该车展成功捕获了消费者的心,获得极高的社会反响。

4. 类别定位策略

类别定位策略是指把产品与某种特定的产品种类联系起来,以建立品牌联想。会展项目运用类别定位策略时,首先要告诉消费者项目属于某一类别,其次是将项目界定为明显不同于竞争者的类别,最后要强调项目能给受众带来的利益,突出品牌个性。例如,在上海浦东新闻中心举行的"泰坦尼克珍品展",真实还原了船上的场景,还展示了从海底打捞的300多件珍贵物品,该展览精准定位在泰坦尼克号这一独一无二的沉船上。

5. 情感定位策略

情感定位策略是指将人类情感中的关怀、牵挂、思念、温暖、怀旧、爱等情感内涵融入品牌中,使消费者在购买、使用产品的过程中获得情感体验,从而唤起消费者内心深处的认同和共鸣,最终获得对品牌的喜爱和忠诚。例如,"爱知世博会"的会场环保无处不在,以"尊重自然的睿智"为主题,展示地球变暖的可怕,会场还设置了环保厕所,粪便和污水直接由微生物和臭氧处理,连场地布置都充分体现环保理念,该展览成功链接了参观者"保护家园""人与自然和谐"的情感。

📱 **赋能广角** ▶

北京市鼓励会展业品牌化、专业化、国际化发展

会展业在服务首都"四个中心"功能建设、促进"两区"建设、带领国内优秀企业"走出去"、国外优质资源要素"引进来"和"双向开放"中发挥了重要作用。北京市商务局印发《北京市商务局关于申报2024年促进我市会展业发展奖励项目的通知》(以下简称《奖励通知》)显示,此次政策聚焦于"引进国际专业展会、在京新办展会、展会做大做强"3个支持方向。会展业作为现代服务业的重要组成部分,具有综合性强、产业关联度高、带动效应明显等特征,在促进消费升级、拉动经济发展方面发挥着独特作用。

为了支持优质展会项目做大做强,北京市对2024年在京举办规模达到1万至

3万平方米(含)且展览面积较上届增加的展会项目,予以奖励。其中,本届规模达到1万平方米(含)以上的展会项目,展览面积较上届每增加5000平方米给予项目单位20万元奖励,最高奖励不超过80万元;上届规模达到2万平方米(含)以上的展会项目,本届展览面积较上届每增加5000平方米,给予项目单位30万元奖励,最高奖励不超过60万元。

2024年上半年,北京市举办了中国国际汽车用品展览会、中国国际石油石化技术装备展览会、国际制冷展、北京国际汽车展览会等一批重要展会,1—4月会议、展览及相关服务企业营收同比增长15.1%。同时,展会促进首发经济作用明显,主办方在展会期间积极组织首发首秀、行业论坛,如"中国制冷展"展览面积10万平方米,参展国家和地区达到27个,较上届增长27%,首次设置产学融合路演示范专区,评选54项创新产品,全面展示了全球制冷产业链前沿技术和先进设备。"2024北京车展"中117辆全球首发新车亮相,其中跨国公司全球首发车30辆,新能源汽车占比超过80%,近20个新能源车企品牌首次亮相。

二、会展项目品牌塑造

品牌塑造是指给品牌某种定位,并为此付诸行动的过程或活动。品牌塑造是一个长期系统的工程,品牌知名度、美誉度和忠诚度是品牌塑造的核心内容。会展项目品牌塑造可以遵循"会展项目品牌塑造＝身份塑造＋差异化塑造＋支撑点塑造"进行。下面以"中国盱眙国际龙虾节"为例详细介绍。

(一) 身份塑造

身份是指作为一个品牌需要告诉目标受众其所属品类是什么,会展项目品牌塑造时必须把品牌名称和身份结合在一起,让受众清晰明确该品牌所属的会展项目品类。

1. 缩小品类

缩小品类的目的是获得目标受众的认同感,品类越小,认同感越高。因为大品类的项目难以进行精细化、聚焦性的定位,受众难以形成认知,项目就难有形成品牌的机会。缩小品类的程度要根据会展项目的成熟程度和目标受众的心智认知来确定。会展项目越成熟,品类就越分化,盱眙国际龙虾节这一大型品牌节事活动所属的品类,是水产品类中的龙虾产品,极度聚焦。

2. 放大地位

因为受众更相信强者,所以会展项目要将身份塑造成为分化品类中的强者,放大地位的手法有很多,可以运用转化角度、借助修辞等传达品牌的身份信息,让受众感知到该会展项目的强大即可。盱眙每年举办的龙虾节,均以"国际"冠名,并且运用四国联动、六地联办的总体架构,突显其地位。

（二）差异化塑造

差异化塑造就是体现会展项目与竞争对手的不同之处，是会展项目在整个行业生态环境中的生存基础。差异化塑造不仅要建立在现实世界中，更重要的是要建立在目标受众的头脑心智中。差异化塑造并不是随便找一个和竞争者不同的点，也不是创新就能形成差异化。实质有效的差异化必须满足三个特点，即自身优势、需求痛点和受众感知。

1.自身优势

会展项目主办方在做差异化塑造时，一定要从自身优势去寻找差异化的切入点，也就是会展项目能巩固和守住竞争者无法超越的优势点，这样的差异化塑造才有意义。如中国盱眙国际龙虾节利用了当地龙虾品质的优势，还整合了当地名店、名师、高厨的优势，使该活动享誉国际。

2.需求痛点

需求痛点是指会展项目的差异化必须是目标受众所需要的，必须能触碰到受众的需求痛点，只有这样的项目差异化才能被目标受众所接受，才有品牌塑造的意义。小龙虾在我国是一种受大众欢迎的小吃，有大批的小龙虾爱好者，但消费者对小龙虾是否存在重金属超标、是否含有寄生虫等问题仍有顾虑，中国盱眙国际龙虾节通过国家市场监督管理总局授予"中国第一例活体动物类原产地证明商标"的重大举措，对小龙虾的品质做出重要承诺，解决了消费者对食品安全担忧的痛点问题。

3.受众感知

受众感知是指会展项目的差异化必须要用形象化、符号化的内容表达出来，必须让受众感知到品牌差异化的存在，受众才会满意。中国盱眙国际龙虾节每届都会举办具有创意的活动，如名厨大比武、"我是盱眙星"才艺大赛、龙虾技艺表演等，全方位让受众感知到该活动的独特魅力。

（三）支撑点塑造

会展项目的品牌身份塑造和差异化塑造，均为会展项目品牌自身向受众传达的信息，要想让项目参与者信任该品牌，会展项目主办方必须拿出证据加以自证，这就是支撑点。品牌支撑点要从以下层面塑造。

1.品牌层面

如果主办方的会展项目品牌是领先品牌，则自带支撑点，领先品牌面对受众时有天然的优势，受众对领先品牌信服度高。如果会展项目品牌非领先品牌，项目主办方首先要自证是专业品牌，其次要向受众做出项目的品质承诺。中国盱眙国际龙虾节在弘扬历届经典活动的基础上，成功打造了"世界最广泛华人媒体同步报道""世界最有影响力的驻华使节在中国外交部品尝盱眙龙虾""世界最负盛名的钓鱼台国宾馆推介盱眙"等八项世界之最。

2.服务层面

主办方充分展示会展项目各环节服务的技术创新、流程创新、模式创新等,使目标受众能享受主办方便捷、高效、优质的服务,为参与会展项目的决策方提供支撑。每一届的中国盱眙国际龙虾节都会为受众提供品尝龙虾美食、观看精彩节目、欣赏才艺展示、鉴赏民间绝活、周边旅游购物等全配套的一条龙品质服务,让消费者感到宾至如归。

3.关系层面

会展项目要塑造品牌支撑点,必须在关系层面下功夫。一是有名人为项目代言,二是有知名媒体、传播渠道为项目做宣传,三是有地方政府、行业协会、知名机构等为项目站台。如第九届中国盱眙国际龙虾节获得江苏盱眙县人民政府、扬子晚报社、江苏省海洋与渔业局、江苏省环境保护厅、江苏广播电视台、澳大利亚维多利亚州政府、新西兰鲁托努瓦市政府、瑞典马尔默市政府的支持,足以证明其品牌实力。

📱 **知识扩展**

品牌展会的标准

打造品牌是一个积累的过程,从创立到成长再到成熟,是一个长期的品牌战略管理过程,其中凝聚了展会主办机构大量的心血、智慧和创新。我国判断品牌展会的六个标准如下。

(1)行业协会和行业代表企业的坚定支持。行业协会以及行业中企业代表对展会的坚定支持是确保展会宣传效果和影响力的重要条件。行业协会的参与,以及行业中企业代表的参展无疑也提升了展会的水平。

(2)形成规模效应。品牌展会必须是在同类型或同行业展会中规模大的展会,在展览期间,整个行业众多有实力的卖家、买家和中介齐聚一堂。有规模效应的展会,意味着有大批的产品供应商和采购商参展,以及由此降低的组展商单位成本,和其他各方投入产出比率的增加。

(3)代表行业发展方向或展示行业最高成就。这体现了展会的专业性和前瞻性。这样的展会必定有明确的目标市场和目标客户,且能提供几乎涵盖整个专业市场的所有信息。由于提供的信息全面、专业,必然吸引众多客商和观众参展。

(4)一流的展会服务。展会服务贯穿于组展商的整个运营过程,从市场调研、主题立项、寻求合作、广告宣传、招展手段、观众组织、活动安排、现场气氛营造、展后服务,甚至包括所有对外文件和信函的格式化、标准化等,都须具备很高的专业水准,从业人员要有严谨的处事态度,服务过程体现高效和细致。

(5)战略规划指导下的连续性和灵活性。展会的连续性要求展会在一定时期内在举办时间、频率、地点和主体活动等方面基本一致;灵活性要求展会根据国内外会展业发展趋势和参展商要求不断进行改革和创新。展会生命周期的延续是连续性和灵活性的统一。

（6）媒体的强力合作。一个展会要成功举办，并发展成为品牌展会，媒体宣传报道充分与否至关重要；展会品牌的形成需要媒体的大量的正面报道；媒体的权威性和可信度，亦有助于提升展会的知名度和美誉度。反过来，品牌展会也会在一定程度上吸引众多媒体的关注。

📱 **任务实训**

广州美博会 CIBE 是仅次于 COSMOPROF 北美拉斯维加斯美容展的展览，其规模雄踞亚洲第一、世界第二，已成为国内外美容行业中的一个名牌国际大展，是业内人士实现一站式采购计划的理想平台。对广州美博会进行品牌分析，从广州美博会的影响力、知名度、专业性、创新性，品牌定位与塑造等方面进行分析。完成表 8-1 的填写。

第一步：从广州美博会的品牌内涵与特征进行分析，包括广州美博会的知名度、规模效益、权威性、辐射性等方面。

第二步：从广州美博会的品牌定位策略进行分析。

第三步：从广州美博会的品牌塑造进行分析，包括身份塑造、差异化塑造、支撑点塑造。

表 8-1　任务评价表

评价内容	组间评价得分（20%）	教师评价得分（40%）	企业导师评价得分（40%）
对美博会品牌内涵与特征分析是否正确（30分）			
对美博会品牌定位策略分析是否准确（30分）			
对美博会品牌塑造分析是否到位（40分）			

任务二　会展项目品牌运营

⬡ **任务剖析**

任务：根据会展项目的品牌化目标和发展，运用品牌传播、品牌营销的手段，实施会展项目品牌运营，实现会展项目的社会效益和经济效益。

目标：了解会展项目品牌运营的相关概念；理解会展项目品牌运营的具体策略；掌握会展项目品牌运营的具体方法与手段，树立品牌管理意识。

⬡ 任务流程

一、会展项目品牌传播

会展项目品牌传播是在完成项目品牌塑造后展开的。会展项目品牌传播是主办方通过整合传播策略、双线联动传播策略、联合传播策略等,将会展项目的品牌信息、品牌形象传递给目标受众,以期获得目标受众认知和认同的过程。

(一)整合传播策略

整合传播策略是指主办方除了在会展项目专属网页上进行品牌传播以外,还借助不同类型的会展专业网站实施品牌传播,形成"本位＋外围"的品牌传播矩阵。一方面,主办方要做好项目网页建设,及时发布更新项目品牌资讯内容;另一方面,主办方要选择合适的外围会展网站进行品牌传播。目前会展专业网站大致分为三类,一类是综合性网站,如中国会展门户、中国会展网等。另一类是以会展项目类别划分的网站,如艺术会展网、农展网等。还有一类是以城市或区域划分的网站,如北京展会网、广州会展网、长沙会展网、厦门会展网等。会展项目主办方要结合自身项目所属的行业分类、服务特色、举办地点等元素,有选择性、针对性地在合适的专业网站进行精准传播。

(二)双线联动传播策略

双线联动传播策略是指主办方运用线上线下联动的方式,通过多样化的表达形式实施会展项目品牌传播。线下主要在公共交通工具、商业街区、商场等人流量较大的地方进行品牌信息传播,吸引更多的受众关注会展项目。线上主要在社交媒体平台、短视频平台等传播,或与网红主播合作,借助其网络人气流量进行推广扩散,快速传播会展项目的信息和品牌形象。主办方还能利用精准定向传播功能,针对目标受众进行品牌信息传播。例如广东省博物馆的"罗马帝国的艺术——那不勒斯国立考古博物馆藏文物精品展",在珠江新城地铁站、花城广场以及省博物馆建筑外围,布设了电子展示屏、大型宣传海报,同时在抖音平台通过轮播图片、短视频等形式,借力网红主播推荐,短短一周获得粉丝收藏超3000人,成功消费人数超700人,累计参观人数超1000人。

(三)联合传播策略

联合传播策略是指主办方联合行业协会、行业委员会、举办地的政府机构、新闻媒体等实施会展项目品牌传播。一方面借助新闻媒体的采访报道、发布新闻稿件等,提升会展项目在行业内的知名度和影响力。另一方面邀请相关机构的重要人物出席会展项目的宣传活动,如路演、发布、开幕式等,展示会展项目的品牌实力。例如湖北十堰婚嫁文化产业博览联合了共青团十堰市委、十堰日报传媒集团、湖北省婚庆文化产业发展促进会、十堰经济技术开发区总工会等多家机构共同宣传,成功吸引了全市50余家婚庆相关企业参展,超20000人参加,获得了良好的活动品牌传播效果。

📱／赋能广角 ··▶

"青岛品牌日"会展活动助力中国品牌走向世界

　　企业在获取自身发展的同时也要在城市品牌形象中找到合适的落脚点,与城市发展形成良性互动。在中国的城市经营与品牌建设上,青岛堪称典范之一,其打造出一座具有良好品牌基础和深厚品牌底蕴的品牌之都,为推进品牌梯次式培育、高端化提升和数字化赋能,以品牌建设引领经济高质量发展。青岛市人大常委会通过决定,将每年7月17日定为"青岛品牌日",这使得青岛成为全国首个以人大行使重大事项决定权的形式设立品牌日的城市。通过"青岛品牌日"的会展活动,进一步推动以海尔等为代表的本土品牌成为青岛品牌发展史上靓丽且重要的名片之一,生动演绎了城市品牌和企业品牌的共生共融。

　　在立足青岛、走向世界的同时,海尔集团充分借鉴西方技术与先进管理经验,在品牌营销与管理方面,勇于创新,变得更加成熟,更加有活力,更加强大,创造出"人单合一模式",为进一步推动中国管理模式与品牌价值输出能力融合发展,海尔连续多年在青岛举办"人单合一模式引领论坛",吸引了来自全球的管理学家、经济学家、企业家共聚一堂,对话全球管理创新的前沿观点,展示国际权威机构发布普适化的变革工具,引领企业分享创新实践经验,共襄物联网时代管理变革之道。"青岛品牌日"的会展活动与"人单合一模式引领论坛"相映生辉,意味着中国品牌正在走向世界,也意味着中国的管理模式正在走近世界舞台中央,更体现了从制造大国到品牌强国的中国智慧和中国力量。这代表着从输出中国品牌到输出中国的管理模式,中国智慧已经走向全世界。

二、会展项目品牌营销

　　会展项目品牌营销是主办方针对受众的需求,通过制定品牌营销战略,使会展项目品牌的核心理念、独特主张在受众心中产生价值认可,最终形成品牌营销效益的过程。会展项目主办方在制定项目品牌营销战略时,应该根据会展项目相关机构所拥有的资源和外部环境的特点,选择最适合本会展项目的战略。

(一)地域特色品牌战略

　　地域特色品牌战略是指主办方结合地域性特色产业,建立带有特色产业标签的会展项目品牌,开展品牌营销以助力特色产业发展的战略。特色产业的本质是某地方区域最擅长的优势产业和富有市场竞争力的产业。具有明显特色的地域产业结构对该地区的会展项目类型具有主导性影响,如辽宁以东北老工业而闻名,特别是沈阳的装备制造业尤为发达,因此沈阳的展会主要以建筑材料、工业制造、交通运输、医疗设备等类型为主,并形成具有产业特色的会展项目品牌。反过来,以特色产业为营销对象打造的品牌会展项目,如沈阳举办的中国国际装备制造业博览会、中国东北国际五金工业展览会等,通过实施会展项目品牌营销战略,积极推动了当地特色产业的可持续发展。

(二)统一品牌战略

统一品牌战略是指主办方对于所策划和运营的所有会展项目都使用同一品牌进行市场营销推广的战略。主办方使用统一品牌营销战略的优势主要有三点。一是通过展示项目品牌的统一形象,有助于增强品牌的可识别性。二是有助于节省主办方在会展项目品牌设计、品牌推广上的费用。三是有助于主办方集中资源,精心打造和维护自身的品牌形象。由张艺谋导演的大型实景演艺项目——印象系列,如《印象·刘三姐》《印象·海南岛》《印象·丽江》《印象·西湖》《印象·武隆》《印象·普陀》等,就使用了统一品牌,使"印象"系列的实景演出具有极高的辨识度。在各旅游胜地举办该系列演出活动时,宣传推广成本更低但效率更高,消费者总会期待着"印象"的下一站。如今"印象"系列的大型实景演出已成为家喻户晓的活动品牌,也实现了经济效益。

(三)联合品牌战略

联合品牌战略是指两个或两个以上的会展项目组织机构,通过合作、联营、合资等方式,共同开发和策划会展项目,并使用合作机构双方品牌并列或者另创品牌的一种品牌营销手段。联合品牌战略更加有效地整合了合作双方的资源,能够扬长避短、优势互补,从而形成巨大的竞争优势。联合品牌营销战略,具备两大优势。

第一,资源整合增加效益。联合品牌战略可以使两个或更多的会展品牌进行联盟协作、相互借势,以此提高联合品牌会展项目在市场上的影响力与接受程度,带动更多的潜在目标受众,形成一个更大的目标群体市场。

第二,共同经营共担风险。对于联合品牌会展项目的开发和拓展,合作双方必须共同负责,才能做到风险共担。联合品牌会展项目的决策者在处理危机时,可以相互协商,取长补短,群策群力,将可能出现的风险降低或化解。

上海中国国际家具展览会与东莞名家具展览会的联合品牌战略营销是一个成功的会展项目营销案例。双方建立战略合作伙伴关系,以"共享资源、共建全球家具展览跨区域合作平台"为宗旨,实施联合品牌营销战略。双方的品牌联合之举为中国家具业走向世界起到重要作用。

📱 知识扩展

会展品牌发展战略

近年来,会展业已从规模化发展逐步转向专业化、品牌化、国际化发展,并显示出强大的关联效应和经济带动作用。伴随着中国经济的高速发展,这意味着处于过热增长期的中国会展业将会进入一个优胜劣汰的整合时期,这也标志着中国会展业的品牌建设时代真正来临。

(1)加强自我培育,会展举办方不应该只注重短暂利益,而是要用发展的眼光看问题,要培养一大批熟悉展览业务、富有管理经验、高素质的会展专业人才,选择能代表某一行业先进水平或某一领域发展方向的展览题目,充分体现展览会的前瞻性、专业性和涵盖面广等特点,再对其进行数年培育,使之成为品牌展览会。

(2)走联合之路,品牌会展的一大特征是规模大,要尽量把同类或相类似的展览会进行整合。这样既能避免同类展会的恶意竞争,还能使企业宣传、效益实现最大化。

(3)强化品牌战略意识,各级政府、会展企业、行业协会及会展从业人员应强化品牌战略意识,充分认识到只有实施品牌战略才能在竞争日益激烈的会展市场中获得发展,根据各地的社会资源条件、市场环境特点制定总体长远规划,合理布局。

(4)科学规划展馆建设,走国际化、专业化、品牌化、网络化之路,同时建设好整个城市的硬件设施。避免低水平重复建设,提高办展效率和服务质量,确立长远的品牌发展战略,不断提升自己的国际竞争力。

(5)打造网络品牌,我国会展业应该充分利用网络的信息资源优势,打造出知名的中国会展网络品牌。加强与观众的互动式宣传,将传统的商务流程电子化、数字化,这既大大降低了成本,又提高了效率。

📱 任务实训

对新一届广州美博会进行调研,从参展规模、参展行业、参展国家、参展商、采购商、供应商、参观者等角度进行综合分析和总结,提炼出关键信息并阐述结论。完成表8-2的填写。

第一步:对参展商进行问卷调查或面谈,了解参展目的、展品情况、展位布局、预期成交金额等信息,明确参展商的需求和期望。

第二步:对参观美博会的人群进行问卷调查或观察,了解他们的行为特点、购买意向、关注的产品,以及行业的市场需求和趋势。

第三步:对美博会涉及的行业进行调研,了解行业发展趋势、市场竞争状况、新产品和新技术等信息,帮助参展商了解市场环境和竞争对手。

第四步:对美博会的成交情况进行统计和分析,了解成交金额、成交产品、成交国家等信息,评估美博会的经济效益和贸易促进效果,为未来的展会策划和运营提供参考。

表8-2 任务评价表

评价内容	组间评价得分（20%）	教师评价得分（40%）	企业导师评价得分(40%)
参展商调研是否有针对性(25分)			
参观者调研是否专业(25分)			
行业情况调研是否合理(25分)			
成交情况调研是否准确(25分)			

●●● 项目总结

会展项目的品牌管理是实现会展项目成功的关键因素。在进行会展项目品牌管理时，主办方需要从品牌调研开始，了解市场需求和竞争对手的情况，以便确定适合项目发展的品牌定位。在确定品牌定位之后，通过品牌的身份塑造、差异化塑造、支撑点塑造，以确保会展项目品牌形象能准确传达至目标受众。品牌传播是品牌管理的重要环节，品牌信息能通过各种渠道和方式传播给目标受众，并建立项目在市场中的知名度和美誉度。品牌营销是品牌管理的关键手段，主办方通过选择合适的营销策略，促进项目的目标受众参与，并增加项目的收益和影响力。运用品牌管理的思维模式运作会展项目是市场发展的趋势，也是会展项目得以持续性发展的有力保障。

● 项目案例分析

中国国际机床展览会是我国展览品牌的典型代表，它不仅在国际上享有盛誉，被公认为世界四大国际机床名展之一，而且在促进中外先进制造技术的交流与贸易，推动我国机床工业的发展和进步等方面发挥着日益重要的作用。在本案例中，从各个方面都可以看出中国国际机床展览会符合一个展览品牌的标准。

第一，CIMT拥有行业内权威机构和众多知名企业的支持。CIMT的主办者——中国机床工具工业协会是具有很高权威的全国性行业组织，不仅在组织参展企业和观众方面起到了关键作用，而且本身也成为该展览会在行业内获得认可度和可信度的一个重要指标。国内外众多知名机床企业的踊跃参与，更突出了CIMT的品牌效应。

第二，CIMT代表着机床工具行业的发展方向，引领行业发展新潮流。每届展览会主题都会根据行业的最新变化趋势精心策划。

第三，CIMT拥有较高的知名度和美誉度，不仅备受国内外同行的青睐和赞赏，而且还受到国家领导人、国际知名人士的关注。

第四，CIMT获得了国际展览联盟(UFI)的认证。UFI是世界展览业重要的国际性组织之一，UFI的认证在展览业中被视为高品质展会的标志。

第五，CIMT具有相当大的规模，10万平方米的展览面积在国内专业性展览会中屈指可数，在国际同类展会中也名列前茅。

第六,大量的媒体宣传报道是CIMT品牌效应的又一印证。

第七,CIMT始终注重提供专业化服务,不断满足行业和客户的需求。

第八,CIMT经过长期的规划和培育,在20年的发展历程中坚持不懈地打造并维护了一个世界级的展览品牌。

项目实训

选择一个会展项目,如展览、会议、节事活动等,对该会展项目开展关于品牌管理方面的调研,完成调研报告。完成表8-3的填写。

第一步:对该会展项目的品牌理念、品牌定位进行调研。

第二步:对该会展项目的品牌塑造进行调研,包括品牌塑造的策略、品牌形象的组成元素等。

第三步:对该会展项目的品牌传播进行调研,包括传播方式、传播渠道、传播手段等。

第四步:对会展项目的品牌营销进行调研,了解其品牌营销实施战略和具体品牌营销活动等。

表8-3　项目实训评价表

评价内容	组间评价得分（20%）	教师评价得分（40%）	企业导师评价得分（40%）
调研内容合适程度(20分)			
调研方法科学程度(20分)			
调研途径适用程度(20分)			
调研数据准确程度(20分)			
调研报告质量(20分)			

项目自测

▼

项目八

教学支持说明

为了改善教学效果,提高教材的使用效率,满足高校授课教师的教学需求,本套教材备有与纸质教材配套的教学课件(PPT电子教案)和拓展资源(案例库、习题库、视频等)。

为保证本教学课件及相关教学资料仅为教材使用者所得,我们将向使用本套教材的高校授课教师赠送教学课件或相关教学资料,烦请授课教师通过电话、邮件或加入会展专家俱乐部QQ群等方式与我们联系,获取"电子资源申请表"文档,准确填写后反馈给我们,我们的联系方式如下:

地址:湖北省武汉市东湖新技术开发区华工科技园华工园六路

邮编:430223

电话:027-81321911

传真:027-81321917

E-mail:lyzjjlb@163.com

会展专家俱乐部QQ群号:641244272

会展专家俱乐部QQ群二维码:

群名称:会展专家俱乐部
群号:641244272

电子资源申请表

填表时间：_____年____月____日

1. 以下内容请教师按实际情况写，★为必填项。
2. 根据个人情况如实填写，相关内容可以酌情调整提交。

★姓名		★性别	□男 □女	出生年月		★职务	
						★职称	□教授 □副教授 □讲师 □助教
★学校				★院/系			
★教研室				★专业			
★办公电话		家庭电话			★移动电话		
★E-mail（请填写清晰）				★QQ号/微信号			
★联系地址				★邮编			

★现在主授课程情况	学生人数	教材所属出版社	教材满意度
课程一			□满意 □一般 □不满意
课程二			□满意 □一般 □不满意
课程三			□满意 □一般 □不满意
其 他			□满意 □一般 □不满意

教 材 出 版 信 息		
方向一		□准备写 □写作中 □已成稿 □已出版待修订 □有讲义
方向二		□准备写 □写作中 □已成稿 □已出版待修订 □有讲义
方向三		□准备写 □写作中 □已成稿 □已出版待修订 □有讲义

请教师认真填写表格下列内容，提供索取课件配套教材的相关信息，我社根据每位教师填表信息的完整性、授课情况与索取课件的相关性，以及教材使用的情况赠送教材的配套课件及相关教学资源。

ISBN（书号）	书名	作者	索取课件简要说明	学生人数（如选作教材）
			□教学 □参考	
			□教学 □参考	

★您对与课件配套的纸质教材的意见和建议，希望提供哪些配套教学资源：